中华上下五千年

珍藏版

三读国学馆 ◎ 编

5 | 元朝 明朝

线装书局

第 14 章　元朝

元朝,是由蒙古族建立并统治全国的封建王朝。1206 年,成吉思汗建立蒙古汗国,1271 年,忽必烈定国号为"元",取《易经》中"大哉,乾元"之意。其后统一全国,定都大都(今北京)。元朝是中国历史上疆域最广阔的王朝。这一时期,中国的火药、指南针、印刷术等传入阿拉伯和欧洲,推进了世界的文明进程。阿拉伯的医学、天文学、农业技术,欧洲的数学、金属工艺,南亚的雕塑艺术等也传入中国,丰富和发展了中国文化。

成吉思汗统一蒙古

铁木真(1162—1227),尊号"成吉思汗",是蒙古乞颜部孛儿只斤氏族人,也是我国历史上著名的政治家、军事家。他统率蒙古军向北、向南和向西征伐,震动了欧亚大陆,他的名字家喻户晓。

铁木真有一个充满苦难的童年,他的父亲也速该本是蒙古尼伦部(包括泰赤乌部和乞颜部等部落)的首领,被塔塔儿人毒死后,尼伦部的泰赤乌人掌握了大权。而泰赤乌人在迁营时抛弃了铁木真一家,连乞颜部的贵族、百姓,甚至铁木真家的奴仆,都离开了他们,就连一头牲畜也没给他们留下。

失去了畜群,也就失去了游牧人赖以生存的基础。但铁木真的母亲并没有泄气,她带着儿女们奔波于斡(wò)难河两岸,靠采野果、挖野菜维持生活,全家人就这么艰难地活了下来。

铁木真目睹了自家的苦难,他并没有像其他孩子那样过着绚丽丰富的童年生活,而是主动承担起了家务,带领弟弟们到河边钓鱼,在草原上弯弓射雕,为母亲减轻了很多负担。

泰赤乌部首领担心铁木真长大后会报仇,就带人去追捕他。为了躲避追捕,铁木真逃进了山林,后来因忍受不住饥饿,下山寻找食物,就被俘虏了。铁木真被套上木枷,到处示众。直到夜里,铁木真用木枷打倒看守,机敏地逃走了。几经周折,他终于回到家中。后来,泰赤乌部的贼人又偷走了铁木真家的马匹,铁木真也不顾日落天黑,立即上马追击敌人,一直追踪了六天,才追上贼人,夺回了马匹。

就这样,铁木真在苦难中不断成长,最终变得更加坚强,也更加睿智了。而这种坚强和睿智,使他在后来震撼了整个世界。

铁木真18岁时同另一部落的美丽姑娘孛儿台成了亲。两人相亲相爱,同甘苦,共患难,感情很深。但不久,蔑儿乞人抢走了孛儿台。铁木真发誓要夺回爱妻,便联合了王罕和札木合,在1180年的一个夜里,率联军突袭蔑儿乞部,打败了蔑儿乞人,夺回了孛儿台,同时也壮大了自己的力量。

后来,铁木真被部众拥戴为大汗,遭到了嫉妒心很强的盟友札木合的反对,并导致双方兵戎相向。1190年,札木合纠集了十三个部落共三万兵力进攻铁木真,铁木真也以三万兵力分十三翼迎战。这场著名的"十三翼之战"虽以铁木真的失败告终,但由于札木合生性残暴,残酷地杀戮战俘,引起了许多部属的不满,他们纷纷倒戈投奔了铁木真,结果铁木真在实力上反而增强了。1196年,铁木真家族的宿敌塔塔儿部反抗金朝,后兵败逃窜。铁木真和克烈部应金朝大军统领完颜襄丞相之约,合力阻击塔塔儿部,不仅捕杀其首领,还虏获了大批人畜财物。大功告成后,完颜襄授予了铁木真"札兀惕忽里"(官号,部族首领)的称号。铁木真既复了仇,又提高了威望。从此,铁木真的部属成为蒙古草原上一支强大的力量。

蒙古族人素以驭马和勇猛善战闻名,历史上,他们突袭中原北部的事件时有发生。但在铁木真崛起之前,各部落主要把精力放在部落间的倾轧上。铁木真凭借其超群的军事、外交、组织才能,以及冷酷的性格,经过几次战斗,陆续征服了其余的几个部落,终于在1206年统一了全蒙古。

1206年召开的蒙古族将领会议上,铁木真被推举为了"成吉思汗"——"成吉思汗"是大海的意思。

铁木真统一蒙古各部,在中国历史上具有重要意义。他攻金灭夏,为元朝的建立奠定了基础。军事上,他重视联系远近各方,极力避免树敌过多;用兵注重详探敌情、分割包围、远程奇袭、佯退诱敌、运动中歼敌等战法。但同时,他作战也具有野蛮残酷的特点,他往往大规模屠杀百姓,毁灭城镇田舍,破坏性很大。13世纪,欧亚主要封建国家社会危机深重,这为铁木真实行大规模军事扩张提供了有利条件。他一生征战40多年,先是统一了蒙古各部,随后又攻灭西辽,覆亡西夏,鏖战中原,几败金朝,西攻花剌子模等国,威慑欧亚,先后征服了40多个部落和国家。

铁木真一生金戈铁马,横扫欧亚,他的军事指挥艺术和谋略思想,不仅在中国历史上是绝无仅有的,就是在世界战争史上也是罕见的。

铁木真不仅将草原上落后、分裂的蒙古族各部落融合为了一体,并且成功地建立了地跨欧亚两大洲的大帝国,重开了"丝绸之路",推进了东西方以及阿拉伯各国之间的经济、文化交流。他的巨大贡献着实令世人瞩目。

陪成吉思汗征战天下的功臣

成吉思汗被誉为"世界史上最伟大的军事家",他一生打过60多场大战却鲜有败绩,堪称绝世"战神"。而他之所以能够建立如此伟大的帝业,最大的因素就在于他知人善任,恩威并济。他重视纪律,言出法随,但他也爱护部下,处处体贴入微。俗话说:一个篱笆三个桩,一个好汉三个帮。他的成功离不开陪伴他左右的忠心耿耿的属下。这群人不仅是成吉思汗的左膀右臂,是他的股肱之臣,更是他最亲密的战友。正是因为有了这些人的辅佐,成吉思汗才能数次死里逃生,扭转乾坤,成就一番霸业。

成吉思汗在征服乃蛮部之后,一鼓作气,又接连消灭了蒙古草原上其他残余的敌对势力,终于成为整个草原真正的霸主,建立了日后令整个世界都为之战栗的大蒙古国。功成名就之后,成吉思汗便开始论功行赏。在中国历史上凡是功勋至伟的开国功臣,往往会有"兔死狗烹"的悲剧结局,可唯有成吉思汗没有杀过一个功臣。而成吉思汗的伟大之处就在于他的大智大勇和知人善用。在他成功之后，对于所有的功臣几乎都是赏赐有加。成吉思汗气宇之大，信人之诚，是中国历代帝王所不及的。

在所有受封行赏的功臣之中，有两个人最为成吉思汗所器重，他们堪称成吉思汗的左膀右臂，一个叫木华黎，另一个叫博尔术。

木华黎（1170—1223）是成吉思汗麾下著名的"四杰"之一，被铁木真誉为"犹车之有辕，身之有臂"。意思是赞许木华黎就像是战车的车辕，人体的臂膀一样，有他在身边就格外踏实放心。木华黎战功卓著，30年间始终追随着铁木真，无役不从，以沉毅多智、骁勇善战著称，忠心辅佐成吉思汗统一了蒙古诸部。他初为成吉思汗的那可儿（伙伴），后因自己的才智得到了成吉思汗的赏识，成为成吉思汗最为信任的军事统帅。

木华黎是个魁梧健壮的蒙古英雄，身长七尺，虬须黑面，虽算不上帅哥一枚，但英姿飒爽，虎背熊腰。他长臂善射，能挽两石的弓箭，不仅功夫了得，而且富有谋略，是成吉思汗团队中的军师，并且对成吉思汗忠心耿耿。

有一次，成吉思汗在战场上失利，被敌军追杀，而与部众失散，身边只剩了木华黎等几十人。谁知屋漏偏逢连夜雨，不，这次是雪，傍晚突降大雪，他们无处藏身，根本找不到牙帐，没办法，就只好在草泽中暂宿一晚。木华黎抱来仅有的一块毡毯为成吉思汗挡雪，自己却执意不睡，亲自为成吉思汗站岗。鹅毛般的大雪纷纷扬扬从天而降，他站在雪深至膝的草泽中，手里张着毛毯，瞪大了眼睛，竖起了耳朵，像一只随时准备出击的猫头鹰，全神贯注地守卫着成吉思汗，整整一个晚上，竟然寸步未移。第二天一早，等到成吉思汗醒来时，发现木华黎早已经成了一个雪人，除了转动的眼珠外，全身都覆盖着厚厚的白雪，身体也已被冻得僵直。成吉思汗为此感动得哽咽难言，他发誓一定要重整旗鼓。

成吉思汗带着木华黎一行几十人，急驰在溪谷间，躲避敌人的搜索，只见前方地势奇险，怪石丛生，成吉思汗担心地问木华黎："万一在此处遇到埋伏，那该怎么办？"

"请您放心，我会用我的身体来抵挡。"木华黎毫不犹豫地脱口而出。

话音刚落，一群强盗就从大石后面猛然蹿出。木华黎果然有大将之风，他临危不惧，不慌不忙，张弓搭箭，以迅雷不及掩耳之势，连发三箭正中三人。强盗头子吓得大惊失色:"你究竟是谁,竟然这般厉害?"

"在下木华黎。"听闻木华黎之威名,这群强盗当即吓得屁滚尿流,四散逃走。木华黎护卫着成吉思汗成功脱离了险境。

木华黎对成吉思汗的忠心日月可鉴,像他的信仰一般早已融进他的灵魂深处。这份忠诚或许是源于成吉思汗的人格魅力,或许是源于父亲的教诲。木华黎永远记得父亲当初把自己带来时,曾经对成吉思汗说过的话:

> 我教他做你门限里的奴隶,
>
> 若是他敢绕过你的门限哪,
>
> 就挑断他的脚筋,
>
> 剜出他的心肝!

这是一份庄重的承诺,也是一句无声的誓言——我既然跟定你,就绝不背叛你!这既是成吉思汗的幸运,也是木华黎的福气。事隔多年,成吉思汗要论功行赏时,看着木华黎感慨道:"回想当年,我们蒙古人在斡难河聚会,大伙儿围着篝火快活地舞蹈,筵宴享乐,你父亲就在这枝叶繁茂的大树下,把你交给了我,正是有了你一路的陪伴,我今天才能坐在这大位之上。"

"我要叫木华黎的子子孙孙都做百姓的国王,我封给你木华黎国王的名号,做哈剌温山(即今大兴安岭)的万户。"1217年,成吉思汗封木华黎为太师国王。成吉思汗对木华黎说:"太行以北,我自己去经营谋划,太行以南,你去尽力征讨吧!"成吉思汗把作为汗的象征的九旄大旗赐给木华黎,授以发布号令的全权。成吉思汗对木华黎的信任与厚爱可见一斑。

除了木华黎,成吉思汗最感激的人当属博尔术。博尔术,蒙古阿儿剌氏,祖先孛端察儿,纳忽伯颜的儿子,与铁木真同为海都后裔。博尔术是成吉思汗的开国元勋"四杰"之一,意志沉雄,善战知兵,战功赫赫。他自幼胆识过人,以才略武艺雄霸一方。

严格地说,博尔术算是铁木真的发小,他们之间的友谊早在铁木真艰苦困顿的少年时代就已结成,他可以算是成吉思汗在少年时的小贵人。当时铁木真十来岁,一家孤儿寡母,日子过得穷困潦倒,家里的几匹马是他们唯一值钱的财产,也是全家生活的指望。有一天夜里,可恶的盗马贼竟然偷走了这些马,这对于铁木真一家来说简直就是灭顶之灾。铁木真作为家中长子,挺身而出,要为家人追回这最后的财产。铁木真循着痕迹追了三天三夜,累得筋疲力尽,这时他在路边发现了一个正在挤奶的英俊少年,于是上前打听了情况。这个和他年纪相仿的少年正是博尔术,大财主纳忽伯颜的独生子。博尔术告诉铁木真,他三天前的确见过几个人赶着几匹马从他家门前经过。而博尔术是个侠肝义胆的少年,路见不平就要拔刀相助,他甚至来不及去禀告父亲一声,就拉起铁木真,要帮他一同去追马。他还把家里最好的千里马黑旋风让给了铁木真,自己则跨上一匹黄马,两人一起追到了盗马贼处,他们也知道自己人少力寡,就未敢与贼人正面交锋。他们直等到夜深,才趁贼人不备,偷偷地赶回了铁木真家的那些马。从此他们两人结下了深厚的友谊。对于铁木真来说,此次追马之行,最大的收获不是追回了马,而是结识了博尔术这个一辈子的朋友。

当铁木真决定起兵时,他让自己的弟弟别勒古台去请博尔术。博尔术依然是二话没说,披上皮袄、骑上马就赶来了。很难说,博尔术为什么自开始就对铁木真忠心不二,他陪伴着铁木真一路走来,同甘共苦,风雨同舟,也许就是因为铁木真身上有那种领袖的魄力,好比灿烂的太阳一般带给万物以生命的温暖。

成吉思汗与博尔术情同手足,虽是君臣,却更像密友。成吉思汗常说,每当轮到博尔术值夜,他就睡得特别安稳,他对博尔术的信任正是源于他们长达数十年的友谊。他们二人都擅长军事,经常促膝密谈,以至通宵达旦而不知疲倦,君臣之间极有默契,彼此如鱼得水。

在一次战役中,成吉思汗寡不敌众,将士溃败,兵马散失。第二天早上他检阅士兵,发现他的三儿子窝阔台(1186—1241)和博尔术都失踪了,成吉思汗因而心烦意乱,焦躁不安。他无时无刻不在牵挂着博尔术的安危,甚至超出对儿子的担心。属下都说,从没见成吉思汗如此失态过。时间像被熬成了黏胶,分分秒秒都过得特别缓慢,经过一天漫长的等待,博尔术终于回到了营中,他不但分毫未伤,还机智地夺回了一匹马。等到此刻,成吉思汗才算松了一口气,不禁大声疾呼:"博尔术无恙,天助我也。"

每当成吉思汗大发脾气,别人都束手无策时,也只有博尔术有办法劝他息怒。成吉思汗对博尔术说:"你勇武的事迹,我岂能尽述?你和木华黎两个人总是催促我做正当的事,直到我做了为止;总是劝阻我做错误的事,直到我罢手为止。我要让你坐在众人之上,九次犯罪不罚,出掌右翼,做以阿勒台山为屏障的万户。"1206

年,蒙古国建立,博尔术因功受封右翼万户长兼千户长,统领汗廷以西至阿尔泰山的大片地区。成吉思汗对他的器重,群臣之中无出其右,成吉思汗更是命令自己的儿子察合台也听从其教诲。

成吉思汗的麾下除有"四杰""四獒"外,还有一大批能征善战的猛士,他们四面出击,战无不胜,成就辉煌。他们为成吉思汗出生入死,赴汤蹈火而在所不惜,正是因为成吉思汗总能将部下的好处,点点滴滴都铭刻心头。所以每当成吉思汗遇险的时候,总会有人舍命救他,使他迅速恢复战力,逢凶化吉,重整旗鼓,反败为胜,而这正是成吉思汗的高明之处。

长春真人的谏言

元代是个多民族的国家,元朝政府对宗教信仰采取了相当宽容的政策。蒙古人最先接受的是佛教思想,后来,道教开始盛行,活动于北方的道教流派——全真派对蒙古统治者的影响则最为深远。

北京白云观是全真道教十大丛林之一,为全真教丘处机所创龙门派的祖庭,原名长春宫。观内有丘祖殿,供奉着龙门派祖师丘长春。丘长春(1148—1227),本名丘处机,道号长春真人。

金朝末年,道教新派全真道、真大道、太一道在中原各地蓬勃发展起来,其中以全真道最为繁盛。全真道的宗旨是识心见性、除情去欲、安贫守贱和苦己利人,宣扬儒释道三家合一,兼而修之。因为信徒众多,金朝统治者便竭力拉拢,多次向全真教伸出橄榄枝,想借助于全真教的影响来维护自己的统治。无奈全真教的掌门对金人的残暴统治甚为不满,所以迟迟不予回复。

成吉思汗在成就霸业的过程中,逐渐接触到了很多读书人,这些人给了他很多合理的建议。他以一个领导者敏锐的目光,越来越清楚地认识到,他们对自己治理天下很有帮助,于是他开始到各处网罗人才。对于当时名满天下的全真教掌教丘处机,他已仰慕多时,于是在1219年,派使者刘仲禄到山东莱州延请丘处机。

过去丘处机一直潜心习道,对于金朝和南宋的征召,他从未理会。而此次成吉思汗的使者刘仲禄奉命前来,对丘处机说:"我奉特诏而来,大汗吩咐,哪怕逾山越海,不论多久岁月,一定要请你去见他一面。"也许是成吉思汗虔诚的态度打动了丘处机,经过一番斟酌,他终于答应前往。1220年8月,年已七旬的丘处机携宋道安、尹志平等数名弟子启程前往西域。

当时的成吉思汗正在西征途中,山高路远,交通不便。丘处机饱经路途劳顿,足足走了一年零两个月,才来到成吉思汗的行营前。成吉思汗非常感动,高兴地说:"金、宋两国征召聘请你,你都不去,现今你跋涉万里前来见我,我很欣慰。"丘处机恭敬作答:"山野之人奉诏而来,是奉天之命。"成吉思汗听了更为高兴,赶忙向丘处机询经问道。

成吉思汗性格豪爽,开门见山地问出了自己最关心的问题:"真人远道而来,有什么长生不老的妙法吗?"丘处机如实回答:"天下只有保健防病的方法,而没有长生不老之药。"虽然丘处机的答案多少令成吉思汗失望,但他觉得丘处机不虚道妄言,以诚相待,反倒对其更为敬重。

第一次的会面时间非常短暂,成吉思汗本想设坛问道,恰逢札兰丁打败了他的弟弟失吉忽秃忽,成吉思汗打算亲往征伐,就请丘处机先回寻思干城休息,等待宣召。

这一等就是半年,半年后成吉思汗才得以向丘处机问道。丘处机不仅向成吉思汗系统讲授了全真教的教义,而且诚恳地劝说道:"帝王的修行之道,不同于常人。帝王是上天所派,上天不发一言,借帝王及其家族之手行事,要您除凶残,去暴恶,做百姓的父母……因此帝王应该切实地减声色,节嗜欲,才能圣体康健,生命长久。"

丘处机以一番诚挚话语打动了成吉思汗。"以无为之教,化有为之士",为百姓谋福祉,正是丘处机最大的心愿。丘处机之所以不远万里,深入大漠去见成吉思汗,就是不忍看到中原百姓在金朝的腐朽统治和蒙古军队的烧杀抢掠下饱受苦难,民不聊生,因此他才这般劝谏成吉思汗。

成吉思汗先后三次听丘处机讲道,觉得受益匪浅,对丘处机大加赞赏。他对儿子和大臣们说:"汉人尊重神仙,就像咱们敬'长生天'一样,我现在越来越心诚,越来越相信丘长春真是天上的神仙。上天派神仙对我说的话,你们每个人都要牢记。"

1224年，随成吉思汗西行归来后，丘处机定居燕京。成吉思汗把他安置在了天长观，后改名长春宫。丘处机派人带了度牒四处招求战火中尚存的百姓，庇护了两三万人。1227年7月，丘处机和成吉思汗竟然同月去世，这大概也是二人最后的机缘。

成吉思汗兄弟反目

蒙古未定时，铁木真兄弟几人齐心协力，一同征战沙场，不分彼此，生死与共。可蒙古政局刚稳定，成吉思汗的封赏刚刚落下帷幕不久，成吉思汗与弟弟合撒儿就因为汗位，反目成仇。如果不是成吉思汗的母亲诃额伦及时赶到加以阻止，兄弟二人就要刀剑相向了。

成吉思汗兄弟反目，两人对可汗位子的争夺是根本原因，但这其中也与蒙古萨满术士帖卜腾格里的推波助澜密不可分。

帖卜腾格里是帮助成吉思汗建立蒙古的大功臣蒙力克的第四个儿子。蒙力克自幼追随成吉思汗的父亲也速该，也速该被毒死后，蒙力克曾因形势所迫投奔过札木合，在札木合与铁木真决裂后又重归铁木真阵营。他受也速该所托，无微不至地照顾铁木真兄弟，还曾经救过铁木真的命。成吉思汗封赏功臣时，给予了蒙力克很高的荣誉和权势。

帖卜腾格里预测，铁木真将称汗，号为成吉思汗。虽然帖卜腾格里预测了铁木真到成吉思汗的转变，但成吉思汗并不喜欢他，在封赏功臣时并没有给予他很高的权势。这是因为成吉思汗发现帖卜腾格里不同于其他术士，他是一个很有政治野心的术士。帖卜腾格里因为父亲蒙力克的关系，已经拥有了很强的政治资本。成吉思汗绝对不会允许帖卜腾格里再拥有很高的政治地位，因此对他一直采取打压的策略。

受到打压的帖卜腾格里对成吉思汗很不满，但一时之间，又没有实力直接和成吉思汗抗衡，于是想出了一条借刀杀人的计策：以可汗位置为诱饵，离间成吉思汗和合撒儿。帖卜腾格里这招即使不能借合撒儿之手除掉成吉思汗,也可以使得鹬(yù)蚌相争,自己坐收渔翁之利。

合撒儿在蒙古汗国建立的过程中立下过赫赫战功,在蒙古人中有很高的威信。帖卜腾格里不断散布谣言,说合撒儿将取代成吉思汗。开始时成吉思汗只是一笑置之,可是随着谣言不断流传,成吉思汗的地位渐渐受到质疑,他不得不重新审视和自己出生入死的弟弟合撒儿。成吉思汗发现合撒儿与自己同样征战沙场,同样战功卓著,同样是父亲也速该的儿子,也同样拥有也速该旧部的支持。由此成吉思汗发现合撒儿完全有可能取代自己,成为可汗,于是开始对合撒儿有所提防。同时,听闻谣言的合撒儿也开始对可汗位置有了幻想,合撒儿惊讶地发现自己并不比成吉思汗差,完全有资格成为可汗,慢慢地就对成吉思汗产生了不恭敬之心。

一次合撒儿又因为一些小事,三日未拜见成吉思汗。帖卜腾格里便趁机对成吉思汗进言说:"合撒儿已有不臣之心,准备取代大汗,若不早日将他除去,定会后患无穷。"早已不满合撒儿的成吉思汗当即决定先下手为强,趁其不备,除掉合撒儿。于是成吉思汗马上派人绑了合撒儿,脱去了他的冠带,准备处置合撒儿。幸亏成吉思汗的另一个弟弟偷偷给成吉思汗的母亲诃额伦报了信。

也速该早逝,成吉思汗兄弟都是由诃额伦一手带大的,成吉思汗兄弟自小就对母亲很尊敬。诃额伦得到信息,匆忙赶到了王庭。王庭上,诃额伦大声斥责成吉思汗忘恩负义,不顾合撒儿帮助他建立蒙古的功劳。成吉思汗不禁羞愧难当,最终放了合撒儿,然而兄弟间的感情已不复当日。

继承人风波

成吉思汗见短时间内难以攻下金朝,便转而将目光投向了西方,开始谋划蒙古军团的第一次西征。成吉思汗选择的第一个西征对象是花剌子模——这个当时中亚最大、国力最雄厚的帝国。成吉思汗曾派人和花剌子模商谈通商事宜,而花剌子模国王阿拉乌丁因不满成吉思汗傲慢的态度,就斩杀了成吉思汗派出的100多人的使者团。得知消息后,成吉思汗非常愤怒,当众表示要征讨花剌子模。

听闻成吉思汗要征讨远方的花剌子模,成吉思汗的众多后妃、朝臣、儿子除了担心成吉思汗自身的安危之外,也格外关心成吉思汗的身后事。万一成吉思汗有什么意外,新的继承者将决定着上到蒙古高原,下到后妃、子女、朝臣的命运。

虽然人人都关心成吉思汗的身后事,但不管是后妃子女还是朝臣大将,都没有人敢在大战之前,提出让成吉思汗交代后事。只有一个人除外,她就是成吉思汗最宠爱的妃子也遂夫人。也遂夫人是塔塔儿酋长的女儿,在成吉思汗打败塔塔儿后被虏获,她貌美非常,常随侍在成吉思汗左右,备受宠爱。于是也遂夫人在大战在即之时,提醒成吉思汗,应该在出征前确立继承人,以免使蒙古陷入混乱。

成吉思汗听完也遂夫人的提醒,沉默了一下,便召集自己的弟弟和儿子,商讨确立继承人之事。成吉思汗有4个儿子,即长子术赤,次子察合台,三子窝阔台,四子拖雷,这个时候四人均已成年。成吉思汗首先询问了长子术赤的意见。术赤的母亲曾被外部落掳走,被成吉思汗救回,不久后就生了术赤,因此术赤的身世一直受到众人的质疑。年龄仅次于术赤的次子察合台刚愎自用,更是事事针对术赤,不承认术赤是成吉思汗的长子。察合台见成吉思汗直接询问术赤的意见,害怕成吉思汗传位给术赤,便直接指出术赤不是成吉思汗的儿子,没有资格继承汗位。自己的身世被当众质疑,术赤暴跳如雷,当场便要和察合台决斗。幸亏察合台的师傅阔阔搠思及时劝住了他,二人才没有进行生死决斗。

二人停手后,成吉思汗先对众人强调说术赤是自己的长子,这事不容置疑。接着又询问察合台对汗位继承人的意见。察合台见成吉思汗对兄弟二人的争执不置一词,便揣测起成吉思汗的意思,提议他和术赤二人共同辅佐为人敦厚的窝阔台继承汗位。成吉思汗默默地衡量着身世不清的术赤和刚愎自用的察合台,也中意敦厚的窝阔台,便转头询问术赤的意见。术赤心知自己由于身世难以继承汗位,与其让处处针对自己的察合台即位,还不如推荐为人忠厚的窝阔台继承大汗位置,于是也表示支持窝阔台。而四子拖雷也表示愿意辅佐成吉思汗定下的继承人。

见大哥、二哥、四弟都表示支持,窝阔台只好表示一定不负众望。成吉思汗很高兴,就此确立了窝阔台为继承人。

成吉思汗西征花剌子模

确立了窝阔台为继承人,没有了后顾之忧的成吉思汗积极准备征讨花剌子模的相关事宜。花剌子模是中亚强国,而花剌子模的国王阿拉乌丁对于自己东边的邻居——崛起的蒙古帝国并不了解。当正在开疆拓土的成吉思汗,语带傲慢地表示希望和花剌子模通商时,阿拉乌丁对于这个不知名的可汗并不看好,只是随性地表示同意互市通商。

通商后不久,成吉思汗的一支商队便在花剌子模边境被当作间谍全部处决,货物也被扣留。而后成吉思汗派出了一个使者团,前往花剌子模,要求阿拉乌丁交出相关责任人,否则兵戎相见。阿拉乌丁面对成吉思汗的威胁很生气,不但没交出相关责任人,反而杀了使者团,只让副使回去报信,而且为了羞辱副使,竟然把两位副使的胡子都给剃了。

成吉思汗看到被剃了胡子的副使,火冒三丈,当即表示要出兵征讨花剌子模,为死去的使者们报仇。出征前,成吉思汗联络了独居在花剌子模故都的太后,她一向与阿拉乌丁政见不和。成吉思汗表示希望太后保持中立,待他攻下花剌子模后,将进献多个城池给太后,这就杜绝了成吉思汗远征花剌子模时腹背受敌的可能性。

为了能在入冬之前翻越横亘在蒙古与花剌子模之间的阿尔泰山和天山,成吉思汗在1219年酷暑之时,亲率20万大军出征花剌子模,成吉思汗的4个儿子也都随行出征。20万大军中包括了掌握当时先进技术的炮兵、工兵和携带了各种先进战具的士兵,他们就此带着各种物资浩浩荡荡地向中亚出发了。

阿尔泰山和天山山脉,山势险峻,20万大军沿途逢山开路,遇险搭桥。最艰难处,连着架设了48座桥才得以通过。

通过险峻的山脉后,蒙古军团一头扎入了环境极端恶劣的红沙漠,这里是自古以来就很少有人能穿越的沙漠之境。驻守在花剌子模边境的守将哈亦儿罕满以为蒙古军团会命丧于红沙漠,自己也可以免于承担杀死蒙古商队的后果。而当蒙古军团历时半月之久,出现在花剌子模边境时,哈亦儿罕惊恐万分,连忙率全城将士拼死抵抗。历时半年,城终被攻破,哈亦儿罕也被成吉思汗处死了。

攻入花剌子模后,蒙古军队在花剌子模境内四处攻城破寨,如入无人之境。同样尚武的花剌子模人,在强大的蒙古军团面前根本不值一提。成吉思汗很快就攻下了花剌子模的不花剌市,为报阿拉乌丁侮辱使者之仇,城破之时,他便令城中长老列队出城投降,入城后再让马队进驻了当地的宗教场所。

在圣城不花剌市宣泄完怒气之后,成吉思汗并没有停止进攻的脚步。1220年,花剌子模新都撒马尔罕被攻破,阿拉乌丁出逃,后来病死了在出逃的路上,而后其子札兰丁即位。1221年札兰丁被逼渡河逃入印度境内。至此,蒙古军团第一次西征取得胜利,花剌子模灭国,成吉思汗留长子术赤镇守花剌子模。

攻灭西夏

在成吉思汗的带领下,蒙古人以所向披靡之势,将征服者的脚步遍布了整个天下,被他击败的国家,有的苟延残喘,有的就此灭亡,永远消失在了历史的舞台上。1227年,西夏为蒙古所灭,存在了190年之久的西夏终究成了一个抽象的历史符号。

西夏的创始人李继迁原本属于党项人的拓跋部。他的孙子李元昊是个厉害角色,一举夺得了宋朝的诸多州县,于宋仁宗景佑五年(1038年)称帝,国号大夏。他在称帝前和宋朝的关系不错,称帝后,又和宋朝闹崩了。等到南宋时期,西夏与南宋之间隔着金国,直到蒙古的成吉思汗兴起。西夏算是成吉思汗的眼中钉、肉中刺,在他的战略宏图中,早就将西夏归为自己的囊中之物。于是,成吉思汗经常找来各种借口,先后多次讨伐西夏。

1205年,成吉思汗第一次征讨西夏,战争的借口是西夏接纳了王汗的儿子桑昆。欲加之罪,何患无辞。其实桑昆并未正式进入西夏境内,更不曾为西夏所收容。

成吉思汗此次讨伐西夏,虽然在军事上没有大的突破,却劫掠了大量的人口与牲畜,也算不虚此行。

1207年,成吉思汗再次伐夏,这次他的借口是西夏不向蒙古纳贡。成吉思汗这次攻占了西夏的斡罗孩城。其实前两次成吉思汗出兵并不是为了进行简单的领土扩张,而是为了了解西夏的真正实力,算是军事试探。雄韬伟略的成吉思汗有着更为深远的战略目的——将来在他和宿敌金国交战时,不希望自己侧翼受敌。

1225年秋天,成吉思汗第三次亲征西夏,借口是西夏没有送"质子"到蒙古,并且还不派兵参加蒙古军对花剌子模等国的讨伐。蒙古兵对此早已轻车熟路,两路大军发动夹击,一路势如破竹,长驱直入,围攻西夏都城中兴府。次年2月,成吉思汗陆续拿下了黑水、甘州、肃州等城,把西夏人吓得魂飞魄散,先是西夏太上皇李遵顼惊吓而死,紧接着继位的皇帝李德旺也惊惧而亡,之后新皇帝李睍继位。

待到1227年春天,在蒙古人强烈的攻势之下,西夏已是苟延残喘,风雨飘摇。屋漏偏逢连夜雨,这年6月,中兴府发生强烈地震,房屋倒塌,瘟疫流行,粮食断绝,西夏不得已正式向蒙古投降。成吉思汗派大将脱栾扯儿必去受降,并嘱咐他,要对投降的西夏兵士进行抚慰。之后成吉思汗去了六盘山避暑,最终病逝于此。

成吉思汗临死前还特意叮嘱手下,封锁自己去世的消息,防止西夏投降有变。西夏人对成吉思汗的死并不知情,便老老实实出来投了降。西夏末帝在来朝见成吉思汗的路上,被脱栾扯儿必杀死。之后脱栾扯儿必还灭了西夏王族,更有无数的西夏百姓被无辜杀害。脱栾扯儿必只说这是为了执行成吉思汗的遗命,而这种做法根本就不像成吉思汗的作风。就成吉思汗的脾性来说,他一生虽多有杀戮,但对已经投降自己的人却从不加害,于是,这便成了一个永远无法得知真相的历史疑团。

成吉思汗之死

大自然赐予人类生命,平等而公正,任何人都无法逃避生老病死的规律,伟人也不例外。成吉思汗号称一代天骄,戎马一生,堪称"战神",可是"战神"也终将老去。

1227年,西夏被蒙古人彻底消灭后,成吉思汗事业的版图实现了又一次突破。转眼到了夏天,这是蒙古人最不喜欢的季节,炎热的天气让他们心烦意乱,甚至连战斗力都降低了,没办法,谁叫他们早已习惯了大草原的凉爽呢。因此,成吉思汗决定去避暑,从六盘山移到清水县的西江(在今甘肃清水县境内)。由于天气酷热,年老体衰的成吉思汗不堪旅途劳顿,竟然染上了斑疹伤寒,这是一种非常厉害的传染病,就当时极不发达的医疗水平而言,简直等同于不治之症。成吉思汗的病情一天比一天严重,他估计自己是大限已到,时日无多了。面对死亡,成吉思汗表现得从容不迫,他并不怕死,只是还有重要的事没做完而已,所以,他还不能死。他在病床上考虑的大事,只有两件,一是国家的治理,二是对自己的后事进行安排。

要说头等国家大事,当属选定继承人的问题。

据说成吉思汗在位的时候,经常给他的4个儿子讲一个有趣的故事,其实也不怎么有趣,倒有些吓人,就是一条多头蛇和一条独头蛇的故事。在一个滴水成冰的夜里,为了御寒,一条多头蛇想爬进一个洞里。可是,这条蛇身上的每一个头都想先钻进洞里,谁也不肯相让。最终,这条蛇没能进入洞里,而是被活活冻死在了洞口;而一条独头蛇却顺利地爬进了洞里,安全舒服地度过了严寒。成吉思汗寓教于乐,经常用这个故事启发和教育他的儿子们:兄弟手足不能窝里斗,而应该团结起来,兄弟齐心,其利断金,这样方能成就霸业。

在成吉思汗的谆谆教导下,4个儿子倒也听话。在选继承人的时候,基本上没闹出什么大乱子。成吉思汗的4个儿子都是皇后孛儿台所生,他们分别是老大术赤,老二察合台,老三窝阔台和老四拖雷。生老大术赤时,他们的母亲曾被蔑儿乞人掳走了九个月,成吉思汗夺回老婆后,就得了大儿子,所以谁也说不清楚术赤的身世。成吉思汗虽然没有追究,但是对于注重血统的蒙古人来说,这几乎是不可逾越的鸿沟,所以老大便没戏了。而老二察合台是条硬汉,英勇善战,可就是谋略不够,顶多是个领兵打仗的将才,要说治理国家,他能力不够。剩下的两个儿子,成吉思汗都很喜欢:三儿子窝阔台有勇有谋,老成持重,遇事从容不迫,沉着冷静;小儿子拖雷更是深得他的宠爱,蒙古人自古就有幼子守业的传统,更何况拖雷各方面的表现都可圈可点,只可惜年纪太轻,把统一大业交给他还是让人有些不放心。

这么一圈思量下来,成吉思汗终于下定了决心,确定了大蒙古帝国未来的接班人——窝阔台。于是成吉思汗趁着自己头脑清醒,赶紧交代起了后事。他把儿子们叫到身边,挣扎着坐起身来,郑重地说道:"我知道自己大限将至,很快就要被'长生天'召回,你们当中需要有一个人来继承汗位,治理我们大蒙古国,把我们蒙古人的疆土继续扩大。"

成吉思汗环视一周,又缓缓说道:"在你们之中,窝阔台雄才大略,足智多谋,有治国之才,因此我想让他继承我的汗位,统帅军队和百姓,保卫国土。如果你们也想过安乐和幸福的生活,享受权力和富贵的果实,那么你们就要协助窝阔台,帮他共同治理好这个国家。相反,如果你们个个都想当大汗,争夺汗位,互不谦让,那么下场就会像那条多头蛇。因此,我让他继承汗位,不知你们有什么意见?"老爸都这样说了,还能有什么意见?再掂量一下自己的斤两,还真不能和窝阔台抗衡,既然如此,倒不如顺水推舟,做个听话的好儿子。于是,大家异口同声地说:"我们听您的话,拥窝阔台为大汗。"

"很好,"成吉思汗非常满意,又接着叮嘱众子,"假如你们心口一致,就必须在我面前立下誓约:'永远不许更改今天当着我的面决定的事情,更不许违反我的法令;我死后你们要承认窝阔台为大汗,把他的话当作肉体中的灵魂。'现在察合台还在外面征战,你们也应该让他不生叛乱之心。"

最终,成吉思汗的儿子们在他的病榻前遵照他的决定,立下了由窝阔台继承汗位的誓约。这一招够狠,光说不行,还要立下誓约,万一有人敢谋反,定会遭到报应,这对于迷信的蒙古人来说是个不小的威慑。这样一来,在继承人的问题上,成吉思汗就基本上放心了。

此外,成吉思汗还有最后一个未了的心愿,那就是灭掉金国。

金国是蒙古人的宿敌,成吉思汗无时无刻不想把这个老冤家灭掉。可人算不如天算,由于种种原因,成吉思汗始终没能找到合适的战机,所以金国到现在还安然无恙。不把金国灭掉,成吉思汗岂能甘心?无奈他的病情日益恶化,心有余而力不足,他只好把灭金的重任交给儿子们。他觉得:我虽然不行了,可我还有儿子,还有孙子,子子孙孙无穷匮也,无论如何,非把你灭掉不可。成吉思汗果然是天生的军事家,他躺在病床上,而脑子里早就把灭金的计策想好了。他把窝阔台、拖雷和自己的将领们叫到跟前,向他们交代了灭金的大计:"金朝的精兵在潼关,潼关北靠黄河,南据华山,我们如果正面进攻,难以一下子攻破。如果借道南宋,我们就可以避其精锐,然后从背后出兵直捣大梁。而南宋和金有世仇,南宋必会同意。等到大梁危急之时,金朝必从潼关调兵,而等潼关数十万金兵千里赴援到大梁,人马必然已经疲惫,疲惫的兵马没有什么战斗力,我们就可以一举击败金兵。"成吉思汗凭借敏锐的判断能力和超人的军事天赋,成功地预测了未来的战事。后来,窝阔台正是采用了这一策略才大获全胜,于1234年灭了金国,也了却了成吉思汗生前的夙愿。

英雄的时代终于落幕,1227年秋,成吉思汗在他避暑的六盘山去世,终年65岁。

之后,成吉思汗的儿子们和诸将要护送他的灵柩到蒙古老营,为了不走漏消息,他们沿途遇人便杀,许多无辜的百姓都惨遭杀害。最后,成吉思汗的葬礼在蒙古老营隆重举行,草原儿女为失去他们伟大的成吉思汗而悲恸欲绝。成吉思汗的遗体则被秘密埋葬在起辇谷,具体位置在哪,谁也说不清楚。按照蒙古人的风俗,埋葬完死者后,就要把墓地踏平,然后撒下草籽,待到第二年春天,青草萋萋之时,任谁都再难发现。这是蒙古人另一个聪明的地方,他们来自草原,又回归草原,不主张修坟造墓,也不讲究奢侈陪葬,所以也就不用担心盗墓者的打扰。

成吉思汗缔造了一个了不起的神话,是大蒙古帝国的创始者,显示出了非凡的智慧和杰出的才干。他历经磨难,身经百战,开疆扩土,终把草原上分散的部落统一起来,开创了蒙古国的新时代。成吉思汗,一代天骄,他的威名将永远在历史的长河中闪耀!

金哀宗蔡州自杀

成吉思汗因病不治而亡后,窝阔台即位。窝阔台即位伊始就宣布要出兵金朝,完成成吉思汗的遗愿。

上次成吉思汗南下渡黄河,进攻金朝,受到了金人的顽强抵抗,最后不得不暂时放弃攻打金朝。窝阔台这次出兵金朝,吸取了成吉思汗上次的教训,按照成吉思汗临终时交代的方法,两面夹击金朝,借南宋之道直取金朝都城汴梁和潼关。

此时,迁都汴梁、避让成吉思汗的金宣宗已死。在位的金哀宗,是金宣宗的儿子完颜守绪。金哀宗是位仁爱、希望有所作为的君主。成吉思汗去世之前,蒙古军队就曾多次出兵征讨过金朝,但金哀宗积极应对,不失时机,争取了一切力量抗击蒙古,便也成功击退了成吉思汗的进攻。成吉思汗出兵山西时,金哀宗便抓住机会劝降宣帝时投靠成吉思汗的金朝大将武仙,于是武仙阵前倒戈,蒙古军因此败退了下来。

当成吉思汗进攻西夏之时,金哀宗就预感与西夏毗邻的陕西也将面临威胁,于是金哀宗开始积极准备迎战。果然,成吉思汗攻入西夏境内后,挥戈南下,进军甘陕一带。面对蒙古的大规模进攻,金哀宗在汴京加紧安抚百姓,劝民为军,以扩充实力,准备抗击蒙古。在金哀宗及其将士大臣的努力下,同时也因受蒙古成吉思汗去世的影响,金朝抗蒙的形势有所好转。

蒙古灭西夏后,窝阔台全力伐金。已日薄西山的金朝其实并没有实力和蒸蒸日上的蒙古对抗。窝阔台采取了南北夹击的策略,南边借道南宋的兴元府进攻金朝南部的金州。金朝腹背受敌,无力应对,以致节节败退。很快金朝就被逼得只能退守南京汴梁与中京洛阳两城,退守两城的金朝,凭借着先进的火炮,展开了最后的垂死挣扎。而金人的负隅顽抗,也令蒙古一时难以攻下两京,双方相持不下,于是窝阔台提出了退兵条件,表示愿意和解。

最后金朝献上了大量的金银珠宝,换得蒙古退兵。蒙古退兵后,金哀宗立志卧薪尝胆,振兴金朝,可惜天不如人意。先是汴梁城发生瘟疫,导致数十万人死亡。瘟疫还没根除,又发生了飞虎营怒杀蒙古使者的祸事,这事再次激怒了窝阔台。

刚刚喘了口气的金哀宗再次慌了手脚,想要出兵迎战,却发现全国上下都筹集不到足够的军粮。无奈之下,金哀宗只得由汴京逃到归德府,于是汴京被蒙古军攻陷,金朝皇家宗室尽数被掳往了北方。

不久归德府主将石盏·女鲁欢与元帅蒲察官奴发生了内乱,主将石盏·女鲁欢一派被诛杀,蒲察官奴又软禁了金哀宗,归德府形势不断恶化。之后,金哀宗在碧照堂设伏,暗杀了蒲察官奴,带领二三百人、50匹马,逃往了蔡州。

南宋应蒙古人邀约出兵攻打蔡州附近的息州,当地的金将忙派人向蔡州求援。金哀宗无奈,只能分出500名兵士前往息州。穷愁之余,金哀宗对南宋仍旧抱有最后一丝希望,便以借粮为名,派出使者向宋朝说:"蒙古灭亡了花剌子模及西夏,西夏灭亡后就轮到大金了,大金灭亡后必定会危及大宋。唇亡齿寒,这是自然的道理。"然而宋朝因"靖康之耻"记恨金人,并没有理睬使者的话,攻下息州后,又继续合兵蒙古军,攻打蔡州。

蔡州被围长达3个月,城中也断粮多日,金哀宗不愿做亡国之君,便传位给了宗室完颜承麟。完颜承麟一开始执意推却,后来金哀宗苦苦哀求,说:"将江山社稷托付给你,这也是迫不得已。朕身体肥胖,不能策马出征。万一城陷,必难突围。你平昔身手矫健,而且有将才谋略,如果有幸逃脱的话,还可延续国祚,这是朕的心意。"完颜承麟这才接受禅让。正在行登基大典之时,南宋就已经攻入蔡州南门了。金哀宗得知消息后,自缢于幽兰轩,享年36岁。完颜承麟听闻金哀宗自缢身亡,即率领群臣哭丧祭奠。然而,哭奠还没结束,外城就被攻破了,完颜承麟也死在了乱军中。

蒙宋灭金

蒙古人与金人之间的仇怨由来已久,他们是一对不共戴天的仇家。在历史上,他们交战的次数多得难以计数,双方各有胜负。他们都对对方恨之入骨,都恨不能立刻将对方灭掉。

成吉思汗一统蒙古大草原后,就把征服的矛头对准了金国和西夏。从1211年春开始,成吉思汗便打着替祖先复仇的旗号,誓师伐金。到1215年为止,不到五年的时间里,他多次率兵南下,把金国打得落花流水,最终取得了全面胜利。

1211年,蒙古军兵分两路伐金。一路由成吉思汗本人统率,以哲别为先锋,进攻金西北路;另一路由成吉思汗的三个儿子术赤、察合台、窝阔台率领,进攻金西南路。成吉思汗率领的蒙古军很快便越过了金的边防,并攻破了金西北路边墙乌沙堡。而后蒙古人继续南下,两军大战于野狐岭。金人全力抗敌,以30万大军据险抵御,谁料蒙古人的战斗力如此之强,金人大败,精锐部队丧失殆尽,家当也丢了一多半。

同年9月,蒙古军前锋突入居庸关,开始攻打金中都。无奈金军据城坚守,蒙古军一时无法攻克,只好被迫撤军。不过,成吉思汗三个儿子率领的这路蒙古军,收获却不少,他们攻取了丰州、净州、东胜、云内、武州和朔州等州城,大肆掠夺后方才离去。这一仗打得金人损兵折将,元气大伤。

1212年,蒙古军继续伐金,接着攻打之前攻打过的许多地区。要不是因为成吉思汗在战场上不幸中流箭受伤,不得已才撤兵,估计金人的日子会和去年一样难过。

1213年秋,成吉思汗率大军再次卷土重来,越过野狐岭,攻陷宣德、德兴诸城,并重创金军,把金兵追至居庸关北口。金兵坚守居庸关,因为居庸关是他们抵御蒙古人的最后屏障。不久,蒙古大将哲别不负众望,攻下了居庸关,大军开始进逼金中都。此时,蒙古大军兵分三路,沿途攻来,占领了多座州城,把金人打得只有招架之功,再无还手之力。

1214年春天,成吉思汗会合诸路大军于中都北郊,威胁金国,并派使臣向金国索取贡品。人在屋檐下,不得不低头,金宣宗不得不遣使求和。而后金把岐国公主进献给成吉思汗,并送去了大量金银财宝。看在金人的态度还算诚恳的份上,再加上进献的美女的确非常漂亮,成吉思汗决定先给金人一个喘息的机会,于是率军北还。

还没等金人喘过气来,1214年6月,中都南面的金军发生叛变,杀主帅后,投降了蒙古。成吉思汗立即派兵与降军共同围攻中都。金太子得知消息,立即逃往南京(今河南开封)。至1215年春,蒙古军陆续收服了中都附近的州县,并击败了前来救援中都的金军。同年5月,金国宰相完颜福兴眼看中都解围无望,遂服毒自杀。蒙古军最终攻入中都。

1217年8月,成吉思汗失去耐心,决定不和金人玩了,要彻底灭掉金国,于是任命大将木华黎为主帅,前往作战。木华黎相继收降了河北、河南和山东等地的一些重要州府,可是,金国气数未尽,1223年3月,成吉思汗最信任的主帅木华黎不幸病逝。主帅死了,仗当然也打不成了。而此时的成吉思汗正在西征途中,无暇他顾,金朝就又因此苟延残喘了十年。

时隔十年后的1233年夏,蒙古军与南宋军会师蔡州城下。金哀宗见大势已去,无力回天,便传位于太子完颜承麟,随即上吊自杀。可怜的金末帝在位仅1天,即为乱兵所杀。至此,从1115年至1234年,立国共120年的金朝,在与蒙古人的较量中完败,彻底宣告灭亡。

乱世诗人元好问

元好问(1190—1257)出身于一个世代书香的官宦人家。他的祖先原为北魏皇室鲜卑族拓跋氏。元好问生活的时代,正是金元兴替之际,金朝由盛而衰,最终被蒙古所灭。蒙古本是金的臣属,崛起后征伐四方而灭掉了金国。在这样大战乱、大动荡的社会环境里,元好问也经受着国破家亡、流离逃难的痛苦煎熬。

元好问是一位才华横溢的文学家,其作品最主要的特点就是内容实在、感情真挚、语言优美而不尚浮华。与他同时代的人和后世人都对他的诗文有极高的评价。元好问又是一位高超的文艺理论家,他的《论诗》绝句30首、《校笠泽丛书后记》等,都很精辟地评论了古代诗人诗派的优劣。他也主张作诗为文要"诚",要写"情性",还提出许多写作时的技巧原则,反对生硬晦涩,乱排典故,认为做学问要"真积力久",等等。这些见解都是他凭几十年亲身实践得来的,有着切实可行的指导意义。

元好问亲历金朝的衰亡和蒙古灭金的全过程,又从政多年,强烈的忧国忧民的社会责任感使他时刻关注着金国的命运和金国史迹的保存。金灭亡后,他抱着"国亡史兴,己所当任"的信念,决心以一己之力修一部"金史",并为此付出了艰苦的努力和沉重的代价。他一开始拒不做蒙古的官,以表明自己的遗民身份和对故国的忠诚。但为了写金史,他又不得不出仕,与蒙古国的中上层官员相周旋,以便取得他们的协助和必要的资料,也正因此,当时的许多人对他并不谅解。

为了完成自己修金史的宏愿,元好问忍辱负重20多年,直到去世。为了修金史,元好问在自己家的院子里建了一座"野史亭",作为存放有关资料和编辑写作的地方。经过多年的奔波,他积累的金朝资料共有上百万字,后称《金源君臣言行录》。同时,他又抱着"以诗存史"的目的,编辑成了《中州集》。这是一部金代诗歌总集,里面不仅收录了他所知道的金朝一代已故或未仕于蒙古的诗人词客的作品,还包括金朝两位皇帝及诸大臣乃至布衣百姓的诗词,共2116首(其中诗2001首,词115首),而且他还为每位作者(共250余人)写了小传。这些工作成果填补了中国文学史上的空白。

耶律楚材

西汉的陆贾说过,可以骑着马打天下,却不能骑着马治天下。蒙古人进入到中原以后,情况发生了很大变化:原来他们是靠放牧为生的,而现在却来到了以耕种为生的中原;原来他们还处在奴隶社会,现在却进入了封建社会。那么,他们是怎样治理好天下的呢?功劳应该归于"治天下匠"耶律楚材。

耶律楚材(1190—1244)是契丹人,但是精通汉族文化。他从小就读了很多书,掌握了天文、地理、历法、数学、医学以及其他许多方面的知识,是一个博学的人。1215年,铁木真听说耶律楚材很有才能,就下令召见他。铁木真见他长得很高大,留着漂亮的长胡子,就叫他"吾图撒合里"(蒙古语,"长胡子"的意思),把他留在身边办事。

耶律楚材得到铁木真的信任后,就劝他用儒家思想来治理国家,但铁木真只顾打仗,没有听取他的意见。这时,一个善于造弓的巧匠常八斤非常嫉妒他,就对铁木真说:"现在正在打仗,像耶律楚材这样的读书人有什么用呢?"耶律楚材说:"造弓还要造弓匠呢,治理天下难道不要'治天下匠'吗?"铁木真觉得很有道理,就更加信任他了。后来铁木真还对窝阔台说:"这个'长髯人'是上天赐给咱们家的,以后你要把国家大事交给他去处理。"

后来窝阔台当了大汗,耶律楚材就按中原王朝的礼制,定了一个礼仪制度,要求皇族的人和大臣们见了皇帝都要下拜。这样,皇帝才有皇帝的样子,大臣才有大臣的样子。

蒙古人进入中原以后,很多人还想用过去的老办法来进行统治。有个叫别迭的大臣说:"汉人对我们一点儿用处也没有,不如把他们统统赶走,让田地长起绿草,好让我们去放牧。"耶律楚材却对窝阔台说:"这样广大富饶的地方,怎么说没有什么用呢?大汗您不是要攻打金国吗?如果您让我来征收这里的赋税,我一定能满足您的需要。"窝阔台说:"好吧,我让你试一试。"耶律楚材立刻定下了中原的地税、商税，以及盐、铁、酒、土产等税，并在燕京设立了十路征收课税使。为了把税制、军事和民政等分开，他设长吏专门管理老百姓，设万户府专门管理军政，设课税所专门管理征收赋税。第二年，耶律楚材就征收了白银50万两，帛8万匹，粟40余万石(dàn)。他把征收的簿籍交给窝阔台，窝阔台看了非常高兴，说："你的本事真大，整天在我身边，却能使国家的财物那么充足。"并马上按照耶律楚材的建议，设立了中书省，任命他为中书令(宰相)，让他管理黄河以北的政事。

耶律楚材还特别注意保存人口。过去蒙古人在打仗时曾规定，凡是对方有抵抗的，攻占城镇后，就要把敌人全部杀死，不管男女老幼，这叫作屠城。这种屠城政策杀害了许多老百姓，激起了人民的强烈反抗。1232年底，大将速不台带兵攻打金朝首都汴京(今河南开封)，攻了很久也没有攻下，而且死了许多人。速不台非常生气，说："待我攻下汴京后，我要把城里的人一律杀光！"耶律楚材听到后，连忙对窝阔台说："将士打仗，就是要得到土地和人民，如果把老百姓都杀了，得到土地，没有人耕种，又有什么用呢？"窝阔台觉得很有道理，就下令给速不台："除了金朝皇族以外，其他的人一律不许杀。"这样，当时在汴京城避难的147万老百姓保全了自己的性命。在耶律楚材的建议下，窝阔台又派遣使臣邀请孔子第51代孙孔元措赴蒙，封其为衍圣公，随后又命其返回故乡建孔庙，由此，蒙古国始兴儒学。

铁木真即位后并没有制定一部完整的法律，他颁布的《大札撒》只是一部习惯法，而且只适用于草原地区。来到中原后，情况越来越复杂，犯罪的人很多，社会秩序也越来越混乱了。耶律楚材就制定了一个临时法律，叫"便宜十八事"，专门惩罚那些贪官、流氓、强盗，从而使社会逐渐安定了下来。

铁木真曾分封他的弟弟和儿子们到各地为王。窝阔台攻下金朝后，也想把土地分封给诸王和功臣。耶律楚材却反对这样做，他认为把权力交给各个功臣，就会削弱大汗的权力，不利于中央集权，不如多分一点儿金帛给他们，不让他们自己收税。于是就定下了"五户丝"制度，让老百姓每五户交纳一斤丝，分给受封的贵族，从而把征税权收归到了中央。

耶律楚材还常常劝说窝阔台接受儒家思想，按照孔子和孟子的方法来治理国家。于是，窝阔台就让他选拔儒生担任各级官员，并让他请有名的儒士来给皇太子和大臣们的子孙讲解儒学的经义。可是有一次，有两个做官的儒生犯了罪，窝阔台就责备耶律楚材，说儒生也犯罪，可见孔孟之道也不好。耶律楚材说："三纲五常是圣人的教导，要治理国家就得遵循它，就像天上有太阳和月亮一样。不能因为一两个人有了过错，就放弃孔孟之道吧。"几句话就说得窝阔台心服口服，窝阔台不禁微笑着点了点头。

可是后来，窝阔台想增加收入，不愿减轻人民的负担，就开始不听耶律楚材的建议了。耶律楚材据理力争却未达到目的，但他仍坚持为民请命。1241年，窝阔台去世，皇后脱列哥那监国，不再重用耶律楚材。1244年，耶律楚材忧郁而死，享年54岁。耶律楚材是一位伟大的政治家，人们为了纪念他的功劳，把他安葬在了今天北京的万寿山，还专门为他修建了祭祠，并塑石像，该石像到现在还保存在北京的颐和园里。

贵由汗的统治

元太宗窝阔台（1186—1241）生前立有六个皇后，他去世后，按照蒙古人的传统，应由大皇后木哥哈敦(哈敦，蒙古语，"王妃"的意思)继守大斡耳朵，主持朝政。不料，太宗死后的第二年，即1242年春，木哥哈敦也逝世了，于是，便由曾经颇受宠爱的六皇后脱列哥那哈敦继守大斡耳朵，称制摄政。

元太宗窝阔台本打算将汗位传给他最钟爱的三儿子阔出，不料阔出福薄命短，于1236年早死。于是，太宗便把阔出之子、皇孙失烈门立为了汗位继承人。当妈的总要偏向自己的亲生骨肉，脱列哥那临朝以后，打算推翻窝阔台"以皇孙失烈门为嗣"的遗诏，改立自己的亲生儿子贵由。这样，汗位之争就不可避免地爆发了。

脱列哥那的做法，在黄金家族内部遭到强烈的反对。反对派的头号人物就是术赤的儿子拔都。贵由和拔都的积怨由来已久，他们在西征钦察等部时，就看彼此超级不顺眼，甚至公开闹翻了脸，早就结下了梁子。如今要立贵由为汗，拔都当然坚决反对。其实贵由是窝阔台的大儿子，老二阔端也是威胁他的对手，只因为有病在身，健康出了问题，所以保持观望态度，既不支持也不反对。

福不双至，祸不单行，大汗的人选还没最后敲定时，又来了一位不速之客——成吉思汗的幼弟铁木哥斡赤斤。他率领大军，长途跋涉，此行究竟为何？他自己给出的官方说法是，要求索还原属于他的左翼诸部人口。侄子窝阔台刚死，他就来要人，要人就要人，还带那么多士兵，这个理由实在太牵强。于是，朝廷上下一片哗然，认为铁木哥斡赤斤这是要起兵争位，甚至有人主张"西迁以避之"。重臣耶律楚材坚决反对："朝廷是天下根本，根本一摇，天下将乱。"根据耶律楚材的建议，脱列哥那派遣使者去询问铁木哥斡赤斤此番前来的用意，并表达了自己的诚意：您是我们的长辈，有什么要求您尽管提出来，凡事都好商量。铁木哥斡赤斤一看侄媳妇态度不错，又立即归还了被太宗掠来的左翼家属和家仆，他的要求都被满足了，他也就无话可说了。于是又改口说他是为奔丧而来，既然丧事办完了，就没必要再待下去了，于是他带着自己的家仆和奴隶，还有浩浩荡荡的大军，心满意足地回老家了。送走了这位瘟神，脱列哥那终于松了一口气。

为了自己的亲儿子，脱列哥那也算拼了，经过她多方努力，贵由终于在1246年8月24日即汗位。

脱列哥那是个女强人，有着很强的控制欲。她在儿子贵由即位后，仍继续参与朝政。可贵由并不喜欢，甚至非常反感母亲的做法。因为他有自己的主张，并非听人摆布的懦弱之辈。儿大不由娘，母子间的矛盾也就难以避免了。

贵由即位伊始，就采取强硬手段来扫除一切有碍他亲政和树立大汗权威的因素。他要让大家知道，他才是大蒙古国真正的主宰者。所以，他采取了一系列的行动，而第一个撞枪口的人是女巫法迪玛。法迪玛是一名"通天女巫"，她在脱列哥那摄政期间，权倾朝野，胡作非为，她的行为早就引起了大臣们的不满，但她在脱列哥那的庇护下有恃无恐。贵由除掉法迪玛的决心毫不动摇，最后连脱列哥那也无可奈何，只得被迫将法迪玛交给贵由处置。法迪玛随即被贵由处死了。就在法迪玛死后不久，脱列哥那也去世了。这样，贵由终于从他母亲手中彻底夺回了权力。

贵由的执政属于"铁腕"风格，他向来喜欢以严厉的手段和强硬的政策来处理政务。在他短暂的执政期内，把征服的目标主要都定在了西域诸国，而对东方的高丽、南宋等国，基本上就是吓唬吓唬。

第14章 元朝

1247年秋,贵由开始"西巡"。这一年,他在他的冬季驻地过了冬。1248年新年,他借口说他的封地叶密立的空气和水土适合他养病,于是从驻地起程,亲率大军浩浩荡荡地向西域进发。

拖雷之妻唆鲁禾帖尼是个聪明的女人,她见贵由仓促出行,便暗中派人向拔都告密,通报贵由已率大军向彼方推进,要其做好迎战准备。唆鲁禾帖尼怀疑贵由西巡的真正意图是去攻打拔都,而不是去养病。种种迹象表明,贵由此举的确来者不善,他和拔都素有积怨,如今他登上汗位,又怎能轻易放过拔都呢?而拔都接到消息也早有防备,两军相遇,一场血战在所难免,究竟鹿死谁手,难以预料。

就在这关键时刻,情节突然发生了惊天逆转,贵由死了。活蹦乱跳的一个人,却突然在途中暴死于横相乙儿之地(今新疆青河县南)。而当时拔都正打着朝觐大汗的旗号,由他的驻地率大军向东进发,准备去见贵由。贵由的死因总共有两个版本:一说贵由是被拔都的手下投毒而亡的;另一说是拔都派他的兄弟昔班前去向贵由请罪,二人在喝酒时发生争吵,结果互相"把对方杀死"了。可怜的贵由本想去教训拔都,不承想却被拔都收拾了,而且连命都搭了进去,实在是亏大了。

贵由在位的时间只有短短的三年(1246—1248年),终年43岁。后追谥简平皇帝,庙号定宗。在短暂统治的时间内,他推行强硬政策,消除异己势力,却适得其反,招致了更多的敌人,最终也因此而丧了命。他的暴毙,也成了汗位之争的导火索,使元朝的统治重新陷入了动荡不安的局面。

蒙哥继承汗位

贵由在西巡的途中暴卒,他这一死,立刻给蒙古统治集团带来了一个最严重的问题——由谁来继承汗位。

在当时的黄金家族里,年龄最大、声望最隆、兵权最大的当属驻跸在钦察草原的宗王拔都,他是成吉思汗长子术赤的儿子,也是整个黄金家族的"老大"。

在立谁为继承人的问题上,老大的态度是相当关键的。那么,拔都究竟偏向于谁呢？或是根本就想亲自上位？这也不是没有可能的。

贵由死后，拔都以长兄（长支宗王）身份，接二连三地向各方面派出急使，邀请同族宗亲和全体亲王前来参加忽里台大会，以便推选新汗。窝阔台、贵由、察合台的后裔们都不给面子，拒不受请，他们的理由也很充分："成吉思汗的基业在斡难河和怯绿连河，我们为什么要到钦察草原去开忽里台大会呢？"不过慑于拔都的威望，他们只好不情愿地派出代表，去拔都那里开会，并口是心非地保证说："因为拔都是全体宗王的长者，他的命令是大家必需遵守的，他所赞同的，我们无论如何也不违反。"

拖雷这一系的后人和拔都的关系本来就不错，拖雷的妻子唆鲁禾帖尼在贵由"西巡"时还特意给拔都送过信，情谊更是非同一般。得知拔都要组织召开忽里台大会的消息后，她当即决定要给拔都捧场。于是，她对长子蒙哥说："既然宗王们不听长兄的话，不肯亲自去拜见他，你就带着兄弟们去探望他一下，也好借机联络一下感情。"蒙哥是个孝顺的好孩子，他遵循母亲的吩咐来到了钦察草原。事实证明，蒙哥这次的确不虚此行。

当这一对堂兄弟见面后，蒙哥虔诚而又恭敬地问候拔都，拔都亲眼看到了他的才干和胆识，于是大为赞赏道："在所有的宗王中，只有蒙哥具有一个大汗所需要的禀赋和才能，他领军作战，才智出众；在窝阔台可汗、其他宗王和将领们的心中，也受到了充分的尊重。如今适合君临天下的只有蒙哥一人，除他以外，成吉思汗家族中还有哪一个宗王能够凭借正确的判断和清晰的思想去掌握军队？总而言之，蒙哥是大汗的不二人选。"

拔都表明自己的态度后，便向其他宗王和将领们派去了使者，邀请他们一起拥立蒙哥为大汗。蒙哥的母亲唆鲁禾帖尼得知这个消息后，非常高兴。这无异于天上突然掉下一块大馅饼，而且一下砸在了自己儿子的头上，这能不高兴吗？

拔都雷厉风行，说话算话，他召集了自己的兄弟和整个术赤家族，还有右翼诸王中察合台的后裔合剌旭烈兀，他们订立了协议，共同拥立蒙哥即位。按照蒙古人的习俗，全体宗王和将领们举行了隆重的继位仪式，拥立蒙哥继承汗位，在场的人也全部宣誓效忠于他，并决定次年举行忽里台大会。

消息传开后，最忙碌的是蒙哥的母亲唆鲁禾帖尼。她先是派人向拔都表示感谢，要不是拔都，儿子不可能继位；接着又向所有的宗王发出邀请，希望他们出席为儿子登基而举行的忽里台大会。但是窝阔台和贵由系的部分宗王,以及察合台的后裔都拒绝出席,他们多次派人向拔都抗议:"我们不同意由蒙哥出任大汗。汗位应当是我们的,你怎么能给别人呢?"而拔都根本不理他们那一套,坚决支持蒙哥做大汗。双方没能达成统一意见,这一年就在争吵中过去了,忽里台大会也一直未能开成。

时间飞逝,第二年6月,蒙古的各派势力仍然没有达成协议,蒙哥和唆鲁禾帖尼为此焦灼不安,万一煮熟的鸭子飞了怎么办?再这样下去,蒙哥继位的事就要泡汤了。于是,他们只好向拔都求援,拔都也果然够意思,以一副大哥的派头回复道:"你只管拥立蒙哥登位吧,那些背弃札撒黑的人都得掉脑袋。"最后,胳膊还是没有拧过大腿,那些宗王们慑于拔都的压力,不得已姗姗前来。1251年7月的一天,当太阳又一次在蒙古草原上冉冉升起时,蒙哥在都城哈拉和林(今蒙古国哈拉和林)登上了汗位,他就是历史上的元宪宗。

元世祖忽必烈

忽必烈生于1215年,1260年称汗,1294年去世。他是元朝的开国皇帝。按中国皇帝的庙号称他为元世祖,按蒙古语则尊称他为薛禅汗。他是"一代天骄"成吉思汗的孙子,同他的祖父一样是一位杰出的军事统帅,也是一个出色的政治家。

自1241年窝阔台去世至1251年蒙哥即位,大蒙古国经历了十年的混乱时期。先是窝阔台之妻脱列哥那摄政,1246年她的长子贵由继承汗位,即元定宗,但实际上还是脱列哥那主事。两年后贵由死于"西巡"途中。拖雷诸子与窝阔台的子孙们展开了激烈的汗位争夺战,直到蒙哥登上大汗之位。

拖雷和妻子唆鲁禾帖尼共有四个儿子:蒙哥、忽必烈、旭烈兀、阿里不哥,他们从小就受到了良好的教育和汉文化的影响——他们的母亲很有想法,特从中原请来名儒贤士为他们讲解治国之道,其中忽必烈受影响最深,他渐渐领悟到治理中原必须用汉文化的道理。蒙哥即位当年,就任命忽必烈主持漠南地区的军政事务。在十年混乱中,当初耶律楚材的治理措施,全都被废除了,中原人民又陷入暴政之下,土地荒芜,人口流失,生产力受到极大损害。

忽必烈主政中原后苦心经营,他选贤任能,清政去贪,劝农耕种,逐渐理出了头绪,恢复了大部分生产力,将中原治理得井井有条,控制了中国北方大量的人力和物力。

蒙古军队在攻打南宋的初期,并不太顺利,于是决定先征吐蕃(今青藏高原一带),再攻大理(今云南),然后包抄南宋,采用战略大迂回的战术。1253年,忽必烈率军南征大理。蒙古铁骑由北向南,不到半年时间就从今甘肃经青海、四川到达了云南,先后越过大渡河、大雪山、金沙江等险绝之地,完成了中国古代军事史上罕见的万里远征创举。第二年初,大理国灭亡,吐蕃也表示臣服,整个西南地区都被蒙古军队控制,形成了对南宋王朝南北夹攻的形势。年底,忽必烈留大将兀良合台镇守云南,自己则返回了北方。

元朝南征的胜利和治理中原的成绩显示出了忽必烈杰出的文韬武略,他的声望在汉族地主阶级中日渐上升,许多豪强士绅纷纷向他靠拢,表示愿意接受他的统治。忽必烈的周围还聚集了一大批汉族文武人才,如刘秉忠、许衡、姚枢等文士,以及史天泽、张柔等武将。这些都为他进一步统治中原奠定了坚实的基础。

但是,忽必烈采用汉法治理中原却损害了蒙古贵族和西域商人的利益。由于他的声望之高盖过了蒙哥,又经一些人挑拨,蒙哥便对忽必烈产生了猜忌,下令解除了忽必烈的兵权,并派人调查他,形势可谓十分危急。关键时刻,忽必烈接受了姚枢的建议,不正面抗争,亲自去向蒙哥当面解释,并且将妻子、儿子送给蒙哥做人质,以表明自己并无异志。最终,蒙哥消除了疑虑,兄弟俩和好如初,忽必烈又重新掌握了兵权。

1258年,蒙古大军兵分三路全面征伐南宋。

忽必烈在围攻鄂州时得知了蒙哥的死讯,同时又听说留守都城的弟弟阿里不哥正准备继承汗位,便要回军与阿里不哥争夺大汗宝座。正好,这时南宋宰相贾似道派人求和,忽必烈就顺水推舟,订下和约,而后迅速率军北返。

1260年3月,忽必烈在开平(今内蒙古正蓝旗东闪电河北岸)召集部分王公大臣集会,在他们的拥护下,抢先登上了大汗之位。随后,阿里不哥在另一些王公大臣的拥戴下也宣布继承蒙哥的汗位。这样,大蒙古国同时有了两个可汗,他们既是亲兄弟,又互相对立,并各有一部分皇族大臣拥护,所以只有靠武力来解决了。经过四年的内战,忽必烈大获全胜;众叛亲离、走投无路的阿里不哥只好率残部到开平投降。

忽必烈与阿里不哥之争,是蒙古贵族统治集团内部的斗争,铁木真的后裔大都被卷了进去。忽必烈由于掌握了中原地区的人力、物力和财力,得到了汉族地主阶级的大力支持,故而大获全胜,并为元朝的建立和巩固奠定了基础。

而忽必烈很快就不满足于大汗的尊号了,他还要成为整个中国的统治者。1264年,忽必烈迁都燕京(今北京),后将燕京改名为大都。1271年,他按照中国封建王朝的礼仪,颁布了即位诏书,自称皇帝,建国号为"元"。他正是中国元朝的实际建立者。

忽必烈即位之初,就颁诏指出铁木真创业以来的几十年中,单凭武功,缺乏文治的弊端,并表示自己将要大力推行汉法。于是,他在皇权巩固之后,更全力以赴地用汉法治理起国家。因此,他在位的34年(1260—1294),取得了非凡的成绩。

忽必烈的一系列做法,主观上的根本目的是维护自己的统治,但在客观上却符合历史发展的必然趋势——落后的游牧奴隶文明必定要适应先进的农业封建文明,适应得越好,越能发展和巩固统治;不能适应或适应后又反复,就必然要遭到历史的抛弃。忽必烈晚年已经不能再坚持推行汉法,他之后的统治者们,也大多没有继承他先进的一面,却发展了其落后的一面,导致元朝中后期阶级和民族矛盾日益尖锐,统治集团内部争权夺利的斗争也更加激烈,这也是忽必烈之后元朝不到百年就灭亡的主要原因之一。

忽必烈的文治武功

元世祖忽必烈是元朝的开国君主,元朝从忽必烈开始才正式建国号为"元",以前都称为大蒙古国。而忽必烈是成吉思汗的爱孙之一,睿宗拖雷之子,宪宗蒙哥之弟。他再续了爷爷成吉思汗的辉煌,具有雄韬伟略,令人敬仰。

相传在1221年,成吉思汗灭花剌子模,大获全胜,班师回国之时,忽必烈只有6岁,他也和家人一起到边境去迎接爷爷。成吉思汗常年在外征战,政务繁多,待在家里的时间屈指可数,再加上他儿孙众多,所以想得到成吉思汗的宠爱并不容易,而忽必烈却是个例外。忽必烈完美地继承了黄金家族的高贵血统,长相英气逼人,属于那种蒙古人所谓"脸上有光,目中有火"的孩子,精气神十足,成吉思汗一直非常疼爱这个孙子。别看忽必烈小小年纪,可他早已练就了一身非凡的本领,这也是每个优秀的草原儿女必备的技能。成吉思汗带着忽必烈去围猎,也是想看看忽必烈的本事,而忽必烈果然没有让爷爷失望,他身手矫捷,聪明机敏,一看就是将来的蒙古勇士。成吉思汗因此心情大好,祖孙二人骑马射猎,玩得不亦乐乎。

拖雷是成吉思汗的小儿子,忽必烈的父亲,一直深受成吉思汗的喜爱。他勇武果敢,秉性敦厚,虽为幼子,受尽父母宠爱,但毫无骄纵之气,而且一直对兄长尊敬有加。有一次,他的三哥窝阔台生了重病,性命堪忧,他竟然祈求神明,表示自己愿意代替哥哥而死,他的诚意令大家十分动容。因此,他虽然只活了短短的四十年,但他的仁厚宽容,引来了蒙古各部落对他的爱戴与同情。

拖雷的妻子唆鲁禾帖尼,是个了不起的女人。她本是克烈部王汗的侄女,出身世家,英明干练,秀外慧中,是个典型的贤妻良母,而她的教育对忽必烈的成长起到了至关重要的作用。

蒙哥讨伐南宋时,命令忽必烈统治漠南地区。忽必烈延揽了大批中原的汉人,这使他接触到中原的文化与政治思想,其中,对忽必烈影响最大的便是姚枢。

忽必烈在漠南时,将这个地方治理得井井有条,深受当地人民的爱戴。他兴利除弊,积极实行改革,兴屯田、劝农耕、立钞法、置学校,一系列措施既使当地经济得以发展,又使得政治局面趋于稳定,老百姓安居乐业。其中最值得百姓称道的,当属他制止蒙古官吏滥施刑罚的举措,这正是民意所属,大快人心。

当时燕京行省的长官叫不只儿,此人一向以苛虐著名。他生性残暴,嗜杀成性,老百姓们在他的威吓下,活得战战兢兢,苦不堪言。

一次,不只儿的手下抓住了一个倒霉的盗马贼,不只儿先是派人狠狠地打了他一顿,训斥了他一番,就把他放了回去。

忽然,有人献媚,送来一把金光锃亮的环刀。不只儿用手试了试环刀的刀锋,果然锋利异常,他杀人的兴致便被激起来了,连忙对手下呵道:"你们快去把刚刚那个偷马的找回来,我要拿这把环刀杀个人,看看好用不好用。"

不一会儿工夫,那个倒霉的盗马贼又被捉回来了,双手捂着被打得皮开肉绽的伤口,还没弄清发生了什么事,不只儿已手起刀落,把盗马贼给斩了,然后一边擦拭刀锋的血迹,一边啧啧称奇道:"不错,果然是一把好刀。"

忽必烈知道不只儿草菅人命的事以后,立马把他找来狠狠训斥道:"凡是判定死罪者,一定要详细审问,确定无讹之后,才可行刑。人命关天,岂能儿戏?你一天之中杀了二十八个人,想来其中必有无辜冤死者,这还不算,哪有先把人打了一顿,宣布释放,然后再处死刑的,这算什么荒唐的刑罚?"

不只儿一向杀人如麻,砍人头就像砍西瓜,而且从不觉得杀个不值钱的汉人有什么关系,更何况,在他的意识里,汉人根本算不上人。所以当他听到忽必烈的批评时,竟然当场愣在那里,不晓得该如何回话。虽然忽必烈没跟他讲"收人心,止杀戮"的道理,但他毕竟不傻,当然明白了忽必烈的意思。从那以后,他就收敛了很多,蒙古官吏滥施酷刑的风气也开始有所转变。

然而,忽必烈怎么也没有想到,他听从姚枢"收人心,止杀戮"的劝告,却给自己招来了麻烦。原来是有人挑拨离间,在背地里向蒙哥打小报告,说忽必烈在中原收买人心,财赋尽入王府,恐怕枝大于本,不利于朝廷等等。

蒙哥听后,心中起疑,于是特地派了钩考局的人去调查这件事。所谓钩考局,就是一个专门整人的机构,相当于明朝的东厂。钩考局任用大批酷吏分领其事,对忽必烈手下的官员进行别有用心的"钩考",捕风捉影,罗织罪名,严刑逼供,滥兴大狱,几天之内就打死了二十余人,关中陷入一片恐慌之中。忽必烈知道此事后,大为愤慨,怒火攻心,一方面为有小人进谗言而生气,另一方面也为哥哥不相信自己的一片忠心而倍感委屈。后来,忽必烈还是采纳了姚枢的建议,对蒙哥表示了尊重,还把妻子儿女都送到蒙哥那里做人质,并授意下属尽可能地做好钱粮赋税的征输,使钩考局找不到岔子。当年12月,忽必烈在漠北朝见蒙哥,蒙哥见忽必烈如此恭敬,也就不再猜疑,两人最终相拥而泣。不待忽必烈解释,蒙哥便自行撤掉了钩考局。钩考风波终得以烟消云散。

一般说来,蒙古人对汉人有着一种天生的优越感,他们觉得自己是高贵的民族,而汉人是卑贱的,但是,忽必烈的观念相对来说要比较平等,从他对待铁哥婚姻的态度上就可见一斑。

铁哥是西域人,他的叔叔那摩被蒙哥尊为国师。铁哥4岁的时候,曾跟着叔叔晋见蒙哥。蒙哥见这个小男孩生得眉清目秀,好生喜欢,问道:"这是谁家的孩子啊?"

国师回答:"他是我哥哥的儿子,叫铁哥。"

蒙哥当时正在吃手扒鸡,顺手就把鸡全给了铁哥,不过令他奇怪的是,小铁哥谢过之后,并没有像别的孩子一样大快朵颐,而是小心地把手扒鸡捧在手中,蒙哥不解地问道:"这鸡很香,你为什么不尝尝看?"

小铁哥咽了一下口水,小声答道:"我要带回去给妈妈吃。"

蒙哥听后非常惊讶,想不到这么小的孩子竟知道孝顺母亲,十分感动,连忙叫人再拿一只鸡来给这个懂事的小男孩,小男孩这才津津有味地啃起鸡腿。无论哪个民族,无论该民族有何种信仰,尊崇孝道,是亘古不变的真理,小铁哥以他的至孝之心赢得了蒙哥的喜爱。

1260年,忽必烈即大汗位,至元八年,忽必烈定国号为元,他就是元世祖。元世祖也很疼爱铁哥。在17岁那年,铁哥已经是一个才貌双全的小伙子了,元世祖便下诏择贵家女给铁哥做妻子,没想到铁哥居然拒绝娶蒙古贵族,他说:"我母亲就是汉人,我希望娶一个汉人媳妇。"元世祖非常欣赏他的一片孝心,于是就顺从了铁哥的心愿。

世祖对外国称薛禅汗,在中国尊号则为皇帝,并且他与汉人一般,敬重孔子,推行儒学。从来没有任何一个蒙古统治者像忽必烈一样重用儒士,推崇儒家思想。他还采纳儒士刘秉忠"以马上取天下,不可马上治"的建议,对蒙古旧制进行了一系列的改革。

然而,元世祖这套开明的作风,与当年蒙哥的守旧派有所歧异。同时,元世祖与儒者亲近,汉地官员、儒士不免兴高采烈,大加宣扬,而不喜欢儒士的人,也自然妒忌不平,大事破坏。

一次,近侍中有人进谗言道:"《论语·八佾》中说:'夷狄之有君,不如诸夏之亡也。'孔夫子岂不是有意诬蔑边疆民族,辱骂蒙古吗?"其实孔子的本意是说,连夷狄这些少数民族都知道要有君长,不像今天的诸侯,不知道敬畏周天子。可如今这些人愣是颠倒黑白,元世祖哪经得住这番挑拨,果然发火了,情况一时之间变得很严重。

此刻,文学家虞集反应很迅速,赶快解释道:"大汗请息怒,孔夫子在一千多年以前说这句话,自然是有感而发的,与现在毫无关系,今天大汗承受天命,统一天下,怎能以古代小国之君自居呢?"这番话既消除了忽必烈的怒火,又巧妙地拍了马屁。元世祖器量大,最后也就不再计较了。

"海纳百川,有容乃大",元世祖还是决定巧妙运用两元政治,用汉地成法治理汉地,用蒙古成法治理蒙古,因势利导,因地制宜。他的聪明之处就在于他懂得一统天下只是开始,安定天下才是未来,这才是他的终极使命。

忽必烈推行汉法

忽必烈是蒙古历史上一位值得骄傲的征服者,他在即位之初,积极推行汉法,重用儒士,对中原地区生产力的恢复起到了积极作用。

1260年,忽必烈颁布即位诏书,称大蒙古帝国在建立50余年中,"武功迭兴,文治多缺";表示"爰当临御之始,宜新弘远之规",决心"建极体元,与民更始"。诏书中表明了他大力推行汉法的目的和决心,想要以此开创一个新纪元,使大蒙古国的面目焕然一新。

忽必烈登上汗位之后,满怀雄心大略,决心让他统治的蒙古帝国改头换面,他要开创一个新的时代。

既然要改,就必须改彻底,包括建立年号、国号和礼仪制度,一切都得改,连都城也要移向中原地区。1260年5月,他即位后不久,就宣布建元"中统",采用中国传统的王朝年号纪年。1264年,他弟弟阿里不哥与他争夺汗位,失败归降后,他算彻底坐实了大蒙古国的汗位,这绝对是个值得纪念的日子,于是他改年号为"至元"。1271年,他又宣布将"大蒙古"国号改为"大元"。新国号"大元"取自《易经》"大哉,乾元",表示国家幅员辽阔,疆界无边,并且新国号一听就带着蒙古人能征善战、百折不挠的气势。

大蒙古国的都城原来是漠北的和林,也是成吉思汗的蒙古老营所在之地。出于战略上的考虑,也为了便于对整个中国进行统治,忽必烈放弃了和林,在漠南和中原设了两个都城。1263年,忽必烈把漠南的开平府(今内蒙古正蓝旗东闪电河北岸)升为上都;第二年,又改燕京(今北京)为中都。起先以上都为主,从1266年起,积极扩建中都,1272年正式将其更名为大都,定为元朝都城。至此,元朝的统治重心已由漠北转移到中原。

忽必烈还建立了国家机构和职官制度,确立了中央集权的封建专制统治。大蒙古国原有的那套国家制度,比中原王朝的体制要简略得多。忽必烈即位以后,命刘秉忠、许衡考定前代典式,参照当今情况,逐步确定了国家机构和职官制度。在中央,1260年,正式建立中书省,执掌政事。中书令后由皇太子兼领,实际负责的则是左、右丞相。1263年,设立枢密院,主管军务,枢密使也由皇太子兼领,实际负责的是知枢密院事、同知枢密院事和枢密副使。1268年,设立御史台,长官为御史大夫,副职为御史中丞,掌握对百官的纠察。平定南宋后增置江南行御史台,后又置陕西行御史台。在地方上,他在即位之初就设置了宣抚司,后又设宣慰司,主持日常军民政事,上隶行中书省,下辖路府州县。此外,又设提刑按察司(后改为肃政廉访司),隶属于御史台或行御史台。如果遇有征伐,则在特定地区设置行枢密院,属于临时机构。忽必烈订立的这一系列职官制度,使官有常职,位有常员,食有常禄,而且尽量录用故老旧臣和博学多才之人,从而使整个朝廷政治清明,生机勃发。

为了加强中央集权,忽必烈还采取了一系列积极措施:他大大限制了诸王勋贵的特权,禁止他们的越规违制行为,如不许任意使用驿传,不许擅取官物,不许擅征赋役,不许擅招民户,等等。这些举措不仅有利于恢复正常的统治秩序,而且大大减轻了对百姓的赋役剥削,对当时的社会发展起到了积极的作用。

第14章 元朝

灭国宰相贾似道

贾似道(1213—1275)是宋理宗时的权臣,深受理宗信任。宋理宗对他以"师臣"相称,百官都称其为"周公"。贾似道官至当朝宰相,并不是因为本人有优秀的治国才能,而是得益于他姐姐贾贵妃。贾似道考中进士时,姐姐已经是理宗的贵妃。理宗宠爱贾贵妃,连带着对贾似道也青睐有加。因此贾似道仕途顺畅,短短几年,就官至参知政事,位同副相。

理宗时,蒙古、南宋合力灭掉金以后,南宋又乘机出兵,想收复开封一带土地。而蒙古也没有收兵北归,而是继续南下准备攻宋。窝阔台以南宋破坏协议为借口,进攻南宋。

1258年,蒙古军兵分三路,进攻南宋。蒙哥亲率主力进攻合州,忽必烈则攻打鄂州(治今湖北武汉市武昌区),另一路由兀良合台率领,从云南向北攻打潭州(治今湖南长沙),准备三路会师后,直取临安(治今云南通海县北)。

忽必烈大军围攻鄂州,鄂州向理宗求援。理宗便命令各路宋军援救鄂州,任命贾似道为右丞相兼枢密使,到汉阳督战。贾似道本就是一个只知花天酒地,不学无术的浪荡子,到了汉阳之后,根本想不出什么御敌良策。贾似道害怕忽必烈继续南下,所以一到汉阳,就马上派人向忽必烈求和,表示只要忽必烈退兵,南宋愿意俯首称臣,割地赔款。忽必烈眼看鄂州唾手可得,本不欲答应贾似道的求和,后得知蒙哥阵前身亡的消息,他为了北归争夺大汗的位置,便表示答应贾似道求和。贾似道唯恐忽必烈反悔,立刻接受了忽必烈全部的退兵条件。不仅每年要向蒙古进献大量的钱财,割让江北土地,南宋还要上表蒙古国称臣。贾似道瞒着理宗,秘密地和忽必烈签订了合约,忽必烈便从鄂州退了兵。

回到临安(今属浙江),贾似道并没有把合约的事情告诉理宗。理宗为嘉奖贾似道击退蒙古兵,令朝中的文武百官恭迎贾似道"凯旋",并为贾似道加官晋爵,贾似道也因此独揽朝政。

849

按理说，这合约的事骗得了一时，骗不了一世。万一哪天忽必烈派人来和理宗商谈合约的事不就露馅了吗？可贾似道当时根本就没想这些事，只想着能瞒一会儿是一会儿。贾似道跟没事人似的，找来一帮赌徒，整天赌博。贾似道平时最爱玩蟋蟀，于是逼着百姓向他贡献上等的蟋蟀。他手下的人如果听到谁家房屋墙脚下有蟋蟀叫声，就会动手拆掉人家的房子去捉蟋蟀，弄得许多人露宿街头。

偏偏贾似道一贯好运。忽必烈北归即位蒙古大汗后，才想起合约的事，就派使者到南宋商谈履行合约的事。结果使者刚一进入南宋就被贾似道扣押了。理宗根本就不知道蒙古来了使者。忽必烈知道自己派出的使者被扣后，正打算发兵南宋，偏巧国内又出现了内乱。忽必烈的六弟阿里不哥自立为大汗，展开了与忽必烈争夺蒙古大汗的战争。忽必烈自顾不暇，也就暂时放下了与南宋的合约。理宗直到驾崩都不知道有这样一个合约存在。

理宗去世后，宋度宗即位。为巩固自己在新朝的地位，贾似道一方面上书度宗表示要告老还乡，一方面派人四处散布蒙古军将南下的消息。刚刚即位的度宗为挽留贾似道，便拜其为太师，并封魏国公。此后，贾似道权势熏天，度宗一朝朝政皆出于贾府。

蒙古方面，1271年忽必烈地位稳固，改国号为元，是为元世祖。国内稳定后，元世祖便借口南宋不执行和约，再次发兵南下襄阳。宋军连战连败，襄阳城最终被围。贾似道为了隐瞒私自签订合约一事，封锁了襄阳城被围的消息。襄阳城被围了好几年，直到城破，度宗才得到消息。没过多久，度宗就在担惊受怕中病逝了。为了继续把持朝政，贾似道拥立年仅4岁的赵㬎登基。

元军攻下襄阳城后，分两路进军，一路从西面攻鄂州，另一路从东面攻扬州，想要一举消灭南宋。元军攻占鄂州后，在太学生的压力下，贾似道不得不亲自上阵，但他胆小如鼠、贪生怕死，根本不思抗击，只知一味求和。他给元丞相伯颜送上礼品，请求割地赔款，伯颜斥责贾似道不守信义，拒绝议和。于是，贾似道抛弃其统领的13万精兵，连夜乘小船逃走了。

赵㬎即位第二年，元军攻入临安。最终赵㬎等宗室宣布投降，宋王朝即将灭亡。

亡国太后北迁

南宋度宗皇后全氏,会稽人,是宋理宗母亲的侄孙女。全氏母亲早亡,她一直跟随父亲四处奔波,吃了很多苦。后父亲病死在任上,她便被父亲的朋友收留。

当时理宗重新为太子选妃,原本选定的太子妃顾氏女,因其父与权臣交往过密被免了职,她不能再成为太子妃。理宗希望为太子选择一位忠义之家的女子为妃,于是决定另选太子妃。有人推荐了全氏,说全氏的父亲一心为国,病死任上,而全氏受父亲影响,一定也是位深明大义的女子,定能辅佐太子治国安邦。

立太子妃之前,理宗召见了全氏。理宗对全氏说,自己常常思念全氏的父亲。全氏面露悲戚之色,对理宗说:"父亲为朝廷殉职,固然令人怀念,但皇上更应该挂念天下遭受战火蹂躏的黎民百姓。"

理宗见全氏如此深明大义,就决定立全氏为太子妃。后来太子即位,他就是度宗,全氏便被册封为皇后。然而,度宗不顾全氏劝阻,一味贪恋美色,在位10年,宠信奸臣贾似道,一切朝政都交由贾似道处理,使南宋的半壁江山都暗无天日。

度宗驾崩后,在新皇帝的人选上出现了两种方案:一种是立皇后全氏的儿子赵㬎为帝;但赵㬎尚年幼,许多大臣认为朝局不稳,最好是立度宗另一妃子所生的较为年长的赵昰(shì)为帝。而贾似道有自己的私心,他认为新皇帝年幼,更有利于自己掌握朝局,便极力扶植4岁的赵㬎登基。赵㬎即位后,全太后和太皇太后一起垂帘听政,但朝政仍然全部掌握在贾似道手中。

赵㬎即位后,元朝不断对衰弱不堪的南宋发动进攻。全太后先后误信贾似道、陈宜中等人,屡战屡败。虽然最后重用文天祥这样的爱国志士,但已然回天乏力。最后,赵㬎在位不足两年,就宣布投降元朝,而全太后和赵㬎等人也被元军掳到了元大都。在全太后被掳北去时,她特意身着白色长袍,以示对宋朝灭亡的祭奠。

全太后一行到达元大都后,元世祖忽必烈封赵㬎为瀛国公,并警告全太后不许以死抗拒元朝。全太后受父亲熏陶,自幼熟读史书,能言善辩。一次,忽必烈召见全太后,说:"江南平定,天下从此没有战争,全太后高兴吗?"全太后沉声回答道:"自古王朝没有不灭亡的,我们母子没有见到南宋灭亡后的局面,已经是很荣幸了。"忽必烈明白,全太后的话是在暗指蒙古国也会有灭亡之日的。而后忽必烈又拿出从南宋皇宫中掠来的珍宝,叫全太后挑选。全太后看也没看一眼那些珍宝,说:"宋人的珍宝是留给子孙后代的,我是不会挑选的。"忽必烈竟无言以对。

全太后和瀛国公从此再也没能回到江南。后来全太后在元大都正智寺出家,度过了余生。

文天祥"丹心照汗青"

13世纪,在南宋与金长期对峙的同时,蒙古部落在我国北方发展、强大起来,他们凭借自己强大的军事力量,积极向外扩张。而后蒙古为了达到先灭金的目的,于1233年和南宋定下了联合攻打金国的盟约。

1234年,宋蒙两军在出兵三个月之后,攻下了金末代皇帝哀宗躲避存身的蔡州。宋军如约在战役中派出两万军队,付出很大代价首先攻入了城内。最终金哀宗自杀,金国在经历120年后灭亡。本来,按照盟约,在金国灭亡以后,南宋可以北上收复开封、洛阳、归德三地。但是蒙古军队尽食前言,不仅在开封、洛阳大肆烧杀掠抢,还决黄河之水以淹宋军。双方交战,也因此揭开了蒙古和南宋之间长达46年战争的序幕。

在这46年的时间里,各地人民群众又重新拿起武器顽强抵抗新的敌人,抗敌志士和将领不断涌现出来,他们不屈不挠的反抗精神和英勇反击的斗志,为南宋写下了可歌可泣的最后一页。而抗敌英雄文天祥,就是他们当中最有名气的一员。

文天祥出生在1236年阴历五月初二,他的青少年时期正值蒙古大规模进攻南宋,战火延绵不断之时。胸怀大志又饱读诗书的文天祥素来忧国忧民,他常常思考怎样才能使国家从被动挨打的局面中挣脱出来,同时也渴望自己日后能够杀敌立功,保卫大宋的江山。

1260年,蒙古的忽必烈继承汗位。1264年定都燕京(后称大都,即今北京),1271年,定国号为元,忽必烈即元世祖。他经过征战,平息了蒙古贵族中的内部矛盾,然后集结大军南下,准备最后灭亡南宋。

元军首先集中力量进攻江、汉之间的军事重镇襄、樊两城(今湖北襄阳、樊城)。驻守两城的军民进行了艰苦卓绝的抵抗,坚守城池达五年之久,但终因寡不敌众,又没有得到朝廷后援而兵败失城。襄、樊失守后,长江上游门户大开,偏安江左的南宋朝廷已失去了天险作为屏障。

1274年,宋朝局势严重恶化。宋度宗病死,年仅4岁的赵㬎继位,这就是宋恭帝。忽必烈就在此时决定大举伐宋。于是,元兵分两路:东路取道两淮地区,目的是为了牵制南宋兵力;西路以伯颜为统帅的主力部队,从襄阳沿汉水而下,直取临安。

本来,南宋集结的军队有十万余人,东路元军也是这个数目,双方兵力相当,应该相持不下。结果,由于南宋统治者根本没有认真备战,元军一路接连取胜,宋军则兵败如山倒,士兵们纷纷仓皇逃窜。元军很快打到了长江下游,不久就对临安形成了包围之势。

南宋朝廷惊慌失措。宋恭帝的祖母(即谢太后)下了一道《哀痛诏》,命令诸路勤王之师速来救驾。然而,各地将官或是观望,或是降元,最后只有文天祥和张世杰两人响应。

20岁中了状元的文天祥进入仕途后,宦海沉浮15年,虽不甚得志,但一直希望为南宋披肝沥胆。文天祥于1275年获悉元军渡江,接到《哀痛诏》后,不禁泣不成声,决心挺身而出,挽救南宋于危亡之中。他立刻变卖家产,在赣南一带招募勇士一万多人,星夜赶往临安。有人劝文天祥:"元兵三路袭来,你一书生以一万多乌合之众迎敌,无异于驱群羊斗猛虎,必败无疑。"文天祥回答:"我当然知道这些情况,然而大宋国养育它的子民三百多年,现在朝廷有难,向天下招兵,竟无一人一骑应召,我实在无法平静,所以不自量力,以身赴国难,希望天下忠臣义士能随我之后行动起来,众志成城,保全江山社稷。"这一番话,无疑是文天祥对大宋朝一片赤胆忠心的写照。

文天祥带兵来到临安,看到众大臣在南宋亡国之际都在丢官弃印,四处逃跑。文天祥既愤恨又痛心,他立刻请兵抗元作战,得准。但由于与元军实力过于悬殊,未胜,只得返回临安。

文天祥与张世杰商议,朝中尚存兵马数万,若全力与元军决一死战,或许可以使南宋出现转机。但右丞相陈宜中一心想投降,没有同意文天祥的请命。而后元统帅伯颜要陈宜中亲自去商议投降一事。陈宜中害怕,不敢前往,就连夜出逃了。

谢太后只好任命文天祥为右丞相,让他前往元军兵营求和。文天祥到了元营,不顾个人安危,与伯颜争辩不休,坚持双方平等谈判。结果,伯颜将文天祥扣留在了军营,随后将他押解北去。

1276年,伯颜带兵进入临安,谢太后、恭帝等投降,并被押送至北方。1279年,统治三百多年的赵宋王朝最终宣告灭亡。

宋恭帝的两个异母哥哥赵昰、赵昺有幸被人保护着逃出了临安,先是到达温州,随后又到了福州。随后大臣陆秀夫、张世杰等拥立赵昰为皇帝,建立起了一个流亡小朝廷。赵昰被称为宋端宗。

文天祥在被押解途中,始终等待机会逃跑。终于在经过镇江时,他趁元兵不备,于夜间脱逃了。他听说了宋端宗在福州称帝的消息,历经千辛万苦,一路颠沛流离,到了福州。

文天祥被流亡小朝廷任命为右丞相兼枢密使。他在极其困难的处境下四处联络组织义军,寻找北上抗元的时机。文天祥知道元军实力强大,占据了大片的国土,但他没有失去信心,坚持带领着抗元队伍与元军苦苦转战,百折不挠。这期间,他曾在一篇文章中写下"生无以救国难,死犹为厉鬼以击贼"的句子,以示自己誓死抗元的决心。而文天祥这个名字一时间在人民之间广为传颂,许多忍受不了压迫的人纷纷参加了他领导的队伍。元朝统治者大惊,他们派出大批军队,前来围剿文天祥部。在敌人的凶猛攻势下,文天祥的军队遭受了重创,许多人壮烈牺牲。

1278年,文天祥的军队在广东潮阳被张弘范率领的元军突然包围,文天祥不幸被俘。他被押送上船,从水路北上。在经过珠江口外零丁洋时,文天祥面对浩瀚的海面,奋笔疾书作了《过零丁洋》一诗。这首诗展现了一个爱国志士的英雄气概,是文天祥英勇无畏、赤胆忠心的写照。

而后,文天祥被押到大都,投入监牢,过了三年阶下囚的生活。这期间,元朝统治者想尽一切办法劝其投降,他们先是搬来宋朝的降臣劝文天祥投降,遭到拒绝后,又强迫他写信劝张世杰投降,可文天祥毫不动摇,宁死不屈。

一天,忽必烈亲自召见他。文天祥见了忽必烈,昂首挺胸不肯下拜。忽必烈说:"如果你能归顺我,我就让你做宰相。"可是文天祥毫不理会,忽必烈又问他想要什么,文天祥回答说:"除了死,我什么都不要。"忽必烈一点办法也没有,只好下令把他带回牢房。

在狱中,文天祥被恶劣的生存条件折磨得奄奄一息,但他的意志却一天比一天更坚强。他还写了一篇气吞山河的《正气歌》,歌颂了历代忠臣义士的崇高气节,也显示了自己视死如归的决心。

1283年,文天祥在拒绝了元世祖忽必烈的亲自劝降后,元朝统治者决定处死他。

在走向刑场的路上,披枷带锁的文天祥面色不改,神色安然。他问旁边的百姓:"哪边是南方?"然后他向着南方行再拜之礼后,从容就死。

就这样,文天祥英勇就义。直至今日,人们仍没有忘记他,也没有忘记他的诗句:"人生自古谁无死,留取丹心照汗青!"他那充满正气的诗篇一直鼓舞着人们。

陆秀夫负帝投海

陆秀夫生于宋端平三年(1236年),卒于祥兴二年(1279年),字君实,出生于楚州盐城(今属江苏),3岁随同父母迁居江南京口(在今江苏镇江)。他自幼聪明超群,在村塾就读,常为塾师称道:"这百余蒙童之中,独有秀夫为非凡之人。"年龄稍大一些后,陆秀夫才思日渐敏捷,7岁便能写诗,青年时就考取了进士。当时镇守淮南的李庭芝以网罗人才著称,他得知陆秀夫年轻有为,便将其礼聘到他的幕府任职。而淮南是当时天下贤能之士聚集的地方,有"小朝廷"之称,所以陆秀夫在此处可谓如鱼得水。

陆秀夫才思敏捷,很少有人能够比得上他,但他并不以此自傲。他的性情十分沉静,不喜张扬。每当那些僚吏来拜访、宾主互相取乐时,只有陆秀夫独自一人在旁,默默无语。有时府中设宴摆酒,陆秀夫坐在席间,矜持庄重,不说一句话。人们都觉得他性格十分怪僻,难以接近,所以很少有人与他合得来。但陆秀夫办事有方,稳重干练,深得李庭芝的赏识和器重,即使自己的官位升迁了也没有让他离开。这样,陆秀夫在府中的地位越来越高,一直到主管机宜文字。

宋德祐元年(1275年),元朝兵马渡江大举进攻南宋,两淮地区的情况更加紧急,李氏幕府分崩离析,幕僚纷纷辞职,唯独陆秀夫临难不惧,与李庭芝同舟共济,誓死抗敌。李庭芝深深为他这种宝贵品格所感动,觉得他是一个难得的忠义之士,就忍痛割爱,把他作为中流砥柱式的人物推荐给了朝廷,最终陆秀夫官至礼部侍郎。

此时的南宋局势恶化。当时,元军在宋朝叛将吕文焕的引导下顺江而下。沿江诸将有许多吕氏部下,望风降附,如江州知州钱真孙、安庆知府范文虎,因势纷纷献城投降。一直不敢出征的贾似道迫于形势也不得不率兵出征。可是他并不愿作战,而是幻想求和。求和不成,只得侥幸一战。贾似道派孙虎臣领步兵7万多人驻扎在丁家洲,夏贵带战船2500艘横列于江面,贾似道则亲自率后军安营在芜湖西南的鲁港。双方一交战,孙虎臣由于资历较浅,威望不足以服众,所以对元军的攻击根本没有还击之力,宋军不久就阵脚大乱、溃不成军。贾似道由此更是惊慌失措。宋军首尾难顾,元军则乘胜追击,宋军被杀死、溺死者不可胜数,水都被鲜血染红,一应军资器械也尽为元军所获。丁家洲、鲁港之战的惨败,可谓使宋军主力丧失殆尽。

贾似道此次出师之后,朝中为其党羽王𤩹、陈宜中等所把持。陆秀夫虽多次上书,慷慨陈词,请求到前方去组织抗元,但都被拒绝。可叹陆秀夫空有一腔报国志,却受奸人阻挠,无法施展。此后不久,伯颜率元军直入建康,进逼临安。当他听说陆秀夫等忠义之士的事迹时,不由赞叹道:"宋朝有这样的忠臣,却不知重用,如果重用的话,我还会在此吗?"

鲁港之役失败以后,贾似道即被免职,后丧生于福建龙海的木棉庵。而南宋王朝灭亡的命运此时也已经无可挽回了。

1276年,元军围攻临安。陆秀夫以礼部侍郎的身份出使元营求和,求和失败后,他遂与将领苏刘义等退至温州。后来陆秀夫在福州与陈宜中、张世杰等共立赵昰为帝,陆秀夫任签书枢密院事(宋官名),继续抗元。1278年,赵昰死,又立赵昺为帝,陆秀夫遂出任左丞相,与张世杰共同主持朝政。

1279年春,元朝大将张弘范率领水陆大军,攻破厓山(在今广东江门市新会区南),苦撑危局的南宋小朝廷,终于失去最后的屏障。在生死存亡的紧要关头,丞相陆秀夫大义凛然地对年仅7岁的皇帝赵昺说:"先前的皇帝受元人的侮辱已经够多了,陛下不可再这样!"随后他便背起皇帝纵身一跃,投海殉国。这种在敌人面前誓不屈服、视死如归的精神,不得不让人敬服。

从明朝初年开始,人们陆续在福建等地建造了三忠祠,以此来纪念文天祥、陆秀夫、张世杰这3位英杰。

张世杰死守厓山

蒙古灭亡金朝之后,就派兵攻打南宋。1271年,忽必烈正式定国号为元,并加紧了对南宋的攻势。不久,南宋首都临安(今属浙江)被元军攻破,大将李庭芝、姜才守卫扬州,陆秀夫、张世杰(?—1279)则在广东沿海继续抵抗元军,以保卫南宋的天下。他们在两淮、湖南、四川等地同元军展开了可歌可泣的斗争。

南宋有个将领名叫夏贵,投降了元朝。夏贵从前有一个仆人,名叫洪福,在他投降时,洪福正在守卫镇巢(在今安徽境内)。夏贵派人去劝洪福投降,可洪福拒绝跟夏贵一块投降,还把来劝的人杀了。后来城被攻破,洪福被元军俘虏了,他还痛骂夏贵不忠,要求面向南方而死,以表明自己没有背叛宋朝。

李庭芝、姜才镇守扬州,元军攻了很久都没有攻下来,就拿出了谢太后命令其向元朝投降的诏书。李庭芝回答说:"我只知道奉诏守城,从来没听说过要奉诏投降的。"后来,谢太后北上经过扬州时,元军又让谢太后命令李庭芝和姜才投降。谢太后下诏说:"现在我和皇帝都已经投降了元军。你们还为谁守城呢?"李庭芝不答话,命令士兵放箭,当场射死来招降的使者,其他人看到后都狼狈逃走了。随后,他们又带4万人出城袭击元军,想夺回谢太后和恭帝。经过激烈的战斗,他们没有成功,就只好回到扬州城里。

在一次战斗中,元军主帅阿术派人去劝姜才投降,姜才说道:"我宁可死掉,也不做投降的将军!"后来,元世祖忽必烈又派人招降,李庭芝大怒,把使者杀死后,又烧掉了元世祖的招降诏书。元军见李庭芝、姜才不肯投降,就派大军将扬州团团围住,昼夜攻城。由于扬州被围了很长时间,城里的粮食都吃光了,李庭芝和姜才就跟士兵煮牛皮等东西充饥。但是,扬州军民仍然不肯投降,继续抵抗元军的进攻。后来,赵昰在福州做了皇帝,命令李庭芝和姜才带兵去保卫福州。当他们走到泰州的时候,又被元军包围。不久李庭芝、姜便被元军俘虏,后英勇牺牲。

在湖南潭州(今湖南长沙一带),李芾率军民坚持抵抗元军3个多月。当城被攻破的那一天,他叫来部下沈忠,对他说:"我尽到了最大的努力,今天决心一死,但我的家人不能当俘虏。你先杀尽我的家人,再杀死我。"沈忠说什么也不愿意,可李芾坚决要他照办,沈忠就只好哭着答应。于是李芾让家人全部喝醉,由沈忠一一杀死,然后再放火烧掉李芾的住所。沈忠办完后,回家杀了妻子,又自杀而死。许多人听说后,也都让全家自杀而死,坚决不投降元朝。

在元朝军队向福州大举进攻的时候,陆秀夫、张世杰见福州守卫不住,就护卫着端宗赵昰和他的弟弟赵昺,逃到一条海船上,沿着海岸往南到了广东。宋端宗从小就在皇宫里娇生惯养,哪里过得了这种艰苦的生活,不久就得了疾病,病死在今广东硇洲(在湛江市东南海域)。陆秀夫和张世杰又拥立赵昺做皇帝,继续进行抗元斗争。

赵昺做了皇帝以后,任命陆秀夫为左丞相,张世杰为枢密副使,专门掌管军事。不久元军就打到了广东。张世杰和陆秀夫认为硇洲不足守,就护卫着赵昺来到新会的厓山,在那里征集粮食,修筑工事,建造兵船,还招兵买马,训练军队。他们准备在那里建立根据地,打算与元朝进行长期战斗,以期收复失地,恢复宋朝疆土。

这时,福建、广东的军民也在坚决抵抗元军的进攻。当元军打到兴化时,宋将陈文龙两次杀死元军派来招降的人。部下有人劝他投降,他说:"你们只不过是怕死罢了,却不知道你们这辈子还是免不了一死!"表现出了视死如归的精神。后来因为被叛徒出卖,陈文龙被俘,但他仍然不投降,最后在福州绝食而死。他的母亲也被押到了福州,她为儿子为国牺牲而自豪,在临死前说道:"我和我的儿子一块死去,又有什么怨恨呢!"

南宋军民尽管拼死抵抗,但还是挡不住元军的进攻,元将张弘范最终率军打到了厓山附近。因为厓山是一个小岛,岛上的一切物资都得靠大陆和海南岛运送,很不方便。于是,张世杰、陆秀夫等叫人准备了许多船只,以供最后撤退时用。张弘范到达厓山之后,派兵封锁海口,切断宋军砍柴、打水的道路。宋军没有水喝,只能吃干粮,实在没有办法,就只有舀海水解渴。海水又咸又苦,喝了之后许多人都病倒了。于是张世杰带兵去攻打元军,想要夺回海口,但大战几天都没有取胜。

1279年春,张弘范猛攻厓山,张世杰战败以后,便和陆秀夫等保护着赵昺和他的母亲杨太后等人乘船撤退。元军派船来追,把宋军的船队冲散了。陆秀夫不愿意被元军活捉,就含着眼泪,背起小皇帝赵昺,跳进了茫茫的大海。而张世杰和杨太后坐的船也遇上飓风被打沉,二人都被淹死了。至此,南宋王朝完全灭亡了。

元世祖东征日本

元世祖忽必烈是继成吉思汗以后,蒙古草原上又一位伟大的帝王。在统治了整个中国以后,他便以大蒙古帝国可汗兼为中国之大皇帝。

蒙古是个好战的民族,蒙古人的血液中涌动着征服的欲望,他们的军事扩张永无止境,这与他们的生活环境与民族信仰密不可分。在祖祖辈辈的蒙古人看来,他们就是最高贵的民族,他们有着最高贵的血统,他们骑在马背上驰骋四方。他们认为征战沙场,征服对手,消灭敌人,这才算真正的英雄。如果看过蒙古可汗对外族的挑战书,你就会更加容易了解这个民族的骄傲与尊严。挑战书上动不动就可以见到这样的句子:"吾人为地上的天军,上帝创造吾人,用来处罚上天所愤怒讨厌的人。"足以想见蒙古人这份自信与不羁是骨子里带来的,他们自以为代表了上天的意旨,替天行道,征服与处罚不服从他们的罪人,这当然是他们义不容辞的责任。

作为黄金家族的优秀继承人,元世祖在中国建立了大元帝国的同时,仍然秉承着列祖列宗的遗志,丝毫没有松懈,继续对外作战,进行军事上的扩张。在蒙古人的眼中,地盘没有最大,只有更大。所不同的是,蒙古骑兵将扩张的方向由西北转向了东南。蒙古人转移了目标,虽然攻势依然猛烈,但他们毕竟不擅长海战,所以战事并不顺利。

蒙哥当政时,就曾经几次东征高丽,高丽国王相当识相,当即遣其太子王倎到中国来,一为联络感情,另外也是把太子当作人质,以示自己的一片忠心。蒙哥见王倎长得眉清目秀,言谈举止彬彬有礼,是个懂事的家伙,于是非常喜欢他,双方谈得也很投机。

世事难料,时隔不久,蒙哥在钓鱼山暴卒,忽必烈即位。在对待高丽人的态度上,忽必烈和哥哥的意见基本一致,他采用汉人赵良弼的建议,对王倎礼遇有加,十分客气,并且派兵护送王倎回了国。

王倎回到了高丽,没过多久就继承了父亲的王位,改名王禃,成为高丽元宗。王禃果然没让元朝的统治者失望,他痛快地接受了元朝的玺书册封,与元朝交好。从此以后,高丽的历代国王,都要娶元朝公主为王后,并且学习元朝辫发胡服的风俗,在至元二十年(1283年),元朝于高丽设征东行中书省,高丽正式成为了元朝的一部分。

高丽觉得找到了一棵大树,元世祖对高丽的表现也相当满意。可人的欲望是无止境的,特别是蒙古人,当元世祖因高丽而得知了日本的情况,便开始对日本产生兴趣。

日本与中国的交通始于何时,未有定论。但是,根据《山海经》的记载,远在周朝时,中国便已知日本的存在。不过,中国古籍中称日本为"倭"或"倭奴",而不称"日本",当时的日本人也往往自称为"倭"。到了唐代,日本国内汉学兴起,人们发现"倭"字实在太难听,太不雅了,才改称为"日本"。从汉代开始,日本不断有使者来到中国,将中国的许多物品带了回去,到了隋唐时代,中日之间交流频繁,日本曾多次派出遣隋使、遣唐使,更有大批留学生与学问僧前来中国,这些人后来回到日本,进行了改革——"大化改新"。南宋时,理学传入日本,朱熹与程颐、程颢的学说在日本广为流行。

至元三年(1266年),元世祖派遣兵部侍郎黑的,拿着国书出使日本,要求通好。这封国书写得霸气十足,彻头彻尾的蒙古风格:

"大蒙古皇帝奉书日本国王:朕即位之初,以高丽人民久遭战火之苦,即令罢兵,还其疆域,高丽君臣感戴来朝。名义虽是君臣,彼此欢如父子,这些想来王之君臣也都知道,希望自今以后,通问结好,以相亲睦。"

大元朝这封信的口气,完全是"老子国"对待"儿子国",一副趾高气扬的姿态——我搭理你是看得起你,别不识抬举。言下之意,高丽既然是元朝的儿子国,那么日本能当儿子国,也应该是一件欢天喜地的事。

让蒙古人失望了,日本人态度强硬,对当儿子国压根就没有兴趣,黑的只好颓然而返。可他实在是心有不甘,临行前就带了两个日本岛民回高丽问话。不知道是这两人的智商太高,还是翻译的水平太差。总之,问来问去,最后也没问出个所以然,就只好不了了之了。此后,又进行了几次外交,均不得要领。到了至元十七年(1280年),日本人竟然彻底翻脸,杀死了元世祖派来的外交官杜世忠。日本这种行为最终激怒了元世祖,他火冒三丈,当即设立了日本行中书省,商议远征日本的大计。忽必烈之所以如此果断,是因为蒙古和南宋的襄樊战役已经结束,现在他们已有足够的精力去对付不听话的日本人。当然,这也不能怪元世祖的脾气火暴,因为按照国际惯例,两国相争,不杀来使。日本人竟然会做出如此不识大体的行为,难怪元世祖会怒发冲冠。日本当然也不是意气用事,当时日本武士道精神洋溢,民族精神热血沸腾,当政的北条时宗又年轻气盛,正所谓"初生之犊不畏虎"。一个巴掌拍不响,两个巴掌一起拍,动静就大了。于是,一场声势浩大的东征势在必行。

当时,元世祖已经灭了南宋,收编了许多南宋降军,正不知该拿这些残兵怎么办,元世祖一琢磨,不如就叫他们去打日本吧,相当于一次成功的废物利用,打赢就等于赚了,打输也不算折本。因此元朝统治者组织了一支蒙古、回人、汉人、南人(南宋的遗民被称为南人)联合起来的杂牌军队,由宋朝降将范文虎率领,浩浩荡荡跨海东征去了。

运气不好的时候喝凉水都会塞牙,当他们一行尚在海上航行时,就正好遇上了一场超级强烈的台风。一时之间,狂风大作,波浪滔天,浪打船翻,多一半的船只触礁沉没,船上的将士奔走呼号,拼死挣扎,落水溺死者无数,最终拼尽全力才使得一部分没被打沉的战船,驶入五龙山靠了岸。

这元帅范文虎是大奸臣贾似道的乘龙快婿,不是一家人不入一家门,他与其岳父一样,是个典型的贪官污吏。他原本就是个贪生怕死的家伙,才会迫不及待地投降了元人，没想到投降后竟然还摊上这样的苦差事，只怨自己的运气实在太背，这样的人又怎会为元人冲锋陷阵呢？那岂不是太划不来了。所以当险情一发生，他就赶紧跳上一艘最坚固的战船，匆匆忙忙逃回了高丽合浦。其他高级将领见主帅已逃，军心涣散，早已无心恋战，也分别抱头鼠窜。

这次东征就这样稀里糊涂地失败了。一直到半年以后，一个名叫于阊的东征士兵逃回中国，人们才了解了当时的情况："当时大元帅跑了，军中无主，大家公推张百户做元帅。我们在五龙山伐木料，准备造船并修补原有的残破战船，打算回国。谁知日本人包围了我们，杀害了几万人，剩下两三万人也成了俘虏，我便是其中一个。"这些被俘的元兵，被日本人编为了奴隶，称为唐人，这可以说是蒙古对外用兵以来，最为惨重的一次失败。总之，这次东征选择了错误的时间，错误的地点，和一群错误的人，所以它注定就是一个错误。

让我们大胆假设，如果不是用错了将领，算错了时间，如果天时地利人和样样占据的话，日本人又怎能是蒙古人的对手？或许近代历史终将被改写。但如果永远只能是如果，历史就是这样无情而残酷。

皇帝也为钱发愁

皇帝是一国之君，权倾四海，富甲天下，按理说不会像老百姓过日子一样为钱发愁，其实不然，皇帝也会为钱发愁。元世祖即位之初，连年征战，再加上国家建设各种设施，百废待兴，需要大量的人力财力，无奈国库空虚，入不敷出，如何增加国库的收入，成了困扰元世祖最大的难题。

当初，宪宗蒙哥暴卒，忽必烈正率领蒙古的精锐部队在鄂州作战，为抢占先机，他只得匆忙撤兵，先发制人，在开平城宣布即位。当时，忽必烈的弟弟阿里不哥留守和林，看守老家，受到蒙古西道诸亲王的拥护，也自立为王，由此出现了南北两大汗抗衡的局面。

由于国库在蒙古老家和林，被阿里不哥占领，元世祖就失去了"啃老"的资格，没有祖宗的财富可供他调度,他只能自力更生。偏偏蒙古的帝王们,向来慷慨大方,出手阔绰又喜欢讲究排场,既然死要面子也就只能活受罪了,所以元世祖的日子过得紧巴巴的,时常会捉襟见肘。每到这个时候,元世祖都会特别头疼:钱从哪儿来？从哪里能弄到钱呢？这的确是个非常现实的问题,而现实永远是残酷的,因为当时元朝刚刚建立,不论组织政府,还是修建大都,都需要大笔的银子,而军用开支一直都是一个惊人的数字,从讨伐阿里不哥,平定宋朝,一直到远征日本、安南、缅甸、爪哇,这些战事究竟用掉多少钱,估计元世祖算不过来,他也不敢算,这个数字一定会令他心跳加速。

忽必烈作为统帅是优秀的,他能统领千军万马,运筹帷幄,可作为理财专家,他是无能的,他对越来越严重的财政赤字实在是束手无策。而他推崇的中原儒家学说,也一向自命清高,鄙视理财,如孟子主张"何必曰利",可是元世祖现在只盼着日日必利才好。他原来重用的那些儒士根本就帮不了他,他只好另寻出路。于是,元世祖身边那些善于弄钱的聚敛之臣便有了出头之日,其中最著名的当属阿合马、卢世荣与桑哥。公平地说,是先有了空子,才给了这些钻空子的人机会。

阿合马(？—1282)本是花剌子模的一个回族人,花剌子模被成吉思汗灭掉后,他们一家便沦为了奴隶。后来机缘巧合之下,阿合马成了元世祖昭睿顺圣皇后陪嫁的小奴才,跟着来到了元世祖的身边。昭睿顺圣皇后是忽必烈最疼爱的女人,她不但容貌倾城,性情温婉,而且多才多艺。元世祖也是英雄爱美人,对她眷顾有加,爱屋及乌,所以连带着对她身边的小奴才也颇有好感。

阿合马颇有心计,嘴巴很甜,为人乖巧懂事,擅长察言观色,特别懂得如何讨元世祖欢喜。总之,他具备了一个马屁精所有的特质,而且非常出色。元世祖被他忽悠得心花怒放,认为阿合马是一个人才。如此一个了不起的人才,却只在宫中扫扫地、倒倒茶,未免太大材小用了,怎能如此浪费人力资源呢？因此,在元世祖即位的第三年,阿合马就被任命为诸路都转运使,掌理全国的财赋。阿合马从一个小奴隶一跃成为国家重臣,他高兴得睡觉都合不上眼睛。最开始他的确是想大干一番,以报答元世祖对他的知遇之恩。所以他每天绞尽脑汁、搜肠刮肚地琢磨能让国家赚钱的法子。他也果然没有让元世祖失望,提出了由政府亲自管理冶铁、煮盐的计划,为国库赚入了大笔白花花的银子。元世祖觉得自己真是慧眼独具,选对了人,令他头疼的经济危机终于有人能帮他解决了,他不禁喜上心头,特任命阿合马为平章政事,此官职相当于元朝的宰相。这可不得了,多少重臣才子一辈子为朝廷效力,都没能当上宰相,可阿合马却凭借自己独到的敛财之术做到了。

元世祖尤其欣赏阿合马的聪明机敏、善于理财,他曾经多次对身边的人说道:"夫宰相者,明天道、察地理、尽人事,兼此三者,乃为称职。阿里海牙、麦术丁等亦未可为相,回族人中阿合马才任宰相。"在他的心目中,阿合马就是最合适的宰相人选。运气来了挡也挡不住,阿合马就这样得到了元世祖的全盘信任。阿合马也总能将马屁拍得自然、舒服又不留痕迹,面对元世祖的信任,他信誓旦旦地答道:"陛下以事委臣,臣对陛下负责,而臣所用之人,也会对臣负责。"分层管理,逐级负责,这原本是一项很好的措施,但是阿合马用人全是随心所欲,既不合法,也不合理,只凭自己的好恶。

阿合马还是个名副其实的好色之徒,只要看见美女,就迈不动脚步;只要听说哪里有美女,必然千方百计弄到手。正因如此,有些势利小人为了巴结阿合马,便纷纷投其所好,四处搜罗美女,甚至还把自己的妻子、女儿、姊妹献给阿合马,只求献上的漂亮姑娘能被阿合马相中,这样他们就能捞到个一官半职。朝中有一位正直的大臣叫崔斌,他实在看不惯阿合马的所作所为,于是就私下里收集了阿合马的罪证,弹劾阿合马任用私人,遍设冗官。阿合马仗着有元世祖的信任,非但不认罪,还反咬崔斌一口,诬陷崔斌盗卖官粮四十万石(dàn),最后活活把崔斌给害死了。

在阿合马的暴征聚敛之下,京兆等路每年的岁入,自一万九千锭增加到了五万四千锭。政府收入是增加了,可是苛捐杂税名目过多,沉重的赋税早已压得百姓喘不过气来,老百姓们苦不堪言,更何况朝廷征到的税收只是一半,另一半早被胆大包天的阿合马与其手下中饱私囊了。他私吞的财物堪比国库,真可谓富可敌国,而元世祖被他的花言巧语所蒙蔽,对他的罪恶行径竟然毫不知情。兼听则明,偏听则暗,元世祖只看到了阿合马带给他的眼前的经济利益,却忽视了这一切的背后隐藏的罪恶。

可群众的眼睛是雪亮的,元世祖没看到的,老百姓都看到了。阿合马的所作所为已激起了民愤,大家都期盼这个大奸臣能够早日被除掉。

当时,四川有一位侠肝义胆的勇士,他就是益都千户王著,他对阿合马的种种罪行早已忍无可忍，于是他决心为民除害。

他带着必死的决心准备刺杀阿合马，不成功，便成仁。他专门订制了一把特殊的武器——大铜锤藏在身上，估计为了不让别人发现，也动了不少心思，毕竟这武器的个头也太大了。王著先是秘密潜入了京师，又找到志同道合的僧人高和尚商议对策："虽然阿合马生性狡诈多疑，手下护卫森严，但他害怕皇太子真金，不如假装皇太子在你的寺庙做佛事，说要召见阿合马，谅他也不敢不来。"定好计谋，二人便分头行动。

为了使假戏更加逼真，王著可谓费尽了心思，还特意找人伪装太子，一切就绪之后，就差主角登场了。阿合马果然中计了，他以为皇太子真的要召见他，便神色慌张地赶到了庙里。等候多时的王著一见到阿合马，立刻掏出袖中的大铜锤，说时迟那时快，对准阿合马的后脑勺就击了过去，而阿合马还没明白发生了什么事，脑袋就已经开了花，魂飞魄散了。

王著除掉了阿合马这个大祸害后，百姓们纷纷奔走相告，这个消息真是大快人心。不幸的是，王著在大庭广众之下杀害当朝宰相，被逮捕入狱，并被冠以谋杀重臣的罪名论斩。王著为民除害却落得身首异处，老百姓无不为之惋惜：王著侠肝义胆，是真英雄！在王著被压向刑场的那天，老百姓如潮水般拥向街头为英雄送行。而王著大义凛然，毫无惧色，早就将生死置之度外，他在临刑前高声疾呼："王著为天下除害，今日死而无憾，他日必能还我清白。"历史是公正的，王著不畏强权，除暴安良，他的事迹必然万世流芳。

再来说说元世祖，起初他听闻爱臣阿合马被杀，简直心如刀割，犹如被人折了左膀右臂。这很好理解，阿合马相当于他的钱袋子，不管用什么办法，他总是能搞到钱。你想想看，要是你的钱包丢了，你能高兴吗？所以他不顾民意，下令严惩凶手。后来，阿合马的所作所为陆续传到了他的耳朵里，他这才得知阿合马生前作恶多端，其实他以前也应该早有耳闻，只不过是睁一只眼闭一只眼罢了。特别是查抄阿合马家后，搜得赃款八十一万锭，直惊得他目瞪口呆：这相当于国库收入的二分之一啊！元世祖勃然大怒，立刻下令将阿合马开棺鞭尸，再把他的尸体丢到通玄门外，让野狗把这走狗的肉啃光。

接下来的问题是，阿合马死了事小，国家缺财政部长事大，特别是缺少会理财的财政部长。整天面对着一长串的财政赤字，元世祖怎么也笑不出来，此外，还有更令他头疼的事，就是货币的贬值。元世祖擅长用兵，却不怎么懂政治经济学，但有一点他很清楚，眼下找个合格的财政部长是当务之急。就在此时，有人给他推荐了阿合马手下的红人卢世荣。

卢世荣原是势利小人，靠贿赂巴结阿合马才当上了江西榷茶运使，他俩本是一丘之貉。卢世荣自认为他比阿合马有本事，便向元世祖夸下海口，说他可以"使天下岁课钞九十三万余锭，增加到三百万锭"，意思是他可以使税收翻三倍。世祖一听十分欢喜，觉得他是个难得的人才，当即授予卢世荣财政部长一职，由他全权处理财政问题。

要问卢世荣究竟有何高招能实现财政收入的直线增长，答案无非就是羊毛出在羊身上，相较于阿合马有过之而无不及。当时翰林学士董用颇不以为然，曾经质问卢世荣："我不知右丞（指卢世荣）自谓生财有道，可增加赋税又不扰民，这钱是出自右丞之家，还是出自百姓？如出自右丞之家，则非我所知。如果出自百姓之家，则好比剪羊毛，牧羊者以前每年剪两次交给主人，现在日日剪羊毛，主人固然欢喜，无奈羊毛剪光，羊难御严寒，必然早死，毛又从何再得呢？"

卢世荣被问得哑口无言，面红耳赤。不过这并没有影响他的工作热情，他比阿合马更贪婪，手段也更残忍，大肆搜刮的结果就是激起了更大的民愤。坏人的下场是如此相似，他上任不到一年，便被一个不怕死的监察御史陈天祥弹劾，最终被元世祖斩首。卢世荣死后，他的下一个继任者叫桑哥，这更是一个要钱不要命的人，为了弄钱，他竟然丧尽天良，干起了挖坟掘墓的勾当。他曾大肆挖掘宋朝历代皇帝与大臣的坟墓，得到了无数殉葬的宝贝，其罪行罄竹难书。

桑哥的下场也是一样的，主政没多久，就因贪污被处死。阿合马、卢世荣、桑哥三人的下场竟然如此相似，就像克隆一般，这难道还不足以说明元朝政治存在漏洞吗？可惜这并没有引起元朝统治者足够的重视。元朝政治腐败，贪污成风，最终走向灭亡。

平定李璮之乱

在忽必烈称汗不久后,他与亲弟弟阿里不哥展开了激烈的汗位争夺战,双方拼得你死我活。就在这关键时候,忽必烈后院起了火,他手下的一名汉族将领——李璮,竟然起兵发动了叛乱。这场叛乱虽然只持续了五个月就被忽必烈镇压,李璮也被俘处死,但它直接影响了忽必烈对汉人幕僚的态度,甚至影响了元朝统治者对整个中原大地的统治策略。

李璮(?—1262),潍州人,是在山东地区割据的地方势力红袄军首领李全的养子。马贩出身的李全领导的红袄军更像是占山为王的一群土匪,他们见利忘义,反复无常。起初,红袄军在山东起兵反金,在金和南宋之间来回要挟以谋私利;当蒙古大军压境时,又迫不及待地投降了蒙古,要帮蒙古人攻打南宋,而南宋还在源源不断运来粮饷,滋补这个白眼狼。李全攻打扬州败死后,他的养子李璮承袭了官职。

李璮和他的养父一样,也是个野心勃勃的家伙。

李璮占据山东30余年,在对南宋、对蒙古的关系上完全继承了他父亲的风格,堪比舞台上的双簧,一会儿假名攻宋,向蒙古要钱要粮要官,一会儿又假名联宋反蒙。他的目的很明确,追求自身利益的最大化,亏本的买卖坚决不干。

1260年,忽必烈加封李璮为江淮大都督,使他的身份更加显赫。李璮借口南宋要出兵,他要全力御敌,所以需要大量的物资钱款,忽必烈拨给他大批军用物资和钱财,还命令驻扎在边地的蒙古军和汉军都听从他的节制。30多年间,他前后上奏数十件事,基本上都是在虚张声势,用敌国来要挟朝廷,实则是在为自己修城增兵,可谓处心积虑。

经过长时间的准备,李璮认为时机成熟,于是起兵叛乱。李璮反蒙后,并没有得到人民群众的支持。虽然他曾派人四处联络,但是响应的人却寥寥无几。不得已,李璮决定联手南宋,但这也只是出于策略的考虑,并非真心,南宋毕竟与他有着杀父之仇。形势所逼,在事发之前他才临时约宋,以免受蒙、宋夹击。南宋被他骗出了经验,只给了他一个虚衔,并未真正支援他。

李璮还犯了一个更为严重的错误,他以为他的岳父中书省平章政事王文统和朝中一大批与他交往甚密的汉人儒臣在他起兵之时,一定会全力以赴地支持他。可事实上,这些汉族官僚根本就不想与他为伍,所以李璮原本想象中一呼百应的局面变成了他自己的孤军奋战。

当时,忽必烈正在蒙古南部草原攻打他的弟弟阿里不哥。他请自己最信任的谋臣姚枢分析目前的形势,姚枢说:"李璮倘若直捣燕京,控扼居庸,那是上策;与宋联合,困守扰边,是中策;出兵济南,等待世侯响应,是下策。"忽必烈又问:"李璮会如何行动?"姚枢说:"李璮必出下策,他只能等着被俘。"

姚枢果然料事如神,他对李璮实在太了解了。如果选择上策,李璮会给忽必烈带来致命的打击,但他却要因此远离自己的根据地,陷入四面楚歌的绝境,这样的风险也最大。中策最为稳妥,就算失败,也可退到南宋境内,但他与南宋并没能达成真正协议,这招也就失灵了。李璮果真选择了下策,他很快占领了济南,等着北方汉族武装出兵支援。结果他没有等来援军,却等来了忽必烈派来的镇压部队。史天泽率蒙古军筑环城将济南围困,李璮成了瓮中之鳖。城中很快就弹尽粮绝,最后士兵们饿得实在不行,竟以死人肉为食。7月,济南城被破,李璮走投无路,遂投大明湖自杀,可惜他人品太差,竟然因水浅未死,最后,被史天泽斩于军前。野心家李璮万万没有想到,他的叛乱只是昙花一现,还不到五个月就以失败告终,他的结局竟是那样凄惨!

李璮之乱发生后,忽必烈发现了王文统与李璮有书信往来,因而立即将王文统也处死了。杀了王文统之后,忽必烈还是觉得不放心,担心在他身边另有小集团,于是,便下令彻查所有与王文统有过交往的人,甚至连当初曾经推荐过王文统的廉希宪、刘秉忠等人都受到了怀疑。

在地方军阀中追究与李璮来往的问题,则显得更加复杂和微妙。这群人手握兵权,颇有实力,忽必烈与阿里不哥争夺汗位还要倚仗他们。如果搞不好,这些军阀很可能会联合起来反对他,到时候不但他亲手缔结的蒙汉统治阶级联合可能破裂,就连新建立的政权也有垮台的危险。所以忽必烈决定利用当前形势,因势利导,进行政治改革,加强中央集权。

为了表示对忽必烈的忠诚,史天泽等地方军阀纷纷带头请求解除兵权。忽必烈也表示赞赏,这样做就等于既收了地方军阀的实权,消除了分裂和叛乱的隐患,同时又安抚了汉人官僚,保持了蒙汉统治阶级联合专政的稳定,可谓一举两得。

李璮叛乱的平定,给忽必烈敲响了警钟,也坚定了他彻底解决割据华北的地方军的决心。忽必烈以此为契机,着手进行改革,解除了地方军阀的兵权,加强了中央集权,建立了一个以中原王朝为样本的封建中央集权制政权。这对当时中国历史的发展以及元朝政府本身的发展都具有积极的作用。

李璮事件也大大加深了蒙古统治者的民族猜忌情绪,间接导致了元朝民族歧视政策的形成。元朝的民族歧视,其实是一种民族分化,蒙古人把全国人民分为四等,区别对待,这也为元朝统治埋下了不安定的导火索。

经略之才王文统

元世祖忽必烈经过五年的激战,打败了和他争夺汗位的弟弟阿里不哥,成为蒙古人真正的统治者。为了加强对整个国家的统治,忽必烈专门设立了中书省,首位主持"中书省"的大臣并不是当时忽必烈身边的心腹,而是幕僚出身的读书人,他叫王文统。

王文统(?—1262)自幼聪明好学,早年曾中经义进士。他虽以经义中举,但涉猎的知识包罗万象,尤其欣赏法家和纵横家的学说观点,所以他的谋略、经济之才比纯粹的儒生要更胜一筹。

当时正逢社会动荡,战乱纷争,王文统作为一介书生,始终没有得到赏识。后来,机缘巧合之下,他来到了山东诸侯李璮身边,李璮见他谋略超群,博学多才,便很是器重他。从此,王文统如鱼得水,施展雄才韬略,为李璮出谋划策,立下了不少功劳。为报答李璮的知遇之恩,王文统也不含糊,干脆把女儿嫁给了李璮,这下亲上加亲,翁婿二人更加亲密无间。

忽必烈第一次听说王文统的名字,是因为属下的推荐。1259年,忽必烈统兵与宋军交战于鄂州,宋右丞相贾似道令守城宋军一夜间树起木栅环城,阻挡住了蒙古军的进攻。忽必烈认为贾似道是个人才,他慨叹道:"我手下如果有贾似道这样的能人就好了。"谋臣刘秉忠和张易安慰说:"比他强的大有人在,山东李璮的幕僚王文统就比他厉害。"忽必烈的爱臣廉希宪也极力举荐,说对王文统的威名早有耳闻。忽必烈便记住了这个名字,并开始留心于他。

1260年,忽必烈即位后,设立中书省,并起用王文统为中书省平章政事,此官职相当于副宰相。忽必烈没选身边追随他多年的亲信家臣或早经聘用的谋士名儒,却选择了幕僚出身的王文统,而且一下子就拔擢为主持国政的宰相,这在蒙古朝廷的惯例中是前所未有的。除了忽必烈与众不同的用人策略,王文统的能力出众也是有目共睹的,对他的任用也得到了忽必烈最亲信的谋士刘秉忠和家臣廉希宪等人的支持和认可。

王文统的人生轨迹由此发生了华丽的巨变,由小小幕僚一跃而为朝廷宰相,使他有机会在更大的舞台上尽情施展自己的聪明才智和远大抱负。

自蒙古人入主中原以来,一直未能建立起一套适合中原汉地的统治制度。忽必烈即位后,下定决心进行彻底改革,以兴利除弊,于是他把"更张庶务"的责任交给了由王文统主持的中书省。

1260年5月,忽必烈下令设立十路宣抚司。由王文统协领中书省,对各路诸侯实行监督,整肃州县吏治,使人民安于田里,国赋能如数征收。朝廷对宣抚司官员有明确的考核标准:户口增,差发办,方为称职;并且规定了宣抚司对所管地方官吏以及户口、财赋、刑罚等各方面政务的具体权责。宣抚使的任用,除了忽必烈原藩府旧臣外,大多出于王文统所荐举,可见忽必烈对王文统的信任。

王文统的确是一位经略之才,他将中书省的政务处理得井井有条,许多棘手的问题都迎刃而解了,不愧为忽必烈的得力干将。忽必烈也对他赞赏有加,认为自己慧眼识珠,为大元朝发现了一个难得的人才。

正在王文统春风得意之时,他的女婿李璮却起兵反叛了。这下糟了,王文统也受到了牵连。有人揭发王文统曾派儿子王荛与李璮私通消息。于是忽必烈查出了王文统与李璮的通信,里边有"期甲子"一句,忽必烈便将这信拿给王文统看。王文统辩解说:"到甲子,还有好几年;我说这话,是想安抚他,要推迟他的反期。"可忽必烈并不相信,只问手下大臣该定王文统什么罪,诸臣意见也出奇地一致,都说:"当死!"于是,忽必烈下令将王文统及其子王荛处死了。

王文统究竟是否想造反呢?这成为一个永远无法解开的历史疑团。他原本生在金与蒙古相继统治的北方,对元朝政府的统治并不排斥,而且他在元朝为官,深得忽必烈的器重,官场得意前途光明,并无谋反的必要。忽必烈当年把王文统的辩解当作借口,其实那或许就是王文统的真心话:一位是对他器重有加的英明主子忽必烈,一位是有着姻亲关系的女婿李璮,这实在是让他难以抉择。王文统在这两难的境地中无可奈何,最后断送了自己的身家性命。

对于忽必烈来说,杀掉王文统代表着他对汉人幕僚已经失去最初的信任,以致后来他对汉人逐渐疏远,这对后世蒙古贵族排斥汉人产生了深远的影响。

元建行省

忽必烈凭自己的雄才伟略和非凡的军事才能,一统天下建立元朝,使中国历史掀开了新的一页。元朝的疆域是中国历史上最大的,甚至超过了汉唐盛世。元朝政治制度中对后世影响最为深远的就是行省制度的建立。元代行省制度的确立,是中国行政制度的一项重大变革。省作为一级地方行政区划的名称,一直沿用至今。

元朝统治者在政治上最突出的贡献就是实施了行省制度。蒙古人善于征服,却并不善于管理,而行省制度的建立却大大弥补了这个不足。元朝的中央政务机构中书省直辖河北、山东、山西等地,这些地方被称为"腹里"。其他地方被划为十个行中书省,分别是岭北、辽阳、河南江北、陕西、四川、甘肃、云南、江浙、江西和湖广。行中书省简称行省,又简称省。忽必烈消灭南宋以后,逐渐把行省的设置固定了下来。

中国地方行政区划中的省制起源于元代。不过,元代每个省的辖区要比现在的省大得多。当时的行省是中书省的派出机构,其官员配置与中书省大体相同,品级也相当,设丞相一员、平章政事二员、右丞一员、左丞一员、参知政事一员。只是为了防止外职过重,行省的丞相职务往往是空缺的。

由于蒙古人的强悍,元代的行政管辖范围较前朝相比扩展了许多,像岭北、辽阳、甘肃、四川、云南和湖广等省的边地,在其他朝代时,都是国家管理不及的地方,天高皇帝远,管也管不过来。蒙古人当家后,再远的地方也要听话,要不就收拾你,所以那些偏远地带和内地一样,都设置了行政机构,征收赋税。

蒙古人的精力总是那么充沛,强烈的征服欲望使其版图越来越大,除了已设的行省外,元廷还对新疆、西藏等地进行了有效的行政管辖。1209年,畏兀儿(今作"维吾尔")人主动归附成吉思汗后,蒙古统治者一直优待畏兀儿人,仍让亦都护管理内部事务,而派达鲁花赤进行监督。忽必烈即位以后,为镇压西北诸王的叛乱,他以阿力麻里为军事重镇,并一度在这里设置行中书省。灭宋后,忽必烈进一步加强了对天山南北的治理,至1281年设北庭都护府于哈喇火州,1283年又在别失八里、和州等处设宣慰司。元廷在这里设站赤、立屯戍、行交钞、征赋税,其治理方式基本上同内地一样。

西藏的局势一直非常混乱,长期处于割据纷争的局面,这种情况一直延续到蒙古兴起的时候。13世纪中叶,驻在凉州的蒙古宗王阔端与西藏喇嘛教萨迦派座主萨迦班智达成了好朋友,二者建立了密切联系。

忽必烈即位后封八思巴为国师,依靠八思巴实现了对西藏的治理。至元初年,他设总制院,后改为宣政院,由他任命的帝师执掌。宣政院主要有两个最重要的任务,一是要管理全国释教僧徒,二是要管理西藏的"军民财谷事体"。在藏族聚居地方,宣政院设有多处宣慰使以及宣抚使、安抚使、招讨使,并且,这些地区的官吏则多用当地土官,大大维护了当地的社会稳定。

廉希宪礼贤下士

廉希宪(1231—1280),字善甫,畏兀儿(今作"维吾尔")人布鲁海牙之子。他出生时,正值其父被任命为燕南诸路廉访使(主管司法、刑狱和官吏考核的长官)。

其父高兴地说:"这个儿子一定会光大我的家门,我听说古时候有人用官职为姓氏,上天大概是要我用'廉'字为宗族的姓吧!我还是遵从上天的意思吧。"从此,他的家族便都用"廉"为姓。

廉希宪自幼就身材魁伟,举止与一般儿童不同。19岁时,廉希宪进入忽必烈的府第,侍奉忽必烈,深得忽必烈宠爱。廉希宪深通儒家之道,好读经史,手不释卷。有一天他正在读《孟子》,忽闻忽必烈召见,匆忙将书揣入怀中。忽必烈问《孟子》中所言何事,廉希宪说,书中讲了性善、义利、仁暴等。忽必烈嘉奖他有学问,称他为"廉孟子",于是廉希宪知名于世。廉希宪还善射。有一天,在忽必烈面前,他力挽劲弓,连续射了三支箭,都射中了靶心,众人很是钦佩,称他"文武全才"。

元世祖初年,廉希宪因功被任命为中书平章政事(相当于副宰相),掌管政事。中书右丞刘整刚刚归附元朝,担任都元帅,因为圣眷正隆,他就鲜衣怒马率领众多仆从到廉希宪家,请求拜见上官。在大门口却被下人拦住了,刘整心头恼怒,但也不敢发作,只好再三要求通传。

廉希宪的弟弟,后来官居昭文馆大学士、光禄大夫、蓟国公的廉希贡,当时还是布衣,一见刘元帅被堵在外边了,吓了一跳,赶紧亲自替刘整通报。

廉希宪正在读书,听后眼皮都不抬一下,嘴里只是"哦"了一声。

廉希贡也知道哥哥的脾气,他读书时不喜欢被打扰,否则后果不堪设想。无奈之下,他只得到大门口,劝刘整改日再来。刘整再三恳求他进去通报,表示一定要见到廉希宪。廉希贡也实在不敢得罪刘整,只得再次进去通报。

廉希宪依旧是很冷淡的样子,只是下令撤去座椅,自己居中坐在蒲团上,请刘整进来。刘整谦恭行礼后起身,侧立一边,廉希宪却理都不理他,仍继续翻书。刘整只好尴尬告退,廉希宪这时才对他说:"这是我家私宅,你要有什么公事要说,就请明日政事堂见吧!国家自有法度,王公大臣不得私交,还望刘元帅谨记!"刘整一听,汗都下来了,一脸惭愧,落荒而逃。

刘整走后没多久,一帮漂泊在外的落魄南宋士人前来投奔他。他们个个都是衣衫褴褛,面黄肌瘦,袖子里藏着诗文,请求拜见廉希宪。

廉希宪的家人都看不起这帮人,揶揄着要赶他们走。廉希贡又进去给他们通传,原想着肯定要挨骂,不料,廉希宪赶紧起身换衣服,令人洒扫庭院,铺设座椅,并且告诫妻妾准备酒食。他还亲自来到大门外,恭敬地迎接这帮文人进来。廉希宪陪他们饮酒、赋诗,谈天说地,对他们盛情款待并且彬彬有礼。对这些儒生的困难,廉希宪一一记下,表示明日面见皇帝,一定尽快加以解决。酒足饭饱之后,廉希宪还亲送他们至府门外,并令下人赶马车相送,可谓仁至义尽。全府上下无人不称奇。

到了晚上,他的兄弟问道:"今日刘元帅求见,兄长很是慢待,他现在可是皇帝跟前的红人哪!您这又是何必呢?之后那一帮江南穷酸秀才,您却礼遇甚重,这也太蹊跷了吧?"廉希宪说:"我乃朝廷重臣,一言一行均系天下之重,不得不慎之又慎。刘整虽是朝廷新贵,却是大宋叛臣,卖国贼一个,我当面羞辱他,是叫他知道什么叫忠孝节义!那些江南士子,都是孔圣人门徒,是大宋朝的精英,汉人文化道统所在。我大元起于大漠,尚武轻文,我要不尊儒,恐怕儒家的学术就要失传了,以后能靠什么治理天下呢?"众兄弟这才恍然大悟。

廉希宪就是这样倡导礼法教化的,他对儒家礼义的发展可谓有着很大的功劳。

大将伯颜

明代文学家王世贞曾说:"吾尝谓元有三仁(耶律楚材、廉希宪、伯颜)焉……伯颜之下宋都也,肃而谧;其居功也,廉而约;其处废也,恬而智;其应鼎革也,毅而裁。古社稷臣哉。"此番评价对于大将伯颜真可谓恰如其分,入木三分。纵观整个元朝的仁人志士,伯颜(1236—1295)绝对是其中的佼佼者。他是一位了不起的军事家、政治家,在元军攻克南宋、平定内乱中立下了赫赫战功,深受元世祖忽必烈的器重。

伯颜的曾祖父和祖父都曾跟随成吉思汗南征北战,正所谓"将门出虎子"。伯颜就出生在西征的途中,他自小随父亲在沙场征战,残酷的战争不仅练就了他一身的本领,更赋予了他超出同龄人的成熟与睿智。长大后的伯颜一表人才,英俊帅气且智勇双全,举手投足间透着一种自信的风采。颜值高、能力强,这样的金子迟早会发光的。

一次偶然的机会,他被主帅派作西征军的使者向忽必烈奏事,世祖见他年纪轻轻,器宇轩昂,而且思维敏捷、口才了得,非常欣赏他的才华,便将他留在了自己身边。元世祖甚至亲自为伯颜做媒,把当时丞相的妹妹嫁给了伯颜,对伯颜的喜爱与信任由此可见一斑。事实证明,元世祖果然是慧眼识珠,起用伯颜对元朝荡平南宋、成就霸业绝对是一个明智的选择。至元十一年(1274年),元世祖忽必烈委伯颜以重任,封他为中书左丞,领兵南下伐宋。伯颜深知责任重大,辞别时,忽必烈语重心长地嘱咐他:"当年宋太祖的大将曹彬奉命进攻南唐,曹彬从不滥杀无辜,一举平定江南。你要体会我的这种心情,效法曹彬,不要让我的人民横遭锋刃。"聪明如伯颜,当然明白世祖的心愿,这正和他的想法不谋而合:如果战争不可避免,那就让无辜的百姓尽可能远离流血和牺牲吧。

久经沙场的伯颜果然不负众望,他能征善战,有勇有谋,和大将阿术领兵20万,水陆并进,一路所向披靡,势如破竹,连败宋军,直逼江州(今江西九江)。南宋兵部尚书吕师夔闻风丧胆,不战而降。其实伯颜压根就瞧不起这种贪生怕死之辈,为了当前大局着想,才让他继续担任江州太守。吕师夔设宴款待伯颜,想借此机会好好巴结伯颜,待酒酣耳热之时,吕师夔便叫上两个盛装打扮的女子,说这两个姑娘是从宋宗室中挑选出来,要作为特别的礼物献给伯颜,这分明就是赤裸裸的"美人计"呀。美色当前,伯颜毫不怜香惜玉,厉声斥道:"我奉圣天子之命,以仁义之师来向宋朝问罪,女色岂能动摇我的志向?"吓得吕师夔赶紧跪地求饶。

伯颜一直谨记世祖的嘱咐,在战争期间,正逢疫病流行,老百姓贫病交加,饥饿难耐。伯颜便下令开仓赈粮,发药治病。百姓们大为感激,都称颂伯颜的军队为王者之师。

1276年,伯颜包围临安,宋恭帝交出国玺,南宋灭亡。临安城是南宋的都城,繁华富足,金玉珍异应有尽有,面对金钱财富的诱惑,伯颜却表现得从容淡定,不为所动。攻入临安后,他首先下令封存府库,登记钱谷;又命令将士一律不得擅自离城,敢于暴掠者,军法处置。伯颜的部队军纪严明,奖惩有度,兵卒皆未敢进犯百姓秋毫,因而闹市商业区热闹如故,生意照常进行。两个月后,伯颜将南宋皇宫中的祭器、仪仗、图书等全数北运,并将南宋皇室成员押解至上都。伯颜不辱使命,出色地完成了任务,忽必烈闻之大喜过望,要嘉奖伯颜,伯颜却谦虚地说:

"这都是因为陛下英明决断,再就是将士们英勇拼杀的结果,我个人没有什么功劳的。"

在伯颜凯旋的路上,忽必烈令百官在郊外迎候,这对臣子来说是一种至高无上的荣誉。权臣阿合马为了讨好伯颜,第一个跑来向他道贺。伯颜虽心中反感,脸上却不好表现出来。为表谢意,伯颜只好解下随身佩带的玉钩带送给阿合马,并说:"宋皇宫中的宝贝确实不少,可我什么也没拿,希望你不会嫌我的礼薄。"阿合马根本不相信伯颜的话,伯颜有如此肥差竟然空手而归,这不是天方夜谭么,他以为伯颜看不起自己,于是怀恨在心,就在忽必烈面前造谣,说伯颜私藏了宋室至宝玉桃盏。忽必烈见他说得如此真切,就叫人清查,最后因没有证据只得不了了之。等到阿合马死后,有人向忽必烈献玉桃盏,忽必烈闻之愕然,不禁叹息道:"唉,我差一点儿就冤屈了忠良!"

"担头不带江南物,只插梅花一两枝",伯颜就是这样一位不贪财,不爱色,品德高尚的将相良材!

推行汉法的真金

忽必烈在统治初期,推崇汉法,任用儒士,大力推行改革,废除了蒙古旧制中的不少弊端。但到后期,朝中汉法派与理财派之间斗争激烈。忽必烈本人趋于消极保守,更倾向于理财派,太子真金成了元廷中力图继续推行汉法的主要代表人物。

真金是忽必烈的长子,生于1243年。真金的成长正逢忽必烈创建元朝,他追随父亲征战沙场,战功卓越。1261年,他被封为燕王,任中书令,后又兼枢密院使,深得忽必烈器重。

元朝建立以后,汉法派提出,想要妥善解决汗位继承问题就必须改变蒙古的传统旧习,效仿中国历代王朝的嫡长子继位制度,这才是立国之本。他们心目中早就有了一个完美的人选,那就是真金,而真金则是坚决支持汉法的。

确定嫡长子继承、预立皇储的制度让多数蒙古宗室成员难以接受。蒙古人习惯于幼子守业，或是挑选子嗣中最强大的那个继承家业，谁有能力谁当家，这是一种典型的弱肉强食的生存观念。究竟怎么办，还是要看当时的最高统治者忽必烈的意见。

忽必烈一直犹豫不决，他一直想解决因汗位引起纷争的历史问题，他本人便是最好的例子，他和弟弟阿里不哥就进行了长达五年的汗位之争，才最终一统江山。这五年如果用来扩张疆土、消灭南宋，蒙古肯定比现在更强大。可另一方面，他觉得嫡长子继位制度有悖于蒙古人的传统观念，不合祖宗旧制。

在汉法派儒臣的反复劝说下，忽必烈终于下定决心，接受了建皇储的建议，于至元十年（1273年）三月正式册立真金为皇太子。

真金无愧于他的名字，烈火出真金，他身经百战，善于谋略，是一个文武双全、知书达理、开拓进取的五好青年。他自幼接受儒家教育，完全奉行儒学，对阿合马之流十分厌恶，见到他就嗤之以鼻，甚至当着忽必烈的面责打过他。阿合马也是一代权臣，把忽必烈哄得团团转，可是他唯独惧怕太子真金，因为真金从不给他留面子，想打就打，而且是真打。

真金被封为皇太子后，在东宫自有一个怯薛（蒙古语，指宿卫、禁卫军）班子和一批官员，形成了一支新的汉法派力量，而真金自然成了汉法派的靠山和主要代表人物。

当时的汉法派在太子真金的支持下颇有实力，特别是一批年轻的汉法派官员开始崭露头角，再加上朝中的大部分南臣也是主张推行汉法的。于是真金大力征召和起用儒士，并对儒臣们说："你们学孔孟之道，今天终于派上用场了。倾尽你们平生所学，为国建功吧。"他甚至明确要求蒙古生员必须学习汉文，而对他们学习蒙古文则不以为然。

渐渐地，真金与父亲忽必烈的分歧越来越大。阿合马死后，朝廷的财政再次陷入危机，忽必烈任命阿合马原先的手下卢世荣为右丞。卢世荣只知横征暴敛，较阿合马有过之而无不及，真金认为他是"国之大蠹"。没错，卢世荣就是国家的一条大蛀虫，他任右丞不到半年，就遭御史陈天祥弹劾，忽必烈为了挽回自己的声誉，不得已将其诛杀。经过这件事，真金在朝廷群臣中的威望更高了。

太子真金的未来本应一片光明，可天有不测风云，一件突发事件改变了这位太子的命运。

至元二十二年（1285年）初，一名南台御史上奏说，皇帝年事已高，应当禅位给皇太子，同时指出皇后不可干预朝政。当时忽必烈年事已高，虽大权在握，可经常通过南必皇后来过问朝政。这实在是一个极不明智的举动，也许是汉法派的儒士们被眼前一片大好的形势冲昏了头脑。

汉法派的用意昭然若揭，这势必会引得忽必烈勃然大怒。真金听到消息后，当即惊惧不已，他太了解自己的父亲了，父亲肯定会生气的，搞不好还要废了他。汉法派意识到他们闯下大祸，便企图把这份奏章秘藏起来。然而阿合马的余党得知后，又怎肯放过这么好的机会？他们以奏请钩索天下钱谷为名，请求清查各官衙案牍，实际上就是想揭发这件事。

最后，这件事还是传到了忽必烈的耳朵里，于是他亲自下敕索取这份奏章。最后关头，两派人物都想先下手为强，把对方灭掉，于是互相揭发，奏劾多人，整个朝廷乱成了一锅粥。事情还没有最后定论，太子真金就因惊恐过度而身染重病，竟于同年12月去世了。可叹真金一世文武全才，清正英明，本可成为一代明君，最终却抱恨九泉，这只能说是元朝的不幸吧。

马可·波罗

元世祖忽必烈在位的时候，铁木真时期建立的庞大的蒙古汗国，已经分裂成四个汗国（钦察汗国、察合台汗国、窝阔台汗国、伊儿汗国），只不过元朝皇帝在名义上还是四个汗国的大汗。在那个时期，中国是世界上最强大最富庶的国家，西方各国的使者、商人、旅行家纷纷慕名到中国来观光，其中最有名的要数马可·波罗（约1254—1324）。

马可·波罗的父亲尼古拉·波罗和叔父玛窦·波罗原来是威尼斯的商人，他们常常到国外去做生意。1260年，他们带了大批珍宝来到钦察汗国做生意。后来，那里发生了战争，他们又到了中亚的一座城市——布哈拉，在那里住了下来。

一次,忽必烈的使者路过布哈拉,见到这两个欧洲商人,感到很新奇,便对他们说:"我们大汗没见过欧洲人。你们如果能够跟我一起去见大汗,一定能得到富贵。"兄弟俩听说能发财,非常高兴,就跟随使者一起到了上都。

忽必烈听说来了两个欧洲客人,果然十分高兴,在行宫里接见了他们,问这问那,兄弟俩一一做了回答,忽必烈听了很满意。可兄弟俩没准备留在中国,忽必烈从他们那里听到欧洲的情况,便要他们回欧洲给罗马教皇捎个信,请教皇派人来中国传教。两人告别了忽必烈后就离开了中国。经过伊儿汗国时,听说教皇刚去世,就只好先回到了威尼斯。那时候,尼古拉的妻子已经病死,留下了一个孩子,也就是马可·波罗,当时他已经是15岁的少年了。

马可·波罗听父亲和叔父说起中国的繁华情况,十分羡慕,央求父亲带他到中国去。尼古拉拗不过他,就决定带他一起走。过了两年,尼古拉兄弟见了新教皇之后,就带着马可·波罗踏上了东行之路。他们翻过帕米尔高原,进入中国,然后又沿着塔里木盆地和罗布泊的南边,经过无际的沙漠,最终于1275年到达上都。这次旅程历时三年,其间经历了千难万险。此时,忽必烈听说波罗兄弟回来了,就派人把他们迎接到了大都(今北京)。

马可·波罗等人献上了教皇的信、礼物和从耶路撒冷带来的圣油,忽必烈非常高兴,马上封他们为荣誉侍从。当天晚上,忽必烈还特地在皇宫里举行宴会欢迎他们。后来,又留他们在朝廷里办事。

马可·波罗非常聪明,很快学会了蒙古语和汉语。忽必烈发现他进步很快,十分赏识他,没多久,就派他到云南去办事。忽必烈喜欢了解各地的风俗人情,过去,朝廷派使者到各地去视察,回来的时候,问他们风俗人情,他们都讲不出。马可·波罗出去,每到一处,都留心考察当地的风俗人情,一回到大都,就向忽必烈详细汇报。忽必烈听了,直夸马可·波罗能干。之后,凡是有重要的任务,忽必烈总派马可·波罗去。

马可·波罗在中国住了整整十七年,被忽必烈派到过中国西北、华北、西南、中南和华东等地视察,还经常出使国外,到过安南(今越南一带)、爪哇等好几个国家。此外,他在扬州待过三年,据说还在那里当过总管。

日子一久,三个欧洲人不免想念家乡,便三番五次向忽必烈请求回国。但是忽必烈宠着马可·波罗,舍不得让他们走。恰好那时候,伊儿汗国国王的一个妃子死了,就派使者到大都来求亲。忽必烈选了一个名叫阔阔真的皇族少女,赐给伊儿汗国国王做妃。伊儿汗国的使者认为走陆路太不方便,知道马可·波罗他们熟悉海路,就请忽必烈派马可·波罗他们一起护送王妃回国。忽必烈答应了。1292年,马可·波罗一家就和伊儿汗国的使者一起离开中国,乘海船经过印度洋,把阔阔真护送到了伊儿汗国。此后,又经过三年的跋涉,他们终于回到了威尼斯。

他们离开威尼斯已经二十多年。当地人长久没听到他们的消息,都以为他们死在国外了。没想到现在他们穿着东方的服装回来,又带回了许多奇珍异宝,而他们的见闻也引起了当地人们的极大兴趣。

没过多久,威尼斯和另一个城邦热那亚发生冲突,双方的舰队在地中海打起仗来。马可·波罗便自己花钱买了一条战船,亲自驾驶,参加了威尼斯的舰队。结果,威尼斯打了败仗,马可·波罗被俘,被关在了热那亚的监牢里。热那亚人听说他是个著名的旅行家,便纷纷到监牢里来访问他,请他讲东方和中国的情况。

跟马可·波罗一起被关在监牢里的有一个名叫鲁思梯谦的作家,他把马可·波罗讲述的事都记录了下来,编成了一本书,这就是著名的《马可·波罗游记》。在这本游记里,马可·波罗把中国的著名城市,像大都、扬州、苏州、杭州等,都做了详细介绍,称颂了中国的富庶和文明。这本书一出版,就激起了欧洲人对中国文明的向往。热那亚人因为马可·波罗出了名,也就把他释放回国了。

自那以后,中国人和欧洲人、阿拉伯人之间的往来更加密切了。阿拉伯的天文学、数学、医学知识逐渐传到了中国;中国古代的三大发明——指南针、印刷术、火药,也在这一时期传到了欧洲(中国的另一大发明造纸术,传到欧洲的时间要更早一些)。

元朝皇室的和亲

历代"和亲"的政策大同小异,和亲的对象基本上都是武力强盛的敌国。皇帝希望通过和亲的方式成为对方的岳父,毕竟是姑爷见了老丈人,总得客气三分,所以"和亲"不过是一种手段,无非是把本来尖锐的矛盾冲突套上一件"亲情"的外套。如果外套合适,也许能管用个几十年,可也终有磨破的那一天;而有的外套不合适,压根就不能穿,什么作用也起不到,还白搭一件衣服——历史上这种赔了夫人又折兵的事情也并不少见。

蒙古人同样喜欢拿"和亲"说事,但他们可不喜欢做赔本的买卖。他们与外族联姻,一向态度积极,就如同家常便饭一般,甚至就是建立大蒙古国最有效的手段。其中的榜样非成吉思汗莫属。想当初,成吉思汗的事业刚刚起步,人少势弱,他想在草原上站稳脚跟并成就霸业,就得征服这草原上大大小小的每一个部落。他每征服一族,几乎就要娶一位妻子,他的目的无非是借由婚姻,让这些大大小小的姻族,都成为他的臣属。当然了,还有另外一个好处——妻妾成群,他的身边从不缺美女。是英雄必爱美人,不过其中只有少数几个被他封为了皇后。而除了他的第一个老婆孛儿台皇后是他真正敬重的女人之外,又有几人能得到他的真心呢?不过事实证明,这的确是一种行之有效的政治手段。话说回来,这也是一种极不平等的婚姻关系,女人只不过是他征服世界的一个棋子罢了。

高丽与蒙古不同,是一个思想传统的国家,他们习惯于宗族之间互为姻亲,很少与陌生家族或外族联姻,他们更喜欢"亲上加亲"。元朝以前,中国历代皇帝常以高丽女子为嫔妃,毕竟高丽出美女嘛,不过却没有中国公主下嫁到高丽的记录,可能是因为高丽从来没能威胁到中国的统治,所以也就不用让公主去受和亲这份罪了。

元朝以前,中国与高丽的关系多半是以封贡制度维系,也就是中国接受高丽的上贡,然后给予其君主一个封号,既不兼并,也不干涉其内政。因为中国受儒家思想熏陶,恃强凌弱、抢人地盘的事不是我们的风格,所以你只要态度上服从于我就行,彼此井水不犯河水,倒是高丽一直对中国保持着如对偶像般崇拜的态度。

然而蒙古人自古以来就民风彪悍,争强好斗,他们身上有着一股宗教般的狂热,血液中无时无刻不流动着征服的欲望。蒙古人一直认为自己是最伟大的,有责任也有义务依恃"长生天的力量",建立一个强大辽阔的帝国。

蒙古人不甘于仅做精神上的领袖,他们还想要征服世界,直接统治整个天下。因此,像高丽这样的附属国再也没有元朝以前那样的舒服日子过了,蒙古人在高丽先是驻有达鲁花赤,继而设立了征东行中书省,有军队、屯田与马场。高丽则必须担负纳贡、助军、置驿站、输送粮食的义务。你既然已被我征服，就要彻头彻尾服从于我，敢不听话，我就收拾你——蒙古人就是这么猛，没办法，高丽只好忍气吞声，敢怒不敢言，谁叫自己打不过人家呢。

高丽一看惹不起蒙古人，马上就学乖了，他们也学会了"和亲"这一招。别看招式老套，但是挺管用。

当时，元世祖忽必烈正打算征伐日本，高丽为求自保，并未表现出全力以赴的样子，使得元世祖极为不满。于是元世祖就想教训一下高丽。元世祖对高丽元宗说："听说你喜欢打仗，是不是？我们不妨约个地点切磋一下。"这下可把高丽元宗彻底吓傻了，高丽哪里是蒙古的对手，和蒙古人打仗不亚于以卵击石，一场战争就可能直接让高丽灭亡。

其实，这位高丽元宗的日子也不好过，外有元朝的压迫，内有武臣专政，说是一国之君，其实就是一个傀儡。其国内崔氏一门，飞扬跋扈，把持朝政六十年，欺凌王室，根本不把他这个皇帝放在眼里。崔氏之后，更有林衍逼迫元宗逊位。

内忧外患，逼得高丽元宗走投无路。没办法，于是他选择了和亲这条路。他向元世祖求救，请求将一位元朝公主嫁给高丽世子王谌，也就是他的儿子。他想和元世祖结成亲家，主要是自己年龄太大，给元世祖当女婿也怕人家看不上。而一旦结成亲家，谁还敢欺负他呢？心中打好如意算盘后，高丽元宗就向元世祖上呈表章，恭敬谦卑地说，如果能娶到一位元朝公主，那么"我这个小小邦国，便万世有所依靠了"。紧接着，元宗便把儿子派去元朝当了人质，当然也是为了顺便联络感情。

元世祖被高丽元宗的马屁拍得相当得意，当下决定立刻派遣大军前去铲除高丽武臣，协助元宗复位，却不肯马上答应婚事。一直等到元宗恭谨地尽到臣属国的义务，把钱财珠宝、粮食马匹一一献来，元世祖才答应把最小的女儿忽都鲁揭里迷失下嫁高丽。

元世祖总算是答应了，可是当事人还不行，因为小公主实在是太小了，只有13岁，没办法只好又等了三年，高丽世子才与公主完婚。真是好事多磨，娶个元朝的公主也太不容易了，不亚于西天取经，而这时世子已经38岁，简直就是半个老头了。

不久，高丽元宗去世，世子谌返国继位，他就是高丽忠烈王。

当忠烈王与小公主同返京城时,高丽人民高兴得眼泪都要掉下来了,盼星星盼月亮,可把元朝公主盼来了,他们纷纷拍手祝贺:"从此百年不再有战争,天下可太平矣!"高丽和元朝的王室婚姻,象征着高丽对元朝完全臣服,以及元朝对高丽的信任与支持。至此,高丽算是找到了一棵真正的大树,过起了大树之下好乘凉的日子。

从此以后,高丽在和亲这条道路上越走越爱走,七个王之中,竟然有五个娶了元朝公主,大有抱住元朝大腿就不愿撒手的势头。当然,这些蒙古公主并非全部都是皇帝的女儿,有些其实是宗室诸王之女,都称为公主,这样也是为了高丽王室的面子好看:瞧,有那么多的元朝公主都嫁给了你们,这是你们莫大的荣耀。

蒙古公主不断嫁给高丽国王。可是,元朝宫廷却并不愿把高丽公主纳为后妃。虽然高丽多美女,且以柔媚婉约见长,许多官宦之家都喜欢纳高丽美女为妻妾侍婢,可元世祖却下令:"高丽女子一律不可入宫。"

元世祖之所以坚持反对高丽女子为后妃,就是因为蒙古人那种天生的优越感,他们看不起高丽人,不许高丽女子为后妃是为了免得"黄金家族"的高贵血统受到影响。

元朝与高丽是对不平等的亲家,女尊男卑,蒙古公主的地位历来是高高在上的。忠烈王在娶小公主之时,已于十四年前娶了宗室始安公王绹之女贞信府主为妃,而且夫妻伉俪情深。但是父命难违,又为了国家的利益,只好万般不情愿地赴元朝充当质子,接着又娶了年仅16岁的娇娇女忽都揭里迷失。

元朝的小公主一到高丽,忠烈王原来的妃子就只得含泪移到别宫,而且与忠烈王远远相隔。小公主则颐指气使,欺凌嫔妃,称霸后宫,心情不好时还要找娘家告状,弄得忠烈王非常头疼,没办法,有后台就是这么任性。

蒙古公主往往后来居上,虽然嫁过来的时间晚,但是一定会被册封为正宫王后,相当于中国的皇后。也就是说,元朝公主有独占正位的权利,不管她貌若天仙,还是丑如东施,反正,正宫娘娘非元朝公主莫属。天下没有免费的午餐,高丽为了过上太平日子,巴结元朝选择和亲,那就只好承受蒙古公主的压迫与欺凌,这本身就是一种公平的交易。谁都得为自己的选择付出代价,不是吗?

关汉卿和元代杂剧

元朝是我国古代戏剧发展的黄金时期,名家辈出,名作迭起。关汉卿就是当时一位杰出的戏剧家,他和白朴、马致远、郑光祖一起,被人们称作"元曲四大家"。他创作了许多优秀的戏剧,其中有一部惊天地泣鬼神的剧作,就是著名的《窦娥冤》。

关汉卿,号已斋叟,大都人,生于约 1230 年,卒于约 1300 年。这个时代是一个战乱频仍的混乱时代,蒙古族为了一统天下,连续与金和南宋进行了为时近七十年的战争。连年征战导致哀鸿遍野,民不聊生。老百姓陷入了悲惨的境地,文人的命运也同样凄凉。

元朝初年,蒙古统治者废除了科举制度,文人们失去了进入仕途的阶梯,流行的"九儒十丐"之说正反映了当时文人地位低下的处境。有一部分文人既不做蒙古贵族的帮凶,也不当逃避世事的隐士,而是选择对黑暗的社会进行无情的抨击,关汉卿就是这一类文人的代表。他借助杂剧这种艺术形式,对黑暗的社会进行了尖锐的批判。

关汉卿出生在一个医生世家里,从小读了很多书,学了很多知识,他既会写诗又会作曲,而且特别喜欢杂剧。杂剧是元代最流行的一种戏曲形式。元杂剧是元曲的一种,是在宋杂剧、金院本和民间说唱艺术诸宫调的基础上吸收多种词曲和技艺发展起来的。杂剧艺术适应了元代城市居民文化生活的需要,当时的政治中心大都,也成了杂剧的中心,聚集了一群优秀的剧作家。他们自愿结成的创作组织叫"书会",最著名的"玉京书会"就是以关汉卿为核心的杂剧家团体。

大都的杂剧班社拥有许多优秀的演员,他们经常在勾栏(戏园子)演出,关汉卿生活在他们当中,自己还时常粉墨登场。与他配戏的一位著名女演员叫珠帘秀,原姓朱,人称朱四姐,珠帘秀是她的艺名。她演技精湛,戏路很宽,旦角、生角,演来都很精妙。关汉卿对她有着深挚的情感,曾写过一首以咏"珠帘"为喻的曲子赠给她。一次，他俩同台演出《窦娥冤》，珠帘秀扮演窦娥，关汉卿扮演窦娥之父窦天章，两个人的表演真挚感人，每演一场，必让全场的观众都感动不已，结果轰动了整个大都。

长期生活在勾栏和"倡优"之间，关汉卿对下层社会生活有着真切的感受，他的许多杂剧作品都反映了社会底层劳动人民的疾苦，为他们所遭受的凌辱鸣不平，为他们的冤屈放悲声，同时他也怀着满腔热情歌颂他们不屈不挠的反抗精神。他本人就是一位极具反抗精神的斗士，他认为只有通过斗争，才能挣脱黑暗。在他的作品中，曾将自己喻为"蒸不烂、煮不熟、捶不扁、炒不爆、响当当一粒铜豌豆"。他所创作的《窦娥冤》也充分体现了他的反抗精神。

《窦娥冤》中窦娥的原型是汉代东海孝妇周青。传说汉代东海的寡妇周青，为侍奉婆婆矢志不改嫁，而婆婆为了不连累她，自缢而死。其小姑告官，以杀人之罪诬嫂，问官不察，竟判其死罪。临死之际，孝妇指着身边的竹竿说，如果自己无罪，血当沿竹竿往上倒流。其言果应，而东海地方大旱三年。直到后任官员查问缘由，代为申冤，天才降下雨来。关汉卿便在这个民间传说的基础上，结合元代的社会现实，写出了这部震撼古今的悲剧。

《窦娥冤》讲述的是一个孤苦无依的女子蒙受不白之冤，被官府无端杀害的悲惨故事。剧中的窦娥，原名端云。其父窦天章是一个穷秀才，因借了放高利贷的蔡婆婆20两银子，无力偿还，被迫将女儿卖给了蔡家做童养媳。窦娥17岁结婚，不料婚后不到两年就夫死守寡，只得与婆婆相依为命。

蔡婆婆仍以放高利贷为生。医生赛卢医借了她10两银子，本利该还20两，但蔡婆婆数次索取，他仍不还。这一天，蔡婆婆亲自上门去讨账。哪知那还不起银子的赛卢医早已心存歹念，想要谋财害命。谁知他的奸计并未得逞，蔡婆婆被张驴儿父子搭救了。但张驴儿父子并非善良之辈，当他们知道蔡婆婆家里还有个年轻的守寡媳妇时，就威逼她们婆媳俩嫁给他们父子，胆小怕事的蔡婆婆被迫答应了。蔡婆婆把张驴儿父子领回家后，窦娥严词拒绝了这无理的要求。张驴儿为了得到窦娥，便设计用一碗羊肚汤毒死蔡婆婆。只是没料到这投了毒的羊肚汤竟被贪嘴的张驴儿父亲喝了，结果张父被毒死了。张驴儿又悔又恼，便威胁窦娥，如不答应婚事，就以杀人罪把她告到官府。窦娥仍坚决不从。张驴儿便去衙门诬告窦娥害死了他父亲。贪官收了张驴儿的贿赂，就当着窦娥的面要拷打蔡婆婆。善良并一贯恪守孝道的窦娥不忍心婆婆受苦,只好含恨屈招。

最终官府判了窦娥死刑。在刑场上,满腔悲愤的窦娥痛斥了天地的昏暗和衙门、地痞的罪恶,并发下了三桩誓愿:一要刀过头落,一腔热血都洒到白练上;二要六月飞雪,遮盖她的身体;三要楚州从此大旱三年。行刑之后,这三桩誓愿竟奇迹般地一一应验了。直至后来,窦娥的父亲应考得中,做了提刑肃政廉访使,这桩冤案才得以昭雪。

在这部惊心动魄的悲剧中,关汉卿塑造了一个不屈不挠的女子形象,在她的身上寄寓了广大劳动人民坚强不屈的斗争精神。关汉卿身处的时代,奸臣当道,擅权作恶。权贵们肆无忌惮地掠夺民财,官吏们个个贪赃枉法,制造了种种骇人听闻的冤案。百姓们如俎上之鱼,卖儿鬻女,倾家荡产,像窦娥一样的蒙冤受屈者不计其数,像窦娥那样在死后还能被平反昭雪的,则少之又少。关汉卿对此剧结局的安排,既是出于对苦难人民的深深同情,也是对所有受苦百姓一种情感上的安慰。

关汉卿还通过其他作品塑造了另一些不同类型的人物形象,尤其是妇女形象。如《望江亭》中的谭记儿,《金线池》中的杜蕊娘,《诈妮子调风月》中的燕燕,她们都个性鲜明。关汉卿的每部剧作也都有着丰富的社会意义和独特的审美价值。

大科学家郭守敬

郭守敬(1231—1316),字若思,顺德邢台(今河北邢台)人,是元代杰出的天文学家、数学家和水利学家。祖父郭荣精通数学和水利,年幼的郭守敬耳濡目染,备受熏陶,对科技产生了浓厚的兴趣。

十五六岁的时候,郭守敬就在科技方面崭露头角。一个偶然的机会,他得到了一张拓印的莲花漏图。莲花漏是古代一种计时仪器,由于长期战乱,这种仪器已非常罕见,仅仅通过图样,人们很难明白它的原理。而郭守敬面对这张图,如获至宝,日日埋首其中,极有兴趣地钻研起来。很快,他便弄懂了莲花漏的计时原理,并头头是道地讲给他的爷爷听。郭荣听后非常高兴,觉得他的孙子是一位可造就的科技人才,于是便让他拜了自己的好友刘秉忠为师。刘秉忠精通天文、地理、数学,他也很喜欢郭守敬这个极有天分的学生。在他的精心教导下,郭守敬学到了很多科学知识,聪明才智得到了进一步发挥。

1260年,郭守敬又跟随刘秉忠的老同学张文谦,协助他在大名路(今河北大名县)一带勘测水文,大搞水利建设。业余时间,郭守敬则继续钻研莲花漏,他的兴趣越来越浓,慢慢萌生了要动手制作一台莲花漏的念头。于是,他带领几名工匠亲自动手,设计制作了一台铜质莲花漏,这台莲花漏造型精巧、计时准确,人们见了无不惊叹。

张文谦非常欣赏这个聪明好学、勤于思索的后生,在水利建设中,郭守敬向他提出过许多合理的建议,使他的工作开展得非常顺利。于是张文谦将这个不可多得的人才推荐给了忽必烈。面对眼前这个年轻人,求贤若渴的忽必烈非常高兴。当他见到郭守敬亲手制作的莲花漏时,更是赞叹不已,连呼他是难得的人才。于是忽必烈便派郭守敬跟随张文谦去西北视察水利设施,后来他们一起修复了许多著名的古渠道。1265年,忽必烈又任命郭守敬为都水少监,让他专心致志地从事水利建设。

专门从事水利建设的郭守敬也并没有放弃对天文学的研究。当1276年忽必烈决定设立专门机构制定新历法时,郭守敬自然成了最恰当的人选之一。

元朝统一中国以后,政局日趋稳定,经济逐渐恢复,这为科学技术的发展提供了良好的社会环境。早在元朝统一以前,刘秉忠就提议要修订历法,因为辽、金以来一直沿用的历法已经使用七百多年了,误差较大。提议之时正是战争期间,忽必烈一时顾不上这件事,直到南宋灭亡之后,他才将此事提到议事日程上来。于是他下令开始设立机构,派精通算术的王恂负责此事,并让精通天文历法的许衡、郭守敬也一起主持这项工作。他们查找了过去的四十余家历书,昼夜实地观测验证,又创立了新的测量方法,同时参考古代的旧制,力图使新的历法精确无误。

在这期间,郭守敬通过实测,学习到了更加丰富的天文学知识。他认为,要修订历法,必须要有精密的仪器。他们所用的浑仪都是北宋时期在汴京(今河南开封)制造的,一方面年久失修,另一方面汴京的纬度与大都的纬度并不相同,所以制造新的天文测量仪器迫在眉睫。郭守敬打算亲手制作一批精密的天文仪器。

针对浑仪的缺点,郭守敬制作了一种简仪。司天浑仪是元代以前用来测量日、月和金、木、水、火、土五大行星以及其他恒星位置的仪器,结构非常复杂。大大小小、互相圈套的环圈多达八九个,不仅转动不便,而且妨碍观测。郭守敬仔细地研究了浑仪的功能和结构,将浑仪简化成了两个独立的测量装置,但是,其精密度却大大提高了,刻度最小分格达到1/36度,不仅使用方便,而且观测的结果非常准确。当时的简仪是在从尼泊尔来的工艺家阿尔尼格的协助下制作而成的。这座简仪是郭守敬的一项重大的发明创造,只可惜后来被来到中国的法国传教士纪理安销毁了。明朝正统年间(1436—1449年),有人仿制了一台简仪,这台仿制的简仪在清末被八国联军劫走了,虽然后来它被归还回来了,但已残缺不全,现今被保存在南京紫金山天文台。

此外,郭守敬还研制了仰仪,用来观测太阳的位置和日食。他还改革了圭表,创制了景符。

圭表是观测日影变化的仪器,可以通过它测量出来的数据决定春分、秋分、夏至和冬至的时刻。古代的圭表一般高8尺,郭守敬把它加高到36尺,在表顶又添一根被抬起的横梁,横梁高出表顶4尺,这样就可以使表高40尺,比原来的增高了5倍,从而使观测的误差下降到原来的五分之一。现在河南登封观星台遗址还完整地保存着当时的圭表。

景符是测定影像的仪器。一块铜片,中间有个小孔,再用一个小架子将它斜撑在圭面上。太阳光经过圭表上的横梁,再透过小孔,在圭面上形成了一个米粒大小的太阳像,中间会有一根细如发丝的横梁影子,非常清晰。这样,将景符与圭表结合起来使用,人们就可以观测太阳、星星和月亮运行的变化。

制造出先进的天文仪器之后,郭守敬开展了实地测量活动。统一后的元朝疆域辽阔,这给天文测量提供了极为便利的条件。1279年元世祖召见郭守敬时,郭守敬便提议在大都建造一座新的天文台,又提出开展全国范围内的天文实测计划。他对忽必烈说:"唐朝开元年间,朝廷曾令人在全国13处进行测量,现在的疆域比唐朝更为广阔,倘若您不派遣专门人员到边远地方去实测,就不能了解各地的昼夜长短有怎样的不同,日月星辰有什么样的变化,日食月食的时刻和食分有什么差别。"他建议立即在全国范围内设立多处观星台,开展实测活动。

元世祖很赞成他的计划。于是,郭守敬与王恂进一步仔细规划,经过了认真的研究之后,他们决定在东起朝鲜半岛,西到河西走廊,北至西伯利亚,南达中国南海的广阔范围内,设立27个测影所,而最北的北海测影所已在北极圈附近了。他们还分别派出14个历官,分几路出发,开展实测。48岁的郭守敬则奔波于国内各地,亲临每一个测影所。他带领几个人先到上都,然后南下,最后来到广州,并亲自到最南边的测影所南海进行了测量。

接着,郭守敬又负责在大都修建一座新的天文台,安放他精心制作的各种最先进的天文仪器,以便进行更精密的天体观测。

1280年,郭守敬等人经过多年的辛勤劳动,终于完成了历法的修订工作。元世祖非常满意,他按照古语"敬授人时"这句话,将新历法定名为《授时历》,并下诏全国在1281年正式实行新历法。

《授时历》是我国古代的一部优秀的历法。根据该历法推算出的节气非常准确,这对农业生产帮助很大,老百姓根据这部历法安排农业生产,就不会错过农时了。

《授时历》也是一部非常科学的历法。郭守敬根据自己多次精密测定的冬至时刻的结果,同时结合历史上从祖冲之《大明历》以来六次观测冬至时刻的资料,计算出一年为365.2425日,这同地球绕太阳一周的实际时间只有非常微小的差别,《授时历》就是采用的这一数据。现在国际上通用的格里历(公历)也是采用的这一数据,但格里历比《授时历》晚了将近300年。《授时历》的编订,使元代的天文历法居于当时世界的前列。

杰出的天文学家郭守敬所取得的成就令每一个中国人都为之骄傲,他将毕生的精力都投注到了科学事业之中,直到85岁去世,他也从未中断过他的科学实践与研究。历史也永远不会忘记这位伟大的科学家。

纺织家黄道婆

元朝统一之后,国内安定了下来,经济也得到了恢复和发展。当时棉花的种植很普遍,所以棉纺织业很快就发展起来了。

江南的松江府乌泥泾镇,长期流传着这样一首颂扬纺织能手黄道婆的民谣:

黄婆婆,黄婆婆!

教我纱,教我布,

两只筒子两匹布。

这个黄婆婆是谁呢?她就是元朝初年劳动人民出身的女纺织家黄道婆(约1245—?)。关于黄道婆的身世,史书上的记载是极少的。传说黄道婆的家里很贫苦,父母只好让她去做童养媳。倔强的黄道婆无法忍受婆家的虐待,便在一天夜里逃出了这个家。当时,黄浦江边停着一条海船,她不顾一切地上了船,偷偷地躲在船舱里。于是这艘船就载着她往海南岛去了。

海南岛是我国少数民族黎族人民聚居的地方。黎族人民很早就在种植棉花了,并有很高的纺织技术。他们创造了一套用于去籽、纺、织等工序的工具,生产出了许多花被、缦布和其他日用棉织品。这些产品十分美观、实用,深受内地人民的欢迎,是泉州商人经营的重要货物。黎族的纺织技术当时在全国是最先进的。当时在乌泥泾一带,棉花去籽还是用双手剥的,皮棉则是放在桌子上,用线弦竹弓弹松的,效率很低,很费时间。

黄道婆到了海南岛以后,和黎族姐妹共同劳动,与她们结下了深厚的友谊,并始终虚心向她们学习。她在当地生活了三十年,把黎族同胞精湛的纺织技术完全学到了手。元成宗元贞年间(1295—1297),黄道婆越来越思念自己的故乡,就搭乘一艘商船,回到了乌泥泾镇。这时候,她大约50岁了。

黄道婆回来一看,乌泥泾还是老样子:土地贫瘠,粮食不够吃,棉花的产量很低,纺织技术仍旧很落后,人民生活非常贫困。于是她决心把自己高超的纺织技术传授给乡亲们。

　　黄道婆把黎族同胞使用的纺织工具加以改进,请工匠们制作了一整套捍、弹、纺、织等工具。"捍"就是搅车,又叫轧车、踏车,是利用上下两个旋转方向相反的转轴把棉花相互辗轧,从而除去棉籽。"弹"就是弹棉花用的椎弓,黄道婆改制的弓有四尺多长,比以前所用的一尺四五寸的弓大得多,并用弹力大的绳做弓弦,所以弹起棉花来又快又好。"纺"是纺车,黄道婆创制的纺车,是可以同时纺三根纱的脚踏纺车,比以前使用的一个纺锭的手摇车速度快、效率高。她那时候用的提花机已经能织出许多美丽的花布。黄道婆还教人们错纱、配色、综线、挈花等技术。用这些技术织成的被、褥、带、手巾等,上面都有折枝、团凤、棋局等花饰,十分鲜艳美观。她还把黎族特产的棉织品——崖州被的织造方法传授给了镇上的妇女,从而生产出大批的"乌泥泾被"。当时"乌泥泾被"闻名全国,远销各地。

　　黄道婆所传授的先进纺织技术被越来越多的人掌握。到元朝末年,松江一带已经有1000多家居民从事纺织业,那些过去仅仅依靠贫瘠土地过日子的人,生活都有了改善。人们忘不了黄道婆的恩情,在她去世的时候,乌泥泾人个个悲痛流泪,他们把她安葬在了今天华泾镇北面的东湾村,还专门建造了祠堂,塑了她的像,逢年过节都要为她举行祈祷仪式。

　　黄道婆死后,新的纺织技术也从乌泥泾进一步向松江、长江中下游,乃至全国推广开来。到了明代,乌泥泾所在的松江已经成为全国棉纺织业中心,赢得了"衣被天下"的声誉。黄道婆对我国古代纺织业的发展作出了杰出的贡献。

武宗海山

　　大德十一年(1307年),元成宗铁穆耳病逝,和他爷爷忽必烈命运相似的是,他所册立的太子德寿于大德九年(1305年)十二月先于他病死。由谁继承汗位,这个困扰蒙古王室的老问题又重新显露,新一轮残酷的汗位之争拉开帷幕。

　　觊觎汗位的主要是两股势力,他们各支持一个汗位候选人。一派由成宗皇后伯岳吾·卜鲁军为首,支持安西王阿难答(成宗铁穆耳的堂弟);另一派以中书右丞相哈剌哈孙为首,他们支持成宗铁穆耳的二哥答剌麻八剌的儿子怀宁王海山和爱育黎拔力八达。

安西王阿难答曾参加对海都的讨伐战役,立有战功,他的年纪比海山要大。海山是真金嫡孙,在对海都的作战中更是战功赫赫,威名远播,并且海山此时依然指挥着帝国最强大的军队。谁有实力谁做老大,论战功、血统,海山比阿难答更有资格胜任蒙古未来的接班人。

右丞相哈剌哈孙是海山和爱育黎拔力八达夺得帝位最关键的支持者。哈剌哈孙重权在握,控制着中枢机构,还在成宗患病以后掌握着帝国宿卫军。成宗去世后,他暗中密报漠北的海山兄弟,令其速归。他老谋深算,还把京城百司所有的符印统统收回,封在府库,然后自己就在家装病。这招奏效得很,皇后一派此时若想使用印信和动用国库款项,就等于异想天开。

海山的弟弟爱育黎拔力八达先赶到大都,他立即采取行动,率领哈剌哈孙交给他的军队突袭宫廷,囚禁了安西王阿难答和皇后伯岳吾·卜鲁军,并将大批亲附阿难答的大小官吏一网打尽。

海山则晚到一步,带领3万名士兵,于大德十一年(1307年)三月赶到和林。虽然是弟弟爱育黎拔力八达先控制了京城,但哥哥海山的实力远在弟弟之上,无论是年龄阅历,还是手中握有的重兵。在他们的母亲答己的仲裁之下,兄弟二人达成协议,爱育黎拔力八达放弃宫廷政变后的摄政地位。作为回报,海山则要在即位后封他的弟弟为"皇太子"。铁打的江山,流水的皇帝,兄弟轮流做,也算是公平。大德十一年(1307年)五月间,海山在上都召集了一次形式上的忽里台大会,宣布即位,是为元武宗。

武宗海山在战场上威风八面,但在治国理政方面却颇为吃力,心有余而力不足。他继位以后,更换了大批官员,拥护他的哈剌哈孙也被调往外地任职了。

他的执政思想与众不同,总想用大量的赏赐来笼络群臣,只要稍有功绩,就大加赏赐,无奈国库空虚,根本经不起他这样折腾。可武宗富有创新精神,赏不起财物没关系,我可以封官,物质奖励不足,咱可以满足精神层面的,于是开始滥封爵位。一时之间,朝中官吏数量剧增,官衔也是一个比一个大,大得简直吓死人,满朝都是国公、司徒、丞相之流。朝纲混乱,名位不清,好多机构形同虚设,朝廷上下差不多就是一个烂摊子。

还有更令武宗头疼的事情——货币的贬值。蒙古人不善于理财是不争的事实,但像他这样不会经营的也是天下少有。在他统治期间,货币贬值的程度已严重到刻不容缓的地步,他先是令脱虎脱发行"至大银钞"代替贬值的"至元钞",来争取人民的信任。另一方面,却仍旧印发旧钞。虽然称"至大银钞"为"银钞",却又并没有赋予它"兑现"的功能,仍旧禁止金银与铜的使用和买卖。这样就导致了更加严重的通货膨胀。后来,又改发"至大通宝"与"大元通宝"两种铜钱,重新进行货币改革,才好不容易稳住局势。

海山在位时还设立了"常平仓",试图平抑米价,最后也以失败告终。

至大四年(1311年)正月,元武宗去世,时年31岁,在位不到四年。他遗留下的诸多问题,成为日后元廷政变迭生的诱因,也给元朝日后的发展带来了许多不利的影响。

仁宗即位

仁宗爱育黎拔力八达,是武宗海山的亲弟弟,因助武宗即位,被封为"皇太子"。他性格宽容,热爱百姓,崇尚节俭,是继忽必烈之后,元朝十位皇帝中唯一的贤主。

1311年正月,武宗去世,在位不过三年八个月。爱育黎拔力八达即以"皇太子"任中书令兼领枢密院事的地位掌握政权,废除尚书省,捕杀脱虎脱等人,并于3月18日即位,也就是仁宗。

仁宗在位的时候,国内局势相对稳定,这与他所采取的宽容政策密不可分。他虽然仍未完全消除蒙汉之间的隔阂,却很注意任用汉人和南人,比起他前几任的统治者更为包容。他在位期间,在中书省先后担当过中书平章政事和其他要职的汉人有15位之多。他还下令恢复了废弃多年的科举制度。仁宗敬重儒学,曾命人用蒙文翻译了《孝经》《列女传》《大学衍义》和《贞观政要》等书。

仁宗还信奉佛教，不好美色，不喜征战，不奢靡铺张，可谓俭用爱民的典范。但他有一个非常糟糕的习惯，就是嗜酒如命，每天都要开怀畅饮，而酒多伤身，做一个酒鬼的下场就是短命，所以他只活到了36岁。

铁木迭儿是成吉思汗时候的功臣者该的玄孙，经历了世祖、成宗、武宗、仁宗和英宗五朝。他在仁宗的时候当过中书右丞相，因为犯了错误，被罢免了官职。因为铁木迭儿是仁宗的母亲答己的亲信，在没有征得仁宗同意的情况下，答己就直接用"懿旨"恢复了他的中书右丞相一职。仁宗是个孝顺儿子，迫于太后的压力，便又任命铁木迭儿为太子太师。可这样一个品质恶劣的人怎能当太子的老师呢？此举引得满朝官员甚为不满。

当年武宗海山即位时和弟弟爱育黎拔力八达有过约定：武宗不传位给自己的儿子，而立爱育黎拔力八达为"皇太子"，准备传位给他；将来爱育黎拔力八达也要传位给武宗的儿子，再由武宗儿子传位给爱育黎拔力八达的一个儿子。他们真是一对好兄弟，讲义气，皇帝轮流做，这个办法看似很公平。但是仁宗却背弃了这个约定，于1316年12月立自己的亲生儿子硕德八剌为皇太子。仁宗倒不是一个背信弃义之徒，他虽然也有那么一点点私心想立自己的儿子，但主要是因为自己的母亲和铁木迭儿在左右挟制。

铁木迭儿还怂恿仁宗封海山之子和世㻋为周王，并于1316年3月命其镇守云南，而事实上就是将其流放了。

仁宗本来算得上一个英明的皇帝，可因为太过孝顺，始终没能摆脱权臣的蛊惑，为日后元朝政局的动荡种下了祸根，这只能说是元朝的悲剧了。

李孟是山西人，是仁宗统治时期的名臣。他曾当过武宗和仁宗的老师，并且还扩充了"国子学"的教学内容，教出了不少蒙古子弟与汉人、南人子弟，可以说他是一位非常成功的老师。李孟在朝为官，尽职尽责，一心为民，常常是知无不言、言无不尽。他最值得称道的功绩就是废除了元朝一直实行的"病民之政"，并且劝说仁宗恢复了科举考试制度。1315年，在元朝的第一次科举考试会试中，他被仁宗任命为会试主考官，录取了护都沓儿为右榜（即蒙古、色目人榜）状元，张起岩为左榜（即汉人和南人榜）状元。

奸相铁木迭儿

　　元朝统治者中的贤君屈指可数，致使权臣当道，朝纲混乱，祸国殃民，一些奸佞小人在残忍的宫廷斗争中登上了历史的舞台，留下了昭昭臭名，奸相铁木迭儿就是其中最有名的一个。

　　铁木迭儿（？—1322）也算是名将之后，他是成吉思汗时期功臣者该的玄孙。可他并没有继承祖先的忠勇之风，只有一颗投机钻营的小人之心。

　　铁木迭儿是元朝官场上的不倒翁，一生侍奉了五位皇帝。他平时作恶多端，却一直官运亨通，不是他运气太好，而是因为他是太后答己的亲信。他是如何得到太后答己的宠信的，这不得而知，但可以肯定的是，答己将他视为心腹，甚至亲过自己的儿子和孙子。

　　武宗时期，在云南做地方官的铁木迭儿就表现糟糕，因玩忽职守受到了处分，但被答己保了下来。武宗死后，答己为了扩充自己的力量，趁仁宗尚未执政，就下旨召铁木迭儿为中书右丞相。仁宗天性慈孝，不愿意违背母亲的意愿，最终只能睁一只眼闭一只眼。

　　铁木迭儿恶名昭彰，仁宗其实早就看他不顺眼了，只是碍于母亲的面子，才没对他动手。丞相一职他只做了两年就因罪罢官，但他通过答己的关系，很快也就官复原职。复职后的铁木迭儿更加肆无忌惮，变本加厉，贪污受贿，无恶不作。一人得道，鸡犬升天，他的儿子班丹、锁南也先后当上了大官，他们父子权倾天下，弄得朝中人心惶惶。

　　多行不义必自毙，在铁木迭儿嚣张跋扈不可一世之时，他这宰相却在阴沟里翻了船。当时，有个杀人犯被判入狱，送了铁木迭儿5万贯钱。铁木迭儿拿人钱财，替人消灾，便要求属下官员放人。事情被揭发出来后，中书平章政事萧拜住、御史中丞杨朵儿只、上都留守贺胜联合御史台40余名官员，联名弹劾铁木迭儿，证据确凿。他们揭发铁木迭儿欺下瞒上，乱政害民，要求将他处死，以平民愤。

此举正中仁宗下怀,仁宗对铁木迭儿的所作所为早就深恶痛绝,碍于母后的威仪,只好提拔御史中丞萧拜住为中书右丞,以牵制削弱铁木迭儿的势力。这回铁木迭儿自己撞到了枪口上,还不动手更待何时?仁宗即刻下诏逮捕铁木迭儿。而铁木迭儿狡猾至极,见势不妙,便逃到太后的宫中躲了起来。仁宗不敢惹自己的母亲,只得眼睁睁地看他逍遥法外。

铁木迭儿被罢相不到一年,摇身一变,竟当上了太子太师。太子太师是专门教育太子的老师,这么一个奸佞小人怎么配做太子的老师呢?满朝文武皆愤慨不已。参政赵世延当时兼任御史中丞,率领诸多御史接着弹劾他,认为他没有资格辅佐太子。可由于太后多方庇护,仁宗还是拿这个头号奸臣无可奈何。

1320年正月,仁宗去世。3月,他的儿子硕德八剌即位,这就是元英宗。仁宗死后的第四天,英宗尚未正式即位,皇太后一道懿旨,铁木迭儿又当上了中书右丞相。由此铁木迭儿大权在握,一手遮天,开始疯狂报复那些曾经弹劾过他的大臣。

铁木迭儿胆大包天,竟假传太后旨意,将曾经弹劾过他的萧拜住、杨朵儿只抓来审问,并给二人扣上莫须有的罪名,硬是将二人当众斩首。随后,铁木迭儿又找了个借口,杀了曾经弹劾过他的贺胜。铁木迭儿心狠手辣,睚眦必报,对于弹劾过他的赵世延,也打算将他置于死地。于是铁木迭儿派人将赵世延押到大都,严刑拷打。英宗知道后两次赦免赵世延,但铁木迭儿阳奉阴违,还是将他关进了死牢,想逼他自杀。赵世延在大牢里待了两年,在多位大臣的奔走呼吁下,才终于获释,捡回了一条命。

南坡之变

元仁宗爱育黎拔力八达于1320年去世,他17岁的儿子硕德八剌继承帝位,是为元英宗。英宗是元朝唯一一位在继位前没经历过任何纷争的皇帝,但这并不代表他的帝王之路是一帆风顺的。

元仁宗在位的九年中,勤于政务,爱护百姓,是元朝少有的贤君。他最大的不足就是过于孝顺,甚至因为孝顺而混淆了是非黑白,超越了正义的底线,此为"愚孝"。为了不惹母亲答已生气,他做事总是束手束脚。因为这毫无原则的"愚孝",仁宗付出了沉重的代价。

按照仁宗与其哥哥武宗当初的约定,仁宗应传位于武宗的儿子,但是母亲答已认为仁宗13岁的儿子硕德八剌年纪更轻,性格懦弱,容易控制,就策划拥立硕德八剌为皇太子。开始仁宗还有些犹豫,耐不住奸相铁木迭儿的一番花言巧语,最后只好同意了。武宗的儿子则被封为周王,又被送到云南去镇守边陲,实际上就是被流放了。

令答已和铁木迭儿万万没想到的是,硕德八剌远没他们想象中的那么听话。硕德八剌出生在洛阳附近的怀州王府,从小就熟读儒家经籍,受到的汉族文化影响更深,他比父亲更想用汉族封建制度把国家治理好。

仁宗去世后,17岁的硕德八剌继承皇位,这就是元英宗。在仁宗死后第四天,硕德八剌还没正式登基,答已就迫不及待地让铁木迭儿复了职,铁木迭儿又重新当上了右丞相。铁木迭儿上任后,对仁宗的亲信大臣进行疯狂报复,几乎无人幸免。待英宗正式即位的时候,铁木迭儿已经大权在握。刚刚即位的英宗孤立无援,像一个光杆司令,满朝官员竟没有一个可信赖之人,他不禁对铁木迭儿恨之入骨。

年轻气盛的英宗,想教训一下铁木迭儿一伙人,将铁木迭儿一党的左丞相合散免职,改任木华黎的曾孙拜住为左丞相。于是,铁木迭儿劝说答已阴谋发动政变,废掉英宗,改立英宗的弟弟安王兀都思不花为帝。幸运的是,他们的阴谋泄露,被英宗提前知道了。英宗先发制人,率宫中卫士将合散与失烈门等人一齐捕杀,安王兀都思不花也于不久后被杀。铁木迭儿由于有答已为他撑腰,没被治罪。但他自己也明白自己罪孽深重,于是躲在家里装病,不敢再过问政事。1321年,铁木迭儿趁着拜住离京的机会想入宫朝见英宗。英宗回复他说:"你年纪老了,应该保重,不必朝见,明年元旦再来吧。"铁木迭儿怏怏而退,到第二年元旦也没敢再去朝见英宗,不久就病死家中,同年10月,答已也亡故了。

铁木迭儿和答已死后,英宗在拜住的协助下,锐意改革,全面整顿,大刀阔斧地推行起"新政":大量起用汉族知识分子,淘汰冗官;实行"助役法",从地主那里收取助役费,用来补贴农民;制定和颁布《大元通制》,使法制逐步完善。

至治三年(1323年),英宗下诏废除铁木迭儿的封爵;后将铁木迭儿的长子宣政院使班丹处死,另一个儿子锁南则被撤职,他们的家产也被没收了。

掌管禁卫军的御史大夫铁失是铁木迭儿的义子,铁木迭儿死后他就成了这一派的头目。英宗没有斩草除根,将锁南和铁失留了下来,他的仁义之举最终为自己引来了杀身之祸。

1323年夏天,英宗去上都避暑,铁失等人决定在他回大都的途中行刺,因为沿途护卫的军队,都由他直接控制。铁失又派斡罗思去说服晋王也孙铁木儿来做皇帝。可晋王不但不肯,还将斡罗思绑了送去上都给英宗。然而,当斡罗思被押送到上都时,英宗已经离开上都,正在回大都的路上。

8月5日,英宗离开上都向大都进发,在上都以南30里处的南坡过夜。这天夜里,丧心病狂的铁失和锁南等16人闯进拜住和英宗的大帐,杀死了英宗和拜住。铁失等一伙人弑君得逞后,即拥立晋王也孙铁木儿为帝,这就是泰定帝。泰定帝即位一个多月后,便将铁失一伙全部处死了。

造化不仅会捉弄人,还会捉弄一个国家和时代。年轻有为的元英宗和宰相拜住一夜之间喋血南坡,元朝也失去了最后复兴的机会,这注定是一场遗恨千古的悲剧。

元朝轻视读书人

在中华民族近五千年的历史中,向来推崇孔子的儒家思想。以儒士为中心的知识分子,也就是通称的士大夫或士人,通常都是最受人尊崇的。

即使是来自草原的游牧民族,在他们统治中国期间,也依然认为"万般皆下品,唯有读书高",包括后来入关的满族人,也莫不如此,只有在元代,中断了这个传统。

中国古代社会把百姓区分为"四民",也就是四类人,即"士、农、工、商"。士指的就是读书人,这些有学问的人为四民之首,这种说法是春秋时期管仲提出来的。汉武帝时期,董仲舒提出"罢黜百家,独尊儒术"的思想以后,以学习儒家经典为主的士人,其地位变得更为崇高了。

历代帝王成就霸业,大多凭借武力,经过一番你死我活的打拼之后做上皇帝。但是得到天下以后,他们就不能还骑在马背上打打杀杀,必须下马,拿出一套办法来治理国家,这就是古人常说的:"可马上得天下,不可马上治天下。"得天下易,守天下难,为了国家的长治久安,历代君王都制定了许多优越的条款,专门倾向于那些在野的读书人,以激励他们考取功名,奋发上进。

宋朝是读书人最好的归宿,如果你喜欢读书,又恰好生在宋朝,那么恭喜你,你摊上大好事了。首先,在宋朝,读书人是最令人羡慕的身份,原因很简单:在政治前途上,科举保障了读书人的出路,考取功名就可以当官入仕;在经济上,不但官员之家可以免除徭役,在学校的太学生也可免除,并且享有膳宿的优待。好处多多,谁不愿意好好读书?除非是脑筋转不过弯的傻子。

另外,读书人还有一项特权更具吸引力,那就是宋朝继承着自古以来"刑不上大夫"的传统,也就是官员涉案时,衙门问案,对官员不用刑、不打屁股、不使之挨板子等等。退一万步说,就算是你犯罪了,所受待遇也和普通百姓不一样,不挨打,不受刑,换成其他任何朝代,就算是皇亲国戚也不见得有这份待遇呀。可见,宋朝政府对读书人有多么重视。

总而言之,在宋朝,读书人的生活幸福指数很高,既享有身份的尊荣,又可以追求远大的前程,此生复何求?中国历史上最著名的理学家朱熹及程氏两兄弟均来自宋朝,这就是最好的证明。

时光的年轮转到了元朝,情况却突然发生逆转,读书人的地位一落千丈,由天堂一下落入地狱,甚至没有过渡,他们连一点儿思想准备都没有,一下子就被摔蒙了。著名的史学大师钱穆先生曾经在他的名著《国史大纲》中说过:"大概当时的社会阶级,除却贵族、军人外,做僧侣信教最高,其次是商人,再其次是工匠,又次是猎户与农民,而中国社会上自先秦以来甚占重要位置的士人,却骤然失却了他们的地位。"也就是说,元朝的读书人是社会阶层中地位最低的。

元朝读书人的地位,到底低到什么程度?不看不知道,一看吓一跳,根据南宋郑思肖的遗著,元人依职业把国民分为了十级:一官、二吏、三僧、四道、五医、六工、七猎、八娼、九儒、十丐。儒生的地位只比乞丐高一级。没想到吧,说元人看不起读书人,但读书人的地位如此低下,估计也远远超出了大家的想象。没有最低,只有更低,在这一点上,元朝做到了。

与文天祥同榜的进士谢枋得,在宋朝灭亡以后,坚持不做官,他曾经这样给朋友写信说:"宋室孤臣,只欠一死。某所以不死者,以九十三岁之母在堂耳。"意思是要不是为了我的老母亲,我早就不想活了。他这不是矫情,而是确实活够了。后来,他母亲去世不久,他就选择了自杀,并且是绝食而死,能把自己活活饿死,还不是真的活够了吗?就是因为元朝统治者强迫他当官,而他坚决不从。他认为士可杀不可辱,自己堂堂前朝进士,学富五车,满腹经纶,还不如妓女的社会地位高,活着还有啥意思?而像他一样的硬骨头毕竟只是少数,绝大多数读书人还是要在元朝统治者的压迫下悲惨地挣扎着生活。

九儒十丐之说,虽然有夸大其词的嫌疑,但是,读书人的地位一落千丈,却是不争的事实。蒙古人向来不喜欢读书,他们认为读书是在浪费时间,有工夫把骑马射箭这些本领练好了才是正经事。读书人多数都是汉人,元朝君主把治下的臣民一共分为了四等:蒙古人为第一等;第二等为色目人,色目人是指蒙古人以外的中国西北各族、西域以至欧洲各族人(如回族人、钦察族人等);第三等是汉人,汉人是指北方黄河流域的中国人,包括契丹、女真、高丽等族;最末一等是南人,南人指的是原南宋统治下以汉族为主的各族人民。

蒙古人是高高在上的统治者,当然地位至高无上,而在蒙古人心目中,色目人是仅次于蒙古人的。

有一回,元太宗窝阔台看汉人表演皮影戏,戏中的蒙古骑兵在马尾上绑着一个人,那人跟跟跄跄地被拖在地上。

太宗好奇地问道:"这马尾巴上绑的是什么人?"

演皮影戏的师傅答道:"回族人。"

一听是回族人,太宗立刻不高兴了,马上勒令停止表演,还把表演皮影戏的师傅叫到跟前,高声训斥道:"你不清楚自己的身份吗?你一个卑贱的汉人又怎敢侮辱回族人呢?"这还不算完,接着,太宗又派人搬来一些波斯(今伊朗)和汉地的宝物,把它们放在一块儿,拉着脸训道:"你们汉地的宝物,哪能比得上回族人的宝物?我国回族贵人之家,至少有你汉人奴婢数人,你们汉人贵族之家,能有一个回族人奴婢吗?你莫非不晓得,成吉思汗有令,杀一个回族人,罚黄金四十巴里失(成吉思汗时代蒙古的货币单位),杀一个汉人只罚一头驴吗?你是汉人,怎配侮辱回族人？"他这话的意思很明白，人比人得死，货比货得扔，汉人就是低贱，人也不行，货也不行。元太宗的诡辩伎俩完全不输于"白马非马论"的公孙龙，都属于大师级别。

是的，在元人的意识里，汉人就是十分低贱，连皮影戏中的回族人影子都不能侮辱。在真实的社会中，汉人的地位当然连一头驴都不如了。

而《元史·董文用传》中记载，蒙古长官高人一等，同列的汉官对他们不敢仰视，说话的时候，也要跪下来启禀，仿佛面对皇帝一般。独有董文用可以与蒙古长官平起平坐，这件事在当时实在太过稀奇，因此在《元史》中，特别记了一笔。董文用凭借自己的学识才智赢得了元朝统治者的尊重，可惜这只是凤毛麟角而已，试问有多少文人才子有董文用之才却不为所用，满腹才华却无处施展？民族歧视，等级森严，任人唯亲，这些都大大阻碍了元朝的发展，甚至加速了它的灭亡。

蒙古人灭南宋后，曾大肆俘虏汉人、南人为奴婢，对百姓肆意屠杀，残忍至极，致使中国人口由南宋末年的7600多万骤减到5800多万。在蒙古人的眼中，汉人、南人是贱民，财产可以被任意夺取，妻女可以被任意践踏，生命可以被任意杀戮，他们甚至连自己的姓名都不能有，只能以出生日期为名。明代开国皇帝朱元璋（1328—1398）的小名叫朱重八，他的父亲叫朱五四，祖父叫朱初一，这些特色十足、富有喜感的名字就是元朝统治者的杰作。幸亏朱重八早早赶跑了蒙古人，要不然这样的名字还会遍地开花，它代表的并不是一个人，而是一头牲畜，一头从生到死都要为蒙古人卖命的牲畜。

当年，元朝大将阿里海牙在攻取荆湖南北路战争中，俘劫了3800户为奴，称之为"驱口"。这些奴隶的生活更加悲惨，他们在蒙古人开设的"人市"上可以被随意买卖，就相当于主人的私有财产，一切仿佛又回到了原始的奴隶社会。

至元十八年（1281年），元朝政府又下令，以江南民户分赐勋戚诸王为奴隶，诸王受赐者，少者一两万户以上，多者至十万户，勋臣则自数百户多至数万户者不等。这些奴户就在重重的压迫之下，过着暗无天日的生活。然而哪里有压迫，哪里就有反抗，蒙古人的残暴统治很快就激起了百姓的强烈反抗，各地的起义军如雨后春笋般崛起。最终元朝统治中国不过98年，就草草退出了历史舞台。元朝统治者以武力征服了世界，却无法以武力征服人心，他们永远也不明白，所有妄图以暴力为统治手段的统治者都只有失败这个结局。

妙手仁心的名医李杲

蒙古人很奇怪,他们看不起读书人,但是特别重视医术,这也与他们长期游牧草原,医疗条件落后,寿命普遍偏短有着直接的关系。所以元朝政府无论在中央还是在地方,都设有医科专门学校,医学水平普遍发达,其中不乏杏林(医家)高手,而李杲与朱震亨就是其中的佼佼者。

李杲(生卒年不详)是元朝初年真定(今河北正定县)人。李杲家为名门望族,当地方圆数百里都是李家的产业,可谓家大业大,富甲一方。李杲作为家中长孙,受尽家中长辈的宠爱,再加上他自幼聪明伶俐、讨人喜欢,全家上下恨不能把天上的星星月亮都摘下来让他玩。

可李杲这孩子与众不同,既不要星星,也不要月亮,他要读书。他小小年纪,最喜欢做的事情就是读书。这个好办,李家藏书丰富,四书五经,应有尽有,由此李杲便如鱼得水,得以博览群书。令人奇怪的是,他偏偏对医学书籍情有独钟。医学书看多了,李杲便也成了半个大夫。有时,家里人生病,他准会滔滔不绝地讲出一套医理,甚至还会开方子。家里人只当李杲是闹着玩,对他不加理会,等到请了大夫来,发现大夫的诊断与所开的药方,竟然与李杲不谋而合,李杲的父母亲真是大吃一惊,这才知道自己的儿子真有两下子。

李杲钟情于医学,做父母的当然大力支持。于是,李家上上下下都发动起来,忙着为李杲搜集各类医书,只要听说哪一本书不错,必然想方设法弄回来。

医学毕竟是一门博大精深的学问,虽然李杲非常用功,自己也读了不少的医学典籍,但是他只是一个人闷着头研究,既无老师请益,又无同学切磋,遇到疑难问题时,就只好对着天花板发愣,一筹莫展。

这时的李杲想到了拜师,如果能得一位名师指点,自己的医术定能突飞猛进。于是,他不止一次央求父母:"我真需要一个好老师。"

可怜天下父母心,李家父母为了栽培这个宝贝儿子,也是倾尽心力。既然李杲要拜师,就要拜一位名师,否则于事无补,反倒会害了李杲。

李家二老四处托人,多方打听,终于物色到了一个合适的人选——名医张元素,在百般央求后才得到了他的首肯。

李杲闻听大喜过望,立刻拿了一千两银子,作为礼聘,他如愿以偿,成了名医张元素的弟子。从此以后,原本养尊处优的大少爷,开始乖乖地背着药箱,跟着张元素走南闯北,行医问药,自切脉到配药,一点一滴都从头学起。

说起名医张元素,他的经历更有趣。张元素原本是个学霸,抱负远大,高中进士后本想入仕为官,却因为犯了个什么错误而被稀里糊涂地除了名,于是为生活所迫,改行行医,却始终庸庸碌碌,颇不得志。

无巧不成书,当时的名医刘完素得了重病,奄奄一息,眼看就要不久于人世,许多医界同行都去看望他最后一眼,张元素反正闲着也是闲着,便跟着去凑个热闹。

刘完素这个人也是一代名医,医术高明,但脾气古怪。对于他看不顺眼的人,别说瞧病,就连说话都懒得理。总之,刘完素医术精湛,而且自视极高。如今他病了,得了自己也不能医治的重病,心中自然十分凄惶。可江山易改,禀性难移,他都快要死了,但是架子还是挺大的,见到张元素后,瞧不起他一个无名小卒,竟然把脸别过去对着墙,不予理睬。

张元素不以为意,也没跟病人计较,见刘完素头痛,呕吐,脸色惨白,不能进食,推断他必定是得了伤寒,不由分说便抓起刘完素的手开始切脉,待认真切脉之后,就留下了一个方子,飘然而去。刘完素打心眼里瞧不起这个半路出家的同行,对他开的方子也就没抱半点儿希望。

刘完素的家人心下感激,根本不理会刘完素的抗议,拿着方子,配好药,硬是把它灌到了刘完素的嘴里,就算是死马当活马医。谁承想,服了一帖之后,刘完素头不疼了,也不再呕吐,再服一帖之后,竟霍然痊愈,而且有了胃口,直嚷着肚子饿要喝粥。

运气来了挡也挡不住,张元素立刻声名大噪,他妙手回春治愈名医的事迹,如同长了翅膀一般很快传遍大江南北,张元素再也不是过去那个平庸之辈,自然而然被誉为当代名医了。事情虽有巧合,但张元素在医学方面的确颇有造诣,否则他的名医头衔早就露馅了。

言归正传,李杲得到良师指点之后,医术果然突飞猛进,就连许多疑难杂症,他都手到擒来,在百姓中渐渐有了较高的声誉。

李杲医者仁心,医德高尚,他治病救人不是为收取钱财,只是帮助病人解除痛苦。他家境富有,不用靠行医为生,凡是找上门来的,他一律分文不取。如此一来,弄得那些憨厚朴实的老百姓都不好意思前去打扰了,除非是其他医生束手无策,否则他们是不会前来看诊的。如果天下大夫都能像李杲一样,估计也就没有那么多的医患纠纷了。

这样一来,李杲的病人就少了很多,这使得他有更多的时间专心钻研医理。他潜心研究,善于总结,开创了补中益气,升阳散火的补土派,写下了《脾胃论》《内外伤辨惑论》等医学著作,在中国医学史上留下了浓墨重彩的一笔。

晚年的李杲只有唯一的一个心愿,就是找一个衣钵传人,把他的毕生所学传承下去。他可不像他的老师张元素,想收一大笔学费,而是希望培养真正的医学人才。谁才是那个幸运儿呢?

寻寻觅觅许久后,他终于相中了一个名叫罗天益的年轻人,对方那种抱负远大、一心救人济世的态度令李杲甚为满意。

李杲遂毫无保留地倾囊相授,他不但分文不取,而且由于罗天益家境清贫,生活困难,他甚至为罗天益负担了家计,好让罗天益专心向学。放眼天下,再也找不出第二个李杲这样的好老师了,教学生不但不收钱,还要倒贴,这可真是中国好老师!所幸的是,罗天益果然不负李杲厚望,勤学奋进,苦心钻研,终成一代名医,得以悬壶济世。

朱思本绘制地图

朱思本(1273—1333)是江西临川(今江西抚州)人,是元朝最为杰出的地理学家。他自幼酷爱读书,钟情地理,喜欢学道,遂拜江西龙虎山主持张留孙为师,潜心钻研道教典籍,长大以后,成了一名出类拔萃的道教法师。

龙虎山地势险要,岔路丛生,许多刚入山的小道友经常会迷路。朱思本就没有这样的烦恼,他自幼方向感特别强,只要是曾经去过的地方,就是闭上眼睛也不会走错。习道之余,他最喜欢做的事就是画地图。他的地图画得又快又好,清楚扼要,小道友常常请他当小老师,当他指着地图绘声绘色地讲解时,连围观的大人也自叹弗如。

朱思本对地理的兴趣日益浓厚,渐渐地,他不再满足于画那些简单的地图,而是找来前人绘制的地图进行研究。朱思本最欣赏晋朝人裴秀画的地图,因为裴秀的地图画得相当准确。他发现裴秀是以计里画方的法子画地图的,就是在图上先打上方格子,每个方格代表一定的里程,看上去一目了然。朱思本决心也要画到裴秀那么好,于是他潜下心来,细细琢磨,学着裴秀的地图画。他常常画到废寝忘食,眼里除了地图什么也没有,简直到了走火入魔的地步。虽然没有老师指点,没有同伴切磋,但他凭借对地理的钟爱和坚持不懈的努力,将绘制地图的本领练得炉火纯青。

朱思本最不欣赏宋朝人画的地图,粗枝大叶,潦潦草草,就像画家笔下的写意画。他认为这样的地图既不严谨,也不科学,没有任何意义和价值。

朱思本是个严肃认真的人,画起地图来也是一板一眼,容不得一丝马虎的。他画地图前,会要求自己做到心中有数,脑中有图。他会先参考一切相关的书籍,然后进行实地考察,最后结合实际情况,才动笔绘图。

由于他的身份是一名道教法师,常常会奉旨赴外地祭拜山岳河海,这为他热衷的地图绘制提供了便利条件。他的足迹几乎遍及天下,包括今天的河北、山西、河南、安徽、浙江、江西、湖南等地,都曾经留下过朱思本的身影。除了亲身考察,朱思本还不放过每一个了解天下河山的机会。凡是有朋友来访,他都不厌其烦地向对方请教,对山川险要、城邑沿革、地方风俗等一一详细了解。

朱思本是个富有个性、讲究原则的地理学家,他没能亲自去过东南一带及沙漠附近的地区,他宁可在地图上用空白来表示,也不愿随随便便照着别人的图描绘。朱思本可算是学者中的道德典范,相当具有学术良心,实事求是,耻于抄袭。因此,对自己绘制的地图,朱思本自信十足地表示:"其间山河交错,城连径属,旁通正出,布置曲折,靡不精到。"意思就是我画的地图大家尽管放心看,绝对精准,错了我负责。

经过十年的不懈努力，朱思本以科学务实、精益求精的态度亲手绘制出《舆地图》二卷。《舆地图》完成之后，朱思本将其献给皇上，圣旨便命令把《舆地图》刻在了石碑上，并放在宫中珍藏。

朱思本在《舆地图》里，第一次画出了黄河之源是葫芦状的星宿海西南的一条小河。根据现代勘察的结果，此河正是黄河的正源——卡日曲。《舆地图》是当时全国性的大地图，其精准度远远超过前人所绘，这本地图的绘制是中国制图史上的一个创举，《舆地图》也是元明时代地图的祖本。朱思本不愧为元朝地理学家中潜心向学、求真务实、一丝不苟的典范。

朱震亨创立滋阴学说

元代的医学较前朝有了很大发展，医学分科更加系统，医学理论日益完善。除了李杲之外，朱震亨也是元朝最有成就的医学家之一。

朱震亨（生卒年不详），字彦修，婺州义乌（今浙江义乌）人，医术精湛，著有多本医学著作，为中国传统中医学的发展作出了不可磨灭的贡献。他的医学成就，不但在国内大放异彩，并且远播日本，一直到今天，日本医学界还成立有"丹溪学社"。

朱震亨出身名门望族，从小家人就对他寄予厚望，希望他用功读书，将来考取功名后光宗耀祖。朱震亨也是个聪明伶俐的好孩子，天资聪颖，勤奋好学，深得老师喜爱。谁想天有不测风云，朱震亨的母亲突然得了重病，卧床不起。朱家不惜重金遍请名医，可是母亲的病情毫无起色。而那些所谓的名医，有的态度倨傲，有的贪图钱财，最让人气愤的是这些人医德败坏，对病患毫无怜悯之心。

朱震亨眼看着母亲的病情日益恶化，心如刀割却无能为力。在他心情最糟糕的时候，幸亏身旁有位许老师对他多方开导。许老师是他的授业恩师，学问道德都是一流的，对朱震亨尤为爱护。没过多久，朱母便撒手人寰，朱震亨悲恸欲绝。偏偏祸不单行，年轻力壮的许老师竟然也病倒了！于是，朱震亨又衣不解带地伺候起老师,端汤煎药,不离左右。最后,许老师也命归西天,临终之前,他还拉着朱震亨的手,勉励他要好好读书,将来光耀门庭。

母亲和恩师相继离去,使朱震亨深受打击,他心有不甘,总觉得是那些庸医误人,否则他的母亲和老师不会离去。

他一气之下,把准备考试的科举经典统统烧光,立志发愤习医。而他的决定遭到了家人的强烈反对,在当时,医生这个职业的社会地位并不高,与江湖术士相差无几。可朱震亨心意已决,早把功名利禄抛之脑后,一心只想悬壶济世,治病救人。

朱震亨明白想成为一代名医,光有决心远远不够,他还需要付出辛勤的汗水和坚持不懈的努力。于是他刻苦钻研医学经典,手不释卷,整整十年,他几乎读遍了当时所有的医学名著。愈读愈深,他脑子里的疑问也愈多,正所谓"学贵有疑,疑能生进"。为了能够进一步提高自己,朱震亨便想拜师学艺。他听说杭州有位叫罗知悌的名医,医术高超,富有经验,令他非常仰慕,便立刻动身前往杭州。

朱震亨怎么也没想到,他的拜师之路会如此坎坷。他见到罗知悌,一提到要拜师,对方就当场回绝了他。原来是罗知悌性情高傲,从不收弟子。朱震亨吃了个闭门羹,却并不死心。他记得许老师在世之时,曾经给他讲过"程门立雪"的故事,于是他也要像故事中的主人公杨时一样,用自己的诚心打动罗知悌。此后,每天一大早,在罗家门口总能看到朱震亨的身影。

他恭恭敬敬地守候在门侧,只要远远见到了罗知悌,他就一个箭步向前,长长一作揖,诚恳地请求:"在下对您景仰多时,求您收我为徒吧……"而罗知悌却对他不理不睬,扬长而去。可朱震亨并不退缩,天天如此,最后,罗知悌终于被他感动,同意收他为徒。

不教不知道,一教吓一跳,不是惊吓而是惊喜,罗老师发现,朱震亨天赋异禀,根底极佳,再加上十年的自学基础,是个打着灯笼都难找的好徒弟,于是,他就把自己平生所学毫无保留地倾囊相授。

朱震亨在罗老师的指点下,虚心向学,潜心研究,创出了独特的"滋阴学说",成为"滋阴派"的创始人。他医术高明,妙手回春,医好的病人不计其数。在临床诊病时,很多病人只吃完他的一帖药,立马就药到病除了,因此老百姓都亲切地赞誉他为"朱一帖"。

朱震亨晚年整理自己的行医经验与心得，写成了多本名著，如《格致余论》《局方发挥》，并且还把《和剂局方》中的错误一一纠正了。朱震亨临终前没有其他嘱咐，只是把学医的侄儿叫到跟前教诲道："医学亦难矣，汝谨识之。"说完，便端坐而逝。这是元代最伟大的医学家留给后世医者最好的箴言。

王祯制造农业机械

蒙古人来自草原，以游牧为生，对农业生产并不感兴趣。但是统治者入主中原以后，受到汉人儒臣的影响，开始重视发展农业生产。元代的农业，虽然在实践上没能让百姓温饱有余，但在技术和生产上都有显著进步。

元朝农民的日子并不好过，沉重的赋税，连绵的战争，无情的天灾，还有落后的耕作技术，使得他们十分辛苦，收成又不是很好，因而能混上温饱的就算是好人家了。

有一个好县官，他非常同情农民的艰辛，他想对农业进行改革，以便帮助这些可怜的农民过上幸福的生活。他叫王祯（生卒年不详），山东东平人，年轻时曾经担任过两任县官。他爱民如子，抚恤百姓，总希望能为当地民众多做一些事。

中国的农民憨厚勤劳，不惜力气，可惜没有文化，只会墨守成规，只知道按老祖宗的办法依葫芦画瓢，所以粮食产量一直不高。王祯决心改变这种落后的面貌，于是，他开始潜心研究农业。他自己掏腰包给农民买了树苗和棉籽，并且教导他们种植的方法，农民赚到了钱，尝到了甜头，都对这位县太爷感激不尽，崇拜有加。

元代的农民只知道人畜粪便可以做肥料，但因为数量有限，所以很多农田因为年复一年的耕种，早已失去养分。什么东西可以作为粪便的替代品呢？王祯苦苦思索，反复试验，终于成功地解决了这个难题。他发现将田野间的野草拔除之后，直接埋在土壤里，让它自然腐烂成为绿肥，与粪便有同等功效。老百姓开始怎么也不肯相信，在王祯苦口婆心的劝说下，才勉强同意试一下。而试验的结果令所有人欣喜不已，野草肥地的效果非同一般，老百姓们纷纷奔走相告。

王县长大受鼓舞,改革农业的热情空前高涨,他想为农民解决更多难题。他拿出头悬梁、锥刺股的精神刻苦钻研古籍,找到了一些早已失传的古代机械图。皇天不负苦心人,经过他无数次的加工与改进,终于成功设计制作了新的高转筒车、水转翻车、水转高车等水利灌溉工具与器械。

水转翻车在农民的眼中可是个神奇的家伙,它以水力为动力,当水冲击立轴下面的卧轮时,卧轮上面的大齿轮同时运转,并且拨动水平轮轴上的小齿轮,如此连续刮水而上,大大节省了人力、畜力。王祯自己也甚为得意,他趁热打铁,又研究出了"水轮三事"——磨面、舂稻、碾米"一机三用",使水轮有更多的使用功能。

灵感来了挡都挡不住,王祯发明农业机械的热情一发不可收。除此之外,他还发明了木棉弹弓、木棉缆车、木棉纺车,不仅运用了杠杆、滑车、轮轴原理,而且使用了绳轮、曲柄、变速机械,堪称发明家。事实证明,他的确是个难得的天才,他的这些发明大大提高了农业生产的效率,减轻了农民的负担,改变了落后的耕作方式。

王祯勤于动脑,善于钻研,他不仅研究农具,还改良了印刷技术。自从北宋毕昇发明胶泥活字以后,印刷技术大幅跃升,然而胶泥活字不耐用,还不易着墨,为了克服这个缺点,王祯改用硬木刻成活字,分别放入"转轮排字盘",大约有三万个常用字。这种新方法,既方便又快捷,成为印刷技术的一大突破。

不仅如此,王祯还花了十七年的工夫,写了一部十四万字的《王祯农书》,共计三十七卷,插图三百零六幅,内容翔实,图文并茂,体例完整,是中国农业史上一部伟大的农学巨著。

王祯以政治家的情怀,科学家的严谨和梦想家的热情,投身农业研究,并取得累累硕果,为中国农业的发展立下了不朽的功勋。

元代大书法家赵孟頫

赵孟頫(1254—1322),南宋皇室的后人,赵体楷书的创始人,有"元代书法领袖"之称。他把以方正端庄著称的楷书写出了圆转秀润的风格。

赵体楷书线条柔美秀润,字体绚丽多姿,墨色润泽丰富。他还擅长作诗,把诗的浪漫赋予书法,使作品有典雅飘逸的神韵。他又喜爱音乐,把音乐的旋律、节奏融进书法里,使写出的字明媚、欢快、流畅。

多才多艺的赵孟頫,不仅把各种艺术融会贯通,还把它们自然地结合在了一起。他带头在画面上题诗,开拓了诗歌、书法、绘画三位一体的新格局,为中国画锦上添花。他还从切身的体会中,总结出书法、绘画两种艺术相辅相成的道理,从而提出了"书画同源"的精辟理论,为我国书法、绘画的发展作出了突出的贡献。

赵孟頫确实聪明,从小就能过目成诵,但他成绩的取得主要还是源于勤奋。他认真研究学习古人的书法作品,真(即楷书)、草、隶、篆、行,无一放过,对王羲之和王献之的每一篇作品,都临摹了不下一百遍。他临摹隋朝著名书法家智永(王羲之第七世孙)的《真草千字文》,竟用了五百张纸。他的字写得太多了,熟能生巧,当然就写得美了。而且熟还能生快,他是我国历史上写字最快的书法家,每天能写一万多个小楷字。故宫珍藏的他写的《六体千字文》(六体为:大篆、小篆、隶书、草书、楷书、行书)便是他用两天时间写成的。

"你侬我侬"的管道升

管道升(生卒年不详),字仲姬,一字瑶姬,浙江人,元代著名的女性书法家、画家、诗词创作家。她自幼就学习书画,笃信佛法。曾手书《金刚经》数十卷,赠名山名僧。她擅画墨竹梅兰,笔意清绝。所写行楷,风格与赵孟頫相似。曾手书《璇玑图诗》,笔法工绝。

至元二十五年(1288年),管道升来到大都,与赵孟頫相识并成婚。不知是一见钟情,还是相互倾慕,两位旷世才人终成眷属,在之后的一生中相互学习、相互促进,同心同德、相敬如宾,既能各自独立、各有千秋,又能相得益彰、珠联璧合。她与赵孟頫确实是久经考验的天造地设的绝配。尽管唇齿亦相磨,但充满智慧的她,每次在与赵孟頫发生摩擦或出现隔膜的时候,都能游刃有余地、及时地、甚至是预见性地解除他们之间的危机。

管道升是一位典型的贤妻淑妇,赵孟頫曾经称赞她"处家事,内外整然,岁时奉祖先祭礼,非有疾必齐明盛服。躬致其严。夫族有失身于人者,必赎出之。遇人有不足,必周给之无所吝,至于待宾客,应世事,无不中礼合度"。

赵孟頫在大都做官后不久,因为害怕为人所忌,于是先后调任济南等地。后来又请求任江浙儒学提举,去主管那里的官府学校。江南是繁华的风流之地,管道升留在大都,见丈夫出任江浙一去两年有余,凭着女人的敏感心理,她预感到有不祥的兆头,所以她就画了一幅竹寄给外出的夫君。《画竹》诗云:

夫君去日竹新栽,竹子成林夫未来。

容貌一衰难再好,不如花落又花开。

中年的管道升,"玉貌一衰难再好",长期以来的各种家庭琐事及社会应酬,将她以前的月华水色消磨殆尽,思想却也因此变得更成熟。而赵孟頫此时正打算效仿当时的名士,准备且坚持纳妾。在这婚姻危机的关键时刻,管道升一不严声厉色,二不逆来顺受,而是以一种高雅通达而又积极严肃的态度和情怀创作了《我侬词》表达自己的感受:"你侬我侬,忒煞情多;情多处,热如火;把一块泥,捻一个你,塑一个我。将咱两个一齐打破,用水调和;再捏一个你,再塑一个我。我泥中有你,你泥中有我;与你生同一个衾,死同一个椁。"词中反映了重塑你我的批评与自我批评的科学态度,也反映了你中有我、我中有你的密切命运和家庭责任,自此成为表达伉俪情深意笃的千古绝唱。赵孟頫看到她的这首词后,就被深深地打动了,从此,再没有提过纳妾之事。

莺莺和张生

唐朝著名诗人元稹(779—831)曾经写过一篇著名的传奇故事《莺莺传》,到了后世,这个故事被搬上了戏曲舞台,其中以金人董解元的《西厢记诸宫调》和元人王实甫的《西厢记》最为著名。

《莺莺传》又名《会真记》,讲述的是唐代贞元年间,书生张生旅居蒲州普救寺时,巧遇暂住于此的表亲崔家母女。当时蒲州发生兵变,张生救下了崔氏母女。崔夫人便设宴答谢,并令女儿崔莺莺出来拜谢张生。张生惊叹其美艳,在多次诗歌唱和之后,二人暗通款曲。后张生赴京赶考,滞留不归,莺莺虽给张生寄去长书和信物,仍没有挽留住张生,终被抛弃。张生后来和朋友谈论此事时则斥责莺莺为"必妖于人"的"尤物",并自诩为"善补过者"。

这篇传奇用凄婉动人的笔调描写了莺莺与张生的相见、相悦、相欢,又终被抛弃的爱情悲剧,细致地展现了莺莺的鲜明个性和饱含深刻社会内涵的典型性格,塑造了一个冲破封建礼教藩篱、争取爱情自由的女性形象。而张生,与莺莺一度相爱,最后却负心背弃,是个玩弄女性而毫无羞愧之意的封建文人,他对莺莺的始乱终弃,正是封建制度下人们醉心功名富贵的真实写照。

到了金代,董解元对此故事进行了进一步的演绎,改变了男子负心,始乱终弃,给女子带来侮辱伤害的悲剧,把这个"才子佳人"的恋爱,变成了以大胆追求婚姻自由为基调,充满乐观进取精神的爱情故事。他彻底改变了故事结局,把一出始乱终弃的悲剧改成了皆大欢喜的大团圆结局,并增添了佛殿奇逢、月下联吟、闹道场、张生害相思、莺莺问病、长亭送别、村店惊梦等许多情节。同时,莺莺、张生、红娘、老夫人等人物形象也立体丰满了起来,不再单一刻板。因为这许多改动,崔、张的故事在传奇性之外又多了反封建这一主题。

《西厢记诸宫调》中的莺莺,是一个出身名门、受封建思想熏陶的少女,她的封建意识和爱情追求之间有着深刻的矛盾,较之原作,这里的崔莺莺形象,更为鲜明丰满。一方面,她长于深闺,却向往外面的世界,少女怀春,萌发了对爱情和自由的追求。另外一方面,她母亲治家严肃,从小就被禁锢的莺莺,知书达理,深深懂得应该遵守礼教规范。

红娘在这一版故事里成了一个活跃人物。这个下层奴婢热心地为崔、张二人奔走,勇敢机智地和老夫人斗争。她身上充分体现了劳动人民的智慧、幽默和斗争精神,那种出于成人之美的高尚品德和出于对老夫人食言的正义抵制,是她对崔、张爱情由冷眼旁观转而热情帮助的主要原因。她是作品中对封建家长制最有冲击力量的主要形象。

封建礼教和包办婚姻的卫道士是崔老夫人身上最鲜明的标签,这个人物也相当真实可信。她用封建传统思想来爱护女儿,却给女儿带来了禁锢;她处处替女儿打算,却阻碍了她的幸福;她信奉礼教,但彻底败在了充满青春活力的爱情之下,她的失败在所难免。

在我国文学史上,董解元的《西厢记诸宫调》是第一部把自由爱情当作主题并细致曲折地写出了它的全过程的成功之作,千百年来,一直是青年男女追求自由爱情的赞歌。

到了元代,张生和莺莺的故事有了更为广泛的传播,这时候就出现了惊世骇俗的杂剧《西厢记》。这部杂剧全名《崔莺莺待月西厢记》,共5本21折5楔子,作者是与关汉卿同时代的王实甫,名德信。《西厢记》写于元贞、大德年间,是他最重要的代表作。这个剧表现出一种"花间美人"般的光彩照人的格调,一上舞台就惊倒四座,博得了男女青年的喜爱,被誉为"西厢记天下夺魁"。

"愿普天之下有情人都成眷属"这一美好的愿望,不知成为多少文学作品的主题,《西厢记》便是描绘这一主题最成功的戏剧。王实甫根据董解元的《西厢记诸宫调》,将《西厢记》改编成了多人演出的戏剧剧本,使故事情节更加紧凑,同时融合了古典诗词,使其文学性大大提高,而且,为了满足观众需要,还将结尾改成了老夫人妥协,答应莺莺与张生婚事的大团圆结局。《西厢记》和《西厢记诸宫调》相比,在思想上更趋深刻。它正面提出了"愿普天之下有情人都成眷属"的主张,具有更为鲜明的反封建礼教和封建婚姻制度的主题。

王本《西厢记》歌颂了以爱情为基础的男女自由恋情,否定了封建社会传统的联姻方式。作为相府小姐的莺莺和书剑飘零的书生,他们彼此倾慕,这在很大程度上就是对以门第、财产和权势为条件的择偶标准的违忤。这个剧本中莺莺和张生始终追求真挚的感情。他们最初是对彼此的才貌倾心,经过联吟、寺警、听琴、赖婚、逼试等一系列事件,他们的感情内容也随之更加丰富,这里占主导的正是一种真挚的、心灵上相契合的感情。而且,莺莺和张生实际上已把爱情置于功名利禄之上。张生为莺莺不愿去赶考;之后被迫进京应试,得中之后,他也还是"梦魂儿不离了蒲东路"。莺莺在长亭送别时叮嘱张生"此一行得官不得官,疾便回来",她并不看重功名,认为"但得一个并头莲,煞强如状元及第";即使张生高中的消息传来,她也不以为喜而反添症候。《西厢记》虽然也是以功成名就和有情人终成眷属作为团圆结局,但全剧贯穿了重爱情、轻功名的思想,显示出了王实甫思想的进步性。

文采与本色相生,藻艳与白描兼备,具有强烈的戏剧效果,成为《西厢记》语言的特色。王实甫在唱词部分大量置入唐诗宋词的意象,使人读来满口生香、意趣盎然,故而《西厢记》也被誉为"诗剧"。清朝金圣叹将王实甫的《西厢记》评为"第六才子书",而传统灯谜中也常将"王西厢"里的句子作为底来猜射,谜目就叫"六才"。

《汉宫秋》

《汉宫秋》的作者是马致远(约1251—1321以后),这一巨作被称为元曲四大悲剧之一,全名《破幽梦孤雁汉宫秋》。全剧4折1楔子,主角是汉元帝,写的是西汉元帝受匈奴威胁,被迫送爱妃王昭君出塞和亲的故事。本剧是通过汉元帝对文武大臣的谴责和自我叹息来剖析这次事件的。作为一国之主,他连自己的妃子也不能保护,以致演成一幕生离死别的悲剧。

《后汉书·南匈奴传》是这样记载的:"昭君字嫱,南郡人也。初,元帝时,以良家子选入掖庭。时,呼韩邪来朝,帝敕以宫女五人以赐之。昭君入宫数岁,不得见御,积悲怨,乃请掖庭令求行。呼韩邪临辞大会,帝召五女以示之,昭君丰容靓饰,光明汉宫,顾景斐回,竦动左右。帝见大惊,意欲留之,然难于失信,遂与匈奴。生二子。及呼韩邪死,阏氏子代立,欲妻之,昭君上书求归,成帝敕令从胡俗,遂复为后单于阏氏焉。"

由此可见,王昭君是主动要求出塞的,而她之所以甘愿远嫁匈奴的原因是"入宫数岁,不得见御,积悲怨",也就是由于入宫时间很长了,却一直没有得到皇上召见,因而心生悲怨,于是决定出塞。这其中没有提到任何画工、画像的事情,更没有提到毛延寿的事情,在《汉书》《后汉书》的其他章节中也没有提到此事。而画工毛延寿的事情只是在《西京杂记》《乐府古题要解》等典籍中开始被提及,然后在诗词、传奇、戏曲中得到越来越多的描绘、叙述,但在正史中却一直没有记载,因而所谓昭君被毛延寿所害之事并不可信。

自汉朝以来,笔记小说和文人诗篇都经常提及昭君的故事。其中,晋代葛洪的《西京杂记》记载昭君故事时,增加了毛延寿、陈敞、刘白等多位画工因受贿作弊而同日弃市等情节。但是,比《西京杂记》稍后的《后汉书》并未采用这一传说;而此后的笔记小说和文人诗篇,不仅采用了这一传说,而且还把受贿作弊的画工,集中到了毛延寿一个人的身上。唐代敦煌的《王昭君变文》是昭君故事在民间流传过程中的重大发展。《王昭君变文》一反正史的记载,把汉元帝时期民族矛盾的形势描绘成了匈奴强大、汉朝虚弱;把昭君出塞看作是朝廷屈辱求和的表现。其中叙述了画工画图,单于按图求索,以及昭君到匈奴后因思念乡国,愁肠百结,终不可解,最终愁病身亡等情节。

马致远的《汉宫秋》显然不是取材于正史,而是在《王昭君变文》的基础上,汲取历代笔记小说、文人诗篇和民间讲唱文学的成就,然后确定自己的创作意图,并以此构思剧本的情节和人物的。

《汉宫秋》特别渲染了恃强凌弱的气氛,与金元之际民族斗争的形势相比,是有许多相似之处的。例如：金宣宗时，成吉思汗兵围金中都，金王朝曾被迫以岐国公主和亲；元世祖时，大将伯颜兵围临安，曾向南宋王朝强索大批宫女；元军攻灭南宋时，更是掳掠了大批后妃宫女北上。

《汉宫秋》还别出心裁地把汉元帝作为全剧的主人公，并把发生这场爱情悲剧的根源也归结到他的身上。这一点，对于深化作品的主题，对于启发人们深入思考金元之际民族斗争的历史性变化，都具有极为重要的意义。

剧中特别创造了王昭君在汉匈交界处舍身殉难的情节。王昭君慷慨殉难，既保全了民族气节和对元帝的忠贞，又达到了匈奴与汉朝和好，并使毛延寿被送回汉朝处死的目的。因此，王昭君以身殉难的悲壮之举，与那"只凭佳人平定天下"的屈辱求和之举，形成了鲜明的对比。全剧用王昭君一个女子的正气，充分反衬出那些以"女色败国"论来文过饰非者的怯懦与无耻。昭君既有对元帝的眷恋之情，又能为"国家大计"而毅然地"出塞和番"，并不惜以身殉国，这就充分表现了作者对她的深切同情和高度赞扬；而对于以元帝为首的封建王朝来说，则只是无情的揭露与辛辣的嘲讽！

作者浓墨重彩地描写了元帝与昭君的生离死别，突出了元帝的悲怆凄恻，愁思郁结，无可排解。作者尽力刻画了风流皇帝温柔多情的一面，让他尽情倾吐了由生离死别而郁结于胸的哀痛。风流皇帝的温柔多情，不仅仅以其真挚深沉的感情引起观众对他的同情和怜悯，而且还能激励读者认真思索：为何堂堂天子，大汉皇帝，连自己的爱妃都无力保全？

作者并没有过分美化元帝对昭君的爱情，而是如实地写出了元帝爱昭君的具体内容及其局限性。这样，元帝对昭君的温柔多情与他对于治理国家社稷的昏庸无能，便构成了复杂而又和谐的整体，自然而又逼真地刻画出了元帝爱昭君的鲜明的个性特征。

最早流传到国外的古典戏剧——《赵氏孤儿》

元杂剧《赵氏孤儿》全名《冤报冤赵氏孤儿》,又名《赵氏孤儿大报仇》,是由元代戏曲作家纪君祥(生卒年不详)创作的一部历史剧。相关的历史事件记载最早见于《左传》,但情节较简略;到司马迁的《史记·赵世家》,刘向的《新序》《说苑》中才有详细记载。全剧讲的是春秋时期晋国贵族赵朔被奸臣屠岸贾陷害而惨遭灭门,幸存下来的赵氏孤儿赵武长大后为家族复仇的故事。

历史上的赵氏孤儿名赵武(约前589—前541),又称赵文子,为春秋时期晋国大夫赵盾之孙、赵朔之子,其母为晋成公之女,史称赵庄姬。《史记·赵世家》中记载,赵氏先祖在晋景公三年(前597年)曾遭族诛之祸,赵朔遗腹子赵武在公孙杵臼和程婴的佑护下幸免于难,后赵武长大,依靠韩厥等人的支持恢复了赵氏宗位。这个历史故事在宋元之际被改编成了剧本《赵氏孤儿》。从此广为流传,几乎妇孺皆知。

《赵氏孤儿》非常典型地反映了中国悲剧那种前赴后继、不屈不挠地同邪恶势力斗争到底的抗争精神。

著名的法国文豪伏尔泰于1753—1755年将《赵氏孤儿》改编成了新剧本,更名为《中国孤儿》,并于1755年8月20日开始在巴黎各家剧院上演,盛况空前。随后,英国谐剧作家默非又根据伏尔泰及马约瑟的本子,重新改编了《中国孤儿》,并在伦敦演出,引起极大的震动。他们改编的《中国孤儿》,故事情节虽与《赵氏孤儿》有所不同,但基调大致一致。

王国维在《宋元戏剧考》中,把《赵氏孤儿》与《窦娥冤》并列,称之为:"即列之于世界大悲剧中,亦无愧色也。"还有人把它同莎士比亚的杰作《哈姆雷特》相比较,由此可见《赵氏孤儿》影响之大。

《赵氏孤儿》是一部杰出的悲剧,与《窦娥冤》《长生殿》《桃花扇》并称为中国古典四大悲剧。法国传教士马约瑟于1731年在广州把《赵氏孤儿》译成了法文,取名为《中国悲剧赵氏孤儿》，1734年由巴黎《法兰西时报》刊发，第二年由《中华帝国志》刊发，在欧洲引起了巨大的反响。伏尔泰就是以马约瑟的法文本为素材创作出《中国孤儿》的。《赵氏孤儿》是传入欧洲的第一部中国戏剧。《赵氏孤儿》在世界各国的传播有赖于伏尔泰对《赵氏孤儿》的改编。

《赵氏孤儿》剧情曲折多变，矛盾冲突尖锐，人物性格鲜明。剧中描写的勇士程婴、韩厥、公孙杵臼等，尽管身份不同，地位有异，但自我牺牲的壮烈精神同样震撼人心，他们一个个大义凛然，视死如归。正如《史记》所言："其言必信，其行必果，已诺必成，不爱其躯。"他们的品德，扣人心弦，具有强烈的感染力。程婴是贯穿剧中的主要人物，作者将其刻画得栩栩如生，深刻动人，作品充分展示了他从知恩酬报到拯救无辜，从抚养孤儿到忍辱向仇人献媚的全过程。

伏尔泰为什么要改编《赵氏孤儿》？有人说，伏尔泰"没有接受过高等教育，见识不广，对《赵氏孤儿》的改编是猎奇之所为。"此言失于偏颇。伏尔泰改编《赵氏孤儿》并非出于一时心血来潮，也绝非所谓"猎奇之所为"。在悠长的岁月中，中国的典籍、火药、炼丹术、造纸术、航海术、雕版印刷术、建筑技术、医学等都通过"丝绸之路"传入了西方。法国学者莫里斯·罗宾曾这样写道："在古代欧洲和启蒙运动时代的西方，中国简直无所不在。"这股由法国兴起的"中国风"，随着启蒙思想的传播在欧洲大陆愈演愈烈。伏尔泰便在这股劲吹的"中国风"中，了解和熟悉了中国，并极力推崇中国的传统哲学。他曾说："世界的历史始于中国。"由此他才萌发了创作反映中国历史文化的戏剧的心愿。正在寻访题材之时，读到《赵氏孤儿》的译本，他当即认定，"此为具有历史真实性及感染力的好剧"。

《倩女离魂》

《倩女离魂》全名《迷青琐倩女离魂》，是元代戏曲作家郑光祖（？—1324之前）的代表作。这部剧作源自唐代陈玄祐的传奇小说《离魂记》。宋代人将其改编为话本，金代人则将其改编为诸宫调，而元初期杂剧作家赵公辅则有同名剧本。但郑光祖的《倩女离魂》则改动了原传奇小说中的若干情节,如突出张母门第观念的"三辈儿不招白衣秀士",从而使张倩女和王文举的婚姻得不到最后肯定。这是倩女忧虑的一个重要因素,她忧虑的第二个因素是怕"他得了官别就新婚,剥落呵羞归故里"。封建社会中的婚姻是建立在"门当户对"的基础上的,嫌贫爱富的父母比比皆是,而高中后抛却原配妻子的男子也不在少数。这使倩女忧思重重,心神不定,因此她的灵魂才离开了躯体去追赶情人,这表现了她对封建门阀观念的反抗,以及对婚姻自主的追求。因此这样的改编实际上又更具有创造性。

作者郑光祖,字德辉,平阳襄陵(今山西襄汾县西北)人。《录鬼簿》中说他"以儒补杭州路吏。为人方直,不妄与人交……名香天下,声振闺阁,伶伦辈称郑老先生"。平阳地区杂剧活动频繁,郑光祖从小受到戏剧艺术的熏陶,青年时期置身于杂剧活动,享有盛誉。但他的活动主要在南方,成为南方戏剧圈中的巨擘。元人周德清曾在《中原音韵》中强烈赞赏郑光祖的文辞,将他与关、马、白并列。大约在1324年之前,郑光祖病卒,葬于杭州西湖灵芝寺。他一生写过杂剧18种,今存《倩女离魂》《伹梅香》《王粲登楼》《周公摄政》《三战吕布》等5种,其中《倩女离魂》是他最杰出的代表作。元代杂剧作家多用同一题材作剧,通常后出者为次本。郑光祖的剧作大多翻用前人旧作,故而为次本。

《倩女离魂》是一个富于浪漫色彩的爱情故事。郑光祖以优美的文笔,从两个方面叙写了女子在封建礼教抑制下精神上遭受的痛苦。一方面,倩女的魂魄代表了女性对爱情和婚姻的渴望与追求。倩女爱恋的是文举本人,她不在乎对方有无功名,担心的倒是文举高中后别娶高门。在离魂的状态下,她大胆冲破礼教观念,与心上人私奔,遂了心愿。另一方面,现实中,倩女的躯体则只能承受离愁别恨的熬煎,病体恹恹。当文举中了状元,寄信给张家,说"同小姐一时回家"时,病中的倩女以为文举另娶,悲恸欲绝。显然,既渴求爱情婚姻,又面对礼教禁锢,这便是封建社会里女性的真实处境。她们唯有在非常的情况下,才能挣脱束缚,实现自己的理想。而一旦"灵魂出窍",精神获得自由,她们便表现得热情似火,敢作敢为。在剧本里,离开躯体的倩女之魂,寄寓着挣脱礼教枷锁的女性的心态;至于倩女在家中的病躯,那种幽怨悱恻,凄凄楚楚,正体现出礼教禁锢下广大女性的百般无奈。郑光祖让离魂与躯体有不同表现,这种艺术处理的手法,给明代汤显祖创作《牡丹亭》提供了有益启迪。

陈玄佑的《离魂记》中，离魂是主要情节，表现了女主人公张倩女执着的性格，也表现了她追求爱情、追求幸福婚姻的强烈愿望。这种愿望甚至能使灵魂摆脱受禁锢的躯壳而自由行动，精诚所至，超出人力所及的范围。类似这种"离魂"的故事，《太平广记》中记有数则，但都没有《离魂记》写得出色。而《倩女离魂》对这一情节加以补充，使故事更为生动，更具艺术力量。郑光祖把倩女的躯壳和灵魂分别进行了比较细致的描写：一方面，灵魂脱离躯体而去追赶心爱的人，尽管经历了月夜追船的心惊胆战的场面，经受了王文举对她的责难，但始终不改初衷，坚持"我本真情"，最终得以了却心愿；另一方面，躯体却卧病在床，恨绵绵，思切切，经受折磨。这样的对比描写，更增强了作品的艺术感染力。

南戏才子——乔吉

乔吉（？—1345）是元代散曲家、戏曲作家。也称乔吉甫，字梦符，号笙鹤翁、惺惺道人。太原（今属山西）人，流寓杭州。他的杂剧作品有十一种，现存《两世姻缘》《金钱记》《扬州梦》三种。同时，他创作的散曲作品丰富，风格清丽，明清时人多将他同张可久并称为元散曲两大家；代表作品有《惺惺道人乐府》《文湖州集词》《乔梦符小令》三种，近人又辑有《梦符散曲》。

乔吉现存杂剧作品都是写爱情、婚姻故事的。其中《金钱记》写韩翃与柳眉儿的恋爱婚姻故事，以私情始，以奉旨完姻终。语言华美工丽，富有藻饰。《扬州梦》则以杜牧《遣怀》诗"十年一觉扬州梦，赢得青楼薄幸名"命意，又采用了杜牧《张好好诗》的部分细节，虚构了杜牧与妓女张好好的恋爱故事。剧中将商业城市扬州的繁华景色描绘得颇为生动。《两世姻缘》的故事，则取材于唐代传奇《玉箫传》，唐末范摅（shū）的《云溪友议》中也有记载，讲的是妓女（小说中为婢女）玉箫与韦皋的爱情，他们两世才得结为夫妇。剧中在一定程度上反映了玉箫沦落青楼的痛苦生活。

乔吉的杂剧曲辞清丽，立意亦求新巧，但在题材上却没有脱出才子佳人、风流韵事的窠臼。明代朱权曾论其曲作"如神鳌鼓浪",有"波涛汹涌、截断众流之势"。

乔吉创作的散曲,艺术成就高于他创作的杂剧。在他的散曲中可以看到他客居异乡、穷困潦倒的生活经历。由于一生不得志,其作品中寓有对现实的不满,然而他的作品大多数是以啸傲山水、寄情声色诗酒为题材,不同程度地表现出了其消极颓废的思想。

乔吉的散曲以奇巧俊丽见长,精于音律,工于锤炼,喜欢引用或改写前人诗句,还不避俗言俚语,具有雅俗兼备的特色。他通常以生动浅白的语言,以及社会生活中常见的事物进行巧妙的比喻,入于曲中,形成独特的风格。他说:"作乐府亦有法,曰'凤头,猪肚,豹尾'六字是也。大概起要美丽,中要浩荡,结要响亮;尤贵在首尾贯穿,意思清新。苟能若是,斯可以言乐府矣。"这是他创作经验之谈,颇有见地。不过他写情必极貌以写意,用词必穷力而追新,有过于纵情的毛病,有的还带有某种滑稽习气,不免失之浅俗。

《两世姻缘》是乔吉的代表作,全名《玉箫女两世姻缘》,简称《两世姻缘》或《玉箫女》。剧本主要讲了书生韦皋在游学途中与妓女韩玉箫相爱,两人立下白首之盟。韩母因朝廷挂榜招贤,便劝说韦皋赶选登科。韦皋果然状元及第,却因吐蕃作乱,奉命领兵西征,无暇传递书信。玉箫因此思念成疾,一病而亡。韦皋镇守吐蕃后,派人去接玉箫母女,然而玉箫已逝,韩母亦不知去向。荆襄节度使张权是韦皋幼时同学,设宴款待并令义女张玉箫相见,不料此女便是韩玉箫转世;韦皋见张女肖似韩玉箫而求娶张女,张权大怒,几乎动武。适逢韩母携玉箫画像而至,出示遗容,以表明张玉箫即韩玉箫转世。张权始知韦皋所言为实。后来便奏明朝廷,韦皋、玉箫二人奉旨成婚,成就了两世姻缘。

该剧歌颂了韦、韩之间生死不渝的爱情。作者乔吉当时认识很多青楼歌妓,对处于最底层的妓女不甘心受屈辱和乐于从良过正常生活的愿望十分了解和同情,所以在剧中将玉箫对韦皋的恋情写得十分真切。本剧在一定程度上反映了封建社会中女子沦落青楼的痛苦生活,有进步意义。

四大南戏

南戏是中国北宋末期至元末明初,即12—14世纪200年间最早在中国南方地区兴起的汉族戏曲剧种。南戏是中国戏剧较早的成熟形式之一。南戏有多种异名,南方称为戏文,还有温州杂剧、永嘉杂剧、鹘伶声嗽、南曲戏文等名称,明清时期也称为传奇,就其音乐——南曲来说,则是一种重要的汉族戏曲声腔系统。南戏为其后的许多声腔剧种,如海盐腔、余姚腔、昆山腔、弋阳腔的兴起和发展,为明清以来多种地方戏的繁荣,提供了丰富的营养,在中国戏曲艺术发展史上,具有重要意义。

元代南戏中著名的作品《荆钗记》《白兔记》《拜月亭》《杀狗记》被后人称为四大南戏,在明清时期传演甚广,影响深远。这些剧本,明朝的徐渭在《南词叙录·宋元旧篇》内有著录。这四大南戏也叫"四大传奇",是南戏在元末明初时的代表作品,简称荆、白、拜、杀。

《荆钗记》是元代戏曲作家柯丹丘所作,写的是宋代文人王十朋与妻子钱玉莲"贫相守,富相连,心不变"的婚姻故事,塑造了一对忠于爱情,坚贞不屈,富贵不能动其情,威逼不能屈其志的"义夫节妇"形象。在艺术上,它的最大特色是把主人公置于命运的风口浪尖上进行刻画,矛盾冲突此起彼伏,情节曲折跌宕,特别适合舞台演出。其次,结构颇为精巧,利用荆钗这一道具贯穿全剧,使得关目紧凑。故事原型写的是王十朋负心抛弃玉莲,玉莲投江自尽,今传本则改为歌颂"义夫节妇"生死不渝的夫妇之爱,与《琵琶记》改蔡二郎的不道德为蔡伯喈的纯孝,强调"关风化"的倾向是一致的。这体现了元末把书生作为歌颂对象的风气,也与在南方戏剧圈中,较多强调伦理道德的总体倾向相一致。

剧中涉及如何对待贫贱,如何对待富贵,如何处理夫妻关系,以及继母与前妻子女的家庭关系,等等,这些都是旧时下层民众深为关切的社会问题。因而,它的出现,吸引了广大观众的注意。王世贞称"《荆钗》近俗而时动人",所谓近俗,正好说明它具有贴近现实生活的一面。

《白兔记》又称《刘知远》,作者不详,写的是五代时后汉开国皇帝刘知远与李三娘悲欢离合的故事,表达了"贫者休要相轻弃,否极终有变泰时"的主题思想。在艺术上,本剧首先成功地描绘出李三娘这个普通妇女的悲惨命运,刻画了她忍辱负重、忠贞不渝、坚忍顽强的性格。其次,又以富有生活气息的细节刻画了人物的内心世界。

全剧富有汉族民间文学的特色,文字上质朴通俗,如"报社""祭赛""保禳"等出,还保存着一些古代农村风俗和情趣。

《拜月亭》又名《幽闺记》,是根据关汉卿的杂剧《拜月亭》改写而成的,为元代施惠所作。它是"四大南戏"中流传最广、影响最大的名剧。此剧以金末动乱为背景,描述了蒋世隆和王瑞兰、陀满兴福和蒋瑞莲两对年轻人在乱世中流离失所,历经磨难,最终结为夫妻的一系列离合悲欢的故事。此剧谴责了嫌贫爱富的封建门第观念,歌颂了患难与共的男女真情,并在一定程度上突破了传统的才子佳人戏的格局。语言质朴无华,一向为人们所称道。

本剧情节起伏跌宕,关目生动。作者在悲剧性的事件中,巧妙地插入了巧合、误会的关目。机智有趣的对话,使全剧带上了喜剧的色彩。作者所写的这些遭遇看似偶然,但在离乱中完全可能发生,由于有实际生活作为依据,所以使人感到真实可信。全剧的人物刻画也相当成功,特别是对王瑞兰内心的微妙活动以及矛盾心理的描写,更显细致而又富于喜剧性。

《杀狗记》原名《杀狗劝夫》,作者不详。此剧写富家子弟孙华结交市井无赖胡子传、柳龙卿,并受他们的挑拨而将兄弟孙荣赶出家门。其妻杨月真为劝夫悔悟,设计杀狗,假扮人尸,放在门外。酒醉归来的孙华,误以为祸事临门,便请那些酒肉朋友帮忙移尸,胡、柳二人不仅不肯前来,反而向官府告发他;而其弟孙荣则不计前嫌,当即为兄埋"尸",还在官府前主动承担杀人罪名。最后月真说明真相,兄弟二人最终重归于好。

这是一出颂扬孝悌观念的社会伦理剧,强调只有手足之亲才是真正可以信赖的,狐朋狗友不足与交。此剧涉及因财产纠纷而引起家庭破坏的社会现象,这也是宗法社会广泛关注的社会问题,因而具有现实意义,受到了大众的欢迎。此戏曲文俚俗、明白如话,但在艺术上显得比较粗率,也有用典过多的缺点。

第一部为戏子立传的书籍——《录鬼簿》

《录鬼簿》大约成书于元朝至顺元年（1330年），记录了元代杂剧和散曲作家共计150余人。书中写有这些作家的生平小传和作品目录，还包括带有作者自己思想痕迹的简评。全书共两卷，所记载的作家被分为七类，是现存元人记述元杂剧历史的重要文献资料。作者钟嗣成（约1275—1345以后）是元代戏曲家，字继先，号丑斋，大梁（今河南开封）人，寄居杭州。他所作杂剧有《章台柳》《钱神论》等七种，均佚失。今存散曲数十首。

《录鬼簿》全书分为上、下两卷。

上卷收录了三类作家，分别是：一、"前辈已死名公，有乐府行于世者"，包括董解元等31人。二、"方今名公"，包括郝新庵等10人。三、"前辈已死名公才人，有所编传奇行于世者"，包括关汉卿等56人。其中前两类多为散曲作家。

下卷收录了四类作者，依次为：一、"方今已亡名公才人，余相知者，为之作传，以《凌波曲》吊之"，包括宫天挺等19人。二、"已死才人不相知者"，包括胡正臣等11人。三、"方今才人相知者，纪其姓名行实并所编"，包括黄公望等21人。四、"方今才人，闻名而不相知者"，包括高可通等4人。

两卷共记述152位杂剧及散曲作家，基本上以年代先后顺序排列，记录了各类剧目共400余种。整个元代曲作家的情况，都赖以传世。同时，书前有自序，开创了戏曲专题目录之先河。而且在书中一些零星的记载中，还揭示了元代杂剧作家的活动和组织情况，并且透露了元代戏曲发展的线索，如院本的创作，杂剧作家的南迁，杂剧作家写南戏的情况，后期杂剧的音乐采用南北合套的情况，等等。这些都为研究元代戏曲提供了宝贵材料。

元朝的知识分子政治地位和社会地位都很低。他们通过科举考试做官，但只能给蒙古人当副手。当时社会上有"九儒十丐"的说法，知识分子的地位还不如妓女的地位高，那些耍笔杆子和唱戏的就更不在话下了。可这些人中，多数都是文化精英，甚至可以成为社会的栋梁。许多人身怀技艺，自成一家，一旦故去，许多技艺也就失传了。不仅他们史上无名，而且相关的文化成果流失现象特别严重。所以，同病相怜的钟嗣成才想到为其立传。

《录鬼簿》不但有它的资料价值，同时也表现了钟嗣成比较进步的文艺观点。首先，由于他与大部分戏曲作家一样，屈居下僚，而他所从事的戏曲创作又受到歧视，因此孤傲牢落之气耿耿于怀。他编撰此书，就是为了替一代经史所不传，而又高才博识的这些戏曲家作传，并且"冀乎初学之士，刻意辞章，使水寒乎冰，青胜于蓝"，欲以此激励后学，推动杂剧继续发展。其次，他讽刺那些门第高贵的人以及对儒家学说似通非通的浅薄之士为"酒瓮饭袋""未死之鬼"，而高度评价有才华的戏曲家是"不死之鬼""虽死而不鬼者"。他还说："若夫高尚之士，性理之学，余有得罪于圣门者。吾党且啖蛤蜊，别与知味者道。"他在历来被认为高尚的"性理之学"之外，为戏剧独树一帜，另辟门户，这在当时包含着反传统的思想因素。第三，钟嗣成认为创作杂剧要使人"感动咏叹"，有动人的情节，要"搜奇索古""翻腾古今"，提倡创新精神，他还大略指出了戏剧形式与传统的文学样式相比，有它的新特点。这些都是可取的文艺观点。总之，《录鬼簿》是元杂剧蓬勃发展形势下的产物，它适应了中国戏剧发展的需要。

《录鬼簿》是历史上第一部为戏子立传的书籍。名为"鬼"，实为戏子。而之所以取名《录鬼簿》，是因为所收录的作家基本上都已去世。

元朝名相脱脱

元朝自元世祖开国以来，声威不可一世，以"神国"自居，征服的铁蹄遍踏欧亚大陆，令整个世界都为之颤抖。但元世祖绝对没有想到，他的子孙并不都像他那般矫健而高寿，其中不乏短命鬼，有的正值壮年却突然暴卒，有的在位尚不到一年就匆匆挂掉，从而导致元朝的统治动荡不安。元世祖去世后，历经成宗、武宗、仁宗、英宗、泰定帝、天顺帝、文宗、明宗、宁宗而到顺帝，在短短的三十九年之间，竟然换了十个皇帝,平均四年换一个,这简直是在开玩笑。

这些皇帝可能没得到祖宗成吉思汗的庇佑,虽贵为天子,但命运不济,平均寿命只有30岁左右。而且他们往往过早即位,天顺帝是10岁,宁宗即位时才6岁。这些小皇帝本是天真幼稚的孩童,又怎能治理国家大事呢?可想而知,朝廷的一切都是权臣在操纵。

其中,大权臣燕铁木儿最为嚣张跋扈。他是三朝元老,在文宗、明宗、宁宗三朝为臣,结党营私,恣意横行,胡作非为,奢靡浪费。史书上记载,他喜欢在家中大摆宴席,每次请客,至少要宰马十三匹,杀鸡宰羊更是无数。马肉又粗又硬,口感也不好,估计他们也吃不完,而吃不完就直接扔掉。燕铁木儿不在意这些,他要的就是这个排场。

燕铁木儿除了好吃,还更好色,只要见到美女就迈不动步子,他的妻妾多得连自己都数不清。而且他属于典型的喜新厌旧型,结识了新欢,马上就忘了旧爱。有一次,他又抢来一位倾国美人,可结婚三天以后,他就看烦了,当即就把这位美人扫地出门了。

有一天,燕铁木儿到赵世延家中做客,他刚一坐下,就被旁边的一个美人深深吸引了。那个美女对他莞尔一笑,燕铁木儿便忍不住春心荡漾,他恨不能马上拥美人入怀。于是,他霸气十足地对赵世延说:"这位穿紫色衣服的美人是谁?她如此标致,我想把她带回太师府。"

左右的人听闻大惊失色道:"她不就是太师的侍妾春燕么?方才随太师一块儿来的。才这么一会儿工夫,太师竟然忘了?"

"哦,我怎么一点儿印象也没有?"燕铁木儿捋捋胡须,眼睛仍然贪婪地盯着春燕,仿佛想把她生吞活剥了。

燕铁木儿一生最爱美女,日日沉醉于女儿乡,最后因纵欲过度而死。

后来年仅13岁的元顺帝即位,燕铁木儿的儿子唐其势为左丞相。顺帝很害怕唐其势会和他父亲一样飞扬跋扈,独揽朝政,所以唐其势的地位虽然很高,却完全被架空了,大权实际上都操纵在伯颜手里。

元朝人很喜欢伯颜这个名字,所以使用频率极高。元世祖当年任用贤相伯颜,文治武功盛于一时。可此伯颜非彼伯颜,元顺帝用的这个伯颜,却是个不折不扣的大奸臣。

唐其势回想父亲当年的威风，相形之下觉得自己实在太窝囊了，他愤愤不平道："天下本来是我家的，他伯颜凭什么骑在我头上？"唐其势不知道哪来的狗胆包天，一不做二不休，准备设法废掉顺帝，另立新皇帝。结果不知是谁走漏了消息，顺帝得知后，先下手为强，立马就把唐其势杀了。然而对于顺帝来说，这并不是什么好事，杀了饿狼，倒成全了猛虎，于是伯颜更加无法无天，权倾朝野。

伯颜有个侄儿叫脱脱（1314—1356），自小聪明伶俐，伯颜特别喜欢他，就派他担任天子宿卫，相当于皇上的贴身保镖，表面上是保护顺帝，其实是暗地里监视顺帝的一举一动。

脱脱从小深受儒家思想熏陶，是个忠君爱国的好青年，他最看不惯伯颜的骄纵嚣张，他经常跟父亲抱怨："伯颜叔父如此跋扈，完全不把君王看在眼里，万一哪天天子震怒，我们也逃不过满门抄斩的命运。"除了忠于皇上，怕将来被叔父牵连，也是脱脱反对伯颜的一个因素。

脱脱的父亲也深以为然，于是，父子俩一合计，便毅然决然地站在了顺帝这边。他向顺帝表忠心道："脱脱一向只知有国，不知有家，只知有皇上，不知有叔父。"意思是我会以国家为重，以皇帝为尊，我就死心塌地跟定你了，我不和叔父一伙，相信我吧。

顺帝嘴上说好，可心中却不信，找了心腹去试探，脱脱仍然义正词严，但顺帝对他依旧是半信半疑：毕竟人家是亲叔侄，那是血缘至亲，我这个外人算得了什么？

事实上，顺帝正身处水深火热之中，情况一天比一天糟糕，他每天都吓得夜不成眠。顺帝毕竟只是一个十来岁的小孩子，他实在是心中恐惧不安，又无处倾诉，就忍不住对脱脱讲道："伯颜目无朝纲，随意妄为，大权独揽，眼睛里哪还有我这个皇帝？说不定什么时候就……"说到这里，竟再也说不下去，伤心得痛哭起来。

脱脱见顺帝哭，也忍不住落泪了，于是君臣二人抱头痛哭，哭得一塌糊涂。男儿有泪不轻弹，既然哭了，就哭个够吧。等到二人终于哭够了，革命的友谊也就此结下，于是二人下定决心，等伯颜入朝之时，就是他灭亡之日，要当场将其擒拿治罪。

伯颜也不是愚笨之人，他极有城府，老谋深算，警惕性极高。他进进出出，前后左右都有层层警卫保护着。他一入朝，就发现了异样，宫墙每一个角落都站了卫兵。他急忙把侄儿脱脱找来问:"这究竟是怎么一回事?"

脱脱面不改色,一本正经地回答:"天子所居,防御岂能不严密?"

伯颜愣了一下,敏锐地察觉到,脱脱已经倒向皇帝那边了。

伯颜为了先发制人,心生一计。他邀请顺帝出外打猎,想趁打猎之际,把顺帝干掉。

脱脱推辞说:"皇上今天身体不适,不想出去狩猎。"

"天气这么好,不去太可惜了,非去不可。"伯颜露出了狐狸尾巴。

脱脱惊觉情况不妙,果断下令:"关闭城门。"这是要关门打狗的节奏,可伯颜却自恃人多势众,不以为意。

当天晚上,顺帝在玉德殿下诏,列出伯颜数条罪状,罢去其丞相职位,降为河南行省左丞相。伯颜心有不甘,带着卫队亲兵赶到城下,质问道:"朝廷凭什么免我的职?"

脱脱临危不乱,机智应对,他没回答伯颜的挑衅,却对伯颜的卫队宣布:"朝廷圣旨只涉及丞相一人,凡相府一切官员,一概不究,各还本职,一体安心。"这句话的作用不亚于灵丹妙药,有四两拨千斤之效,立刻成功分化了伯颜的党羽。他们都是一群见利忘义之徒,觉得根本用不着为伯颜去送死,顷刻间便化作鸟兽散。伯颜一下子成了光杆司令,只好束手就擒。

伯颜万万没有料到会栽在侄儿手里,真是悔不当初。临上刑场之时,他还忍不住埋怨:"你们可曾见过子杀父的事情吗?"大家都清楚,他是在指责脱脱。这时,有人讥讽道:"不曾见,倒是听说有臣子弑君的事。"伯颜顿时脸色惨白。而顺帝下令把伯颜处死后,任脱脱为右丞相。

脱脱作为元朝末年最为出色的宰相,进行了一系列的改革,他开科取士,减轻赋税,疏浚河道,并且提倡文治,编修史籍,正史中的《宋史》《辽史》《金史》都在脱脱的监修之下完成的。虽然凭他一己之力并没有改变元朝灭亡的结局,但他的美名将随史册万古流芳。

《南村辍耕录》

《南村辍耕录》简称《辍耕录》,为元代陶宗仪(1316—1403后)撰,是有关元朝史事的笔记体著作,共三十卷,五百八十五条,二十余万字。陶宗仪在元末为避乱隐居在松江农村,耕读之余,有所感受,即随手札记于树叶上,贮于罐中。后来陶宗仪让学生们挖出那些瓦罐,指导他们把树叶记载的资料分门别类,抄录整理,编写成了一部三十卷的《南村辍耕录》。

这部书记录了宋元时期的政治、经济、社会、文化等各个方面的史料,有掌故、典章、文物,还论到小说、戏剧、书画和有关诗词本事等方面的问题。书中所记多为作者耳闻目睹,较为真实,为研究元代社会状况及回族、维吾尔族历史提供了重要素材。

元末,社会动荡,烽烟四起。此时,处于江浙交界的松江府相对安定,四方文人纷纷到松江躲避战乱,史学家、文学家陶宗仪就是其中的一位。在元至正八年(1348年)前后,陶宗仪携全家避乱,到华亭隐居。他每日躬耕陇亩,同时教授学生,过着清贫的生活。陶宗仪常常是"幅巾短褐",独自放歌田园,不以劳作为苦,反以农耕为乐。"时时辍耕,休于树荫,抱膝而叹,鼓腹而歌。"劳作之余,每遇佳节良辰,便举杯独酌,吟唱自己所作的诗,得意之时,拍掌大笑。他也常与当时的华亭名人袁凯、邵亨贞、孙道明等好友相莫逆,或谈经论道,切磋学问,写诗填词;或坐船出游,徜徉于三泖九峰之间,品茶饮酒,逍遥其间。陶宗仪平时虽沉默寡言,可一旦遇到知己朋友,谈论文章学问,则滔滔不绝,妙语连珠。"至论古今人物,上下数千年,竟日不倦。"自从应试失败后,陶宗仪就视官禄为粪土,矢志终身不仕。最后在泗泾南村前后隐居了几十年,教授了一批学生,写作了大量的有关当地风土人情的诗文,为发展当地文化作出了贡献。

本书实际上是部笔记,"凡六合之内,朝野之间,天理人事,有关于风化者,皆采而录之"。书中所记的史料对于研究当时的社会,尤其是上海地区的社会状况有一定的价值。其中《松江谣》《不平诗》《奉使来谣》等反映当时人民生活的民间歌谣，极为珍贵。还有书中大量的戏曲史料，更是现在研究金代院本（戏剧的代表样式）的唯一史料。

乱国之后奇氏

元顺帝的皇后奇氏，被赐蒙古姓肃良合氏，名完者忽都。本高丽人，奇子敖之女，是顺帝的第三任皇后。她于1315年出生在高丽幸州，以高丽贡女的身份被献于元廷，入宫服役，最初是元顺帝的奉茶宫女。1337年，奇氏因受宠被封为妃嫔。1339年，她诞下元顺帝长子爱猷识理达腊后，便被册封为第二皇后。虽为第二皇后，但她拥有了实际的权力。

奇氏为人聪慧，但狡诈。史书记载，说她"为人狷黠，务自矫饰"。她曾诬陷丞相伯颜弄权，令其罢相。当时高丽京畿大旱，奇氏叫人开仓放粮，以得民心，百姓纷纷高呼万岁。

但在此之后，奇氏由于得宠，便恃宠而骄，以致牵连家族。奇氏的家族在高丽，由于奇氏当了元顺帝皇后，家族中竟然有人公开侮辱高丽王，甚至说要做高丽王。虽然奇氏多方训诫，但是奇氏家族仍不收敛。高丽王因此十分愤怒，便将奇氏的父兄处死，奇氏为此痛不欲生，等到自己的儿子爱猷识理达腊长大被封为太子后，她竟唆使太子攻打高丽，以报高丽王杀她宗族之仇。但最终却以损兵折将收场。

奇氏平日里和幼时的邻居朴不花狼狈为奸，在朝廷中排除异己，遇到不顺从的她便想方设法地加害。史书记载，奇氏曾经意图逼顺帝退位，自己做皇太后，由儿子爱猷识理达腊做皇帝。为了达成阴谋，她找到了丞相太平。但太平并不领情，反而指责奇氏谋大逆。奇氏怒不可遏，反诬告太平结党，以致太平被流放。不久，奇氏又逼迫太平自杀。

此后，奇皇后与皇太子逐渐控制了朝政。为了让顺帝禅位，他们害死了反对内禅的左丞相贺惟一，又以宦官朴不花、丞相搠思监为倚靠，赶走直言进谏的陈祖仁、李国凤等大臣,进一步巩固了太子一党的势力。而且在朝廷外部,他们还挑起了一系列纷争,使得元朝末年具有军事才能的两员大将扩廓帖木儿与孛罗帖木儿都卷入了党争。最终导致孛罗帖木儿被刺身亡,扩廓帖木儿被逼在外拥兵自立,以求自保。整个天下被他们搞得一团糟。

1365年,顺帝的第二任皇后——伯颜忽都皇后在冷落寂寞中去世,享年42岁。同年12月,顺帝册封奇氏为正宫皇后。奇氏被立为正宫皇后,已经志得意满了,便不再谋图内禅,与元顺帝的关系也变好了。但此时天下已是群雄并起,大元江山岌岌可危。1368年,明军破大都,结束了元朝统一中国的历史。奇氏随元顺帝北逃,逃到和林,建立了北元。第二年,奇氏逝世。

红巾军高举义旗

"石人一只眼,挑动(开挖)黄河天下反。"

元朝末年,在山东、河南开挖黄河河道的穷苦民工中,曾秘密流传过这样的预言。

当时的中国,已经天下大乱。朝廷内部争斗不断,官吏腐败,统治中国的蒙古贵族过着奢靡的生活。元朝最后一个皇帝顺帝(又称惠宗)还曾将山东十几万亩土地赏赐给一座大寺院。政治压迫、经济剥削、民族迫害,让人们喘不过气来,活不下去。全国各地民众反抗不断,只是还未燃成燎原的大火。

河北农民韩山童与刘福通(?—1363或1366)、杜遵道等以宣传白莲教(秘密民间组织)的形式,组织民众造反。他们鼓动说,象征光明的弥勒佛就要降临世间,元朝天下即将大乱。又说,老韩家本姓赵,是宋徽宗第八代子孙,刘福通也是宋代名将刘光世的后人,是老天爷命令他们来拯救民众,治理国家的。

1344年后,黄河连年在河北、山东境内决口,大片土地、房屋被淹,使很多的民众流离失所。而元朝政府又强征全国各地近20万民工开挖黄河故道(被废弃的旧河道)。河工们遭到了督河官吏的盘剥克扣和任意体罚,怨声载道,苦不堪言。

韩山童、刘福通认为造反的时机已经成熟,就鼓动他们说,古老的黄河被翻动,天下也将大乱。还编造出"天下大乱"的预言,在民工中传播。

他们又秘密凿了一尊一只眼睛的石人,再将"挑动黄河天下反"的预言凿在石人背上,偷偷埋在即将开挖的老河床中。当这尊神秘的石人被民工挖出时,人们惊呼起来,奔走相告,都说:这是天意,这是天意呀。该反了!该反了!

1351年,韩山童等人秘密聚在一起,宰了白马、黑牛祭天告地,歃血为盟,郑重宣誓:同举义兵,推翻元朝!并约定头披红巾作为起义的标志。

但他们的行动被官军发觉了。他们正在商议起义大事时,官军偷偷袭来。最终韩山童被杀害;刘福通等人则迅速逃到颍州(今安徽阜阳),揭起首义,这支起义的队伍被称为红巾军。

刘福通的义旗下很快集聚了大批的河工与流民,达十几万人,并迅速占领了罗山(今河南罗山县)、上蔡(今河南上蔡县西南)、舞阳(今河南漯河一带)等10多个城市,成为全国各地起义军的旗帜。其中,江南民众响应最为强烈,蕲水(今湖北浠水县)有徐寿辉,南阳(今属河南)有布王三,荆樊有孟海马,濠州有(今安徽凤阳县)有郭子兴,萧县(今属安徽)有芝麻李等,他们都拉起队伍,也称红巾军。苏北盐贩出身的张士诚也揭竿反元,不过他没用红巾军的旗号。

元王朝惊慌失措,匆忙派军队来围剿。进攻刘福通的元军主力是其精锐部队阿速军。阿速军成立于元初,由色目人组成,负责皇帝的随从、警卫、城禁等工作,他们人高马大,装备精良。但到元末,阿速军已经腐败不堪,一接触农民军,就立刻溃败下来。带兵主将首先落荒而逃,士兵们也四散奔命。

官军与起义军来来回回地打了两三年仗,总也不能将义军镇压下去。由此,江南的张士诚一度强盛。1354年,元王朝派丞相脱脱率领一支包括从西域和吐蕃(今青藏高原一带)征调来的强悍的少数民族军队——号称百万大军,围剿张士诚。脱脱几近成功了,最终却因朝廷的内讧而失败。大江南北的起义军又获得了一个发展机会。第二年2月,刘福通在亳州正式建立了起义军的政权。

新政权的国号叫宋,年号龙凤,韩山童的儿子韩林儿做了皇帝,因为白莲教信奉光明之王,故又称小明王,刘福通则掌握着实际的军政大权。小明王政权起到了团聚、号令各路起义军的作用,徐寿辉、郭子兴、朱元璋都曾奉行龙凤年号。

但是起义军内部很快发生了内讧,结果刘福通被元军打败,带着小明王跑到了安丰(今安徽寿县南)。不久,他的军力又再次壮大起来。1357年,刘福通率军进攻汴梁(今河南开封),同时派三路义军北伐。西路由李武、崔德、白不信、大刀敖等将领率领,沿商州(今陕西商洛)、武关(在今陕西丹凤县东南)进发,目标直指关中;中路由关先生、破头潘等将领率领,进攻山西、河北,目标为元的京城——大都;东路由毛贵率领,从山东、河北出征,目标同为大都城。

元朝各地守城官吏早无斗志,不少官吏闻风而逃。中、西两路北伐军的进攻一度有较大进展,但因军队内部纪律不严,号令不明,士兵又不大听统帅的约束指挥,因此不能长久有效地占领所攻取的土地。只有毛贵一支,占领山东后建立了政权,还派兵屯田,获得了充裕的粮食与坚固的根据地,在那里坚持了三年的时间,一度打到大都城下。但这三路义军最终都失败了。

刘福通一度占领汴梁,并把它作为新都城。但不久又被元军打败,他带着小明王退回了安丰。

1363年,刘福通在安丰被反复无常的张士诚攻击,力战身死。小明王则被赶来解围的朱元璋军队救走。此后南方许多起义队伍虽然还承认龙凤年号,但都各自为政,没有人再真正听小明王的号令了。北方各地起义的烈火渐渐熄灭,此时距离首次起义的日子也已有十二个年头了。

鄱阳湖之战

当朱元璋的势力向南方发展的时候,首先遇到的一个劲敌是陈友谅(1320—1363)。陈友谅原是徐寿辉起义军的部将,后来他谋杀了徐寿辉,自立为王,定国号为汉。他占据江西、湖南和湖北一带,地广兵多,建立了一个强大的割据政权。1360年,他率领强大的水军从采石矶沿江东下,进攻应天府,一心想要吞并被朱元璋占领的地盘。

朱元璋赶忙召集部下商量对付汉军的办法。有的人说,我方跟汉军的力量相差太大,不如趁早投降;有的人主张逃到钟山(在今江苏南京)死守;也有的人主张死战，如果失败，再逃不晚。大家七嘴八舌，议论纷纷。只有新来的谋士刘基（1311—1375，字伯温）站在一边，一声不吭。

朱元璋犹豫不决，散了会，便把刘基单独留下来，问他有什么主意。刘基说："我看那些主张投降和逃走的人就该杀！"

朱元璋说："请问先生有什么办法打败敌人？"

刘基说："敌人远道来犯，我们以逸待劳，还怕不能取胜？您如果多用财物赏赐将士，再用一些伏兵，抓住汉军的弱点痛击，要打败陈友谅就大有希望。"

朱元璋听了刘基的话，满心欢喜。两个人又商量了一阵，把计策定了下来。

朱元璋的部将康茂才跟陈友谅是老相识。朱元璋把康茂才找来，对他说："这次陈友谅来进攻，我要引他上钩，没有你的帮助不行。请你写封信给陈友谅，假装投降，答应做他的内应；再给他一点儿假情报，要他兵分三路攻打应天，分散他的兵力。"

陈友谅果然上当，朱元璋又从陈友谅的逃兵那里得到情报，弄清楚了他们进攻的路线，就让大将徐达、常遇春等人分几路在沿江几个重要关口埋伏人马，而他自己则亲自统率大军守在卢龙山（今江苏南京狮子山），布置兵士准备好红黄两面旗帜，并约定好了信号：举起红旗就是通知敌人已经到来，举起黄旗就是命令伏兵出击。而后一切都准备好了，只等陈友谅自投罗网。

朱元璋看到陈友谅的船队进入了包围圈，便立刻叫兵士举起黄旗，发动进攻。一时间，战鼓齐鸣，岸上伏兵一起杀出，水港里的水军也加入战斗。

陈友谅受到突然袭击，几万大军一下子乱了套，被杀死的和落水淹死的不计其数。这一仗，陈友谅的几万兵士、一百多艘战船都被朱元璋俘获，而他在部将的保护下，抢了一条小船，才总算逃了命。

这一仗打得陈友谅元气大伤。朱元璋的声势却越来越大。陈友谅哪肯甘心，他养精蓄锐，下定决心要报这个仇。过了三年，他又带领六十万大军，进攻洪都（今江西南昌）。陈友谅的水军共有战船五千余艘，连绵几十里，望之如山，气势磅礴。双方因此展开拼杀。为防被各个击破，陈友谅将船连成一片，发挥战船高大坚固的优势，以排山倒海之势向朱元璋的舰队压过来，准备用船头撞击；朱元璋的水军船小而低矮，面对敌舰只能仰视作战，十分被动，陈友谅因此开始占据了战斗的主动权。

朱元璋见状，命令各舰队拼死顶住，不得后退。他一连下令斩杀了十一位舰队队长，战况仍未好转，最后不得不鸣锣收兵。

7月，双方交战不久，陈友谅的水军死死盯上了朱元璋的战舰。炮石、弓箭雨点般打过来，朱元璋换了几次船，但每次都很快就被发现了，他只得四处躲避。匆忙中，朱元璋的座船冲上浅滩动不了了，敌军一片喊叫，从四面围了上来。

部将韩成急忙将朱元璋推进船舱，催促朱元璋赶快脱掉袍服与他交换，朱元璋一开始不答应，韩成急了，大叫："再不换就来不及了！"随即动手帮朱元璋脱袍服。而后韩成穿戴好朱元璋的红袍和冠冕站到船头，扮成朱元璋指挥作战。陈友谅的太尉张定边一马当先冲了上来，朝韩成一箭射去，韩成中箭后没有倒下，而是忍着疼痛走了几步，投入湖中身亡。

汉军战船上下一片欢呼声，士兵们大喊："朱元璋死了，朱元璋死了！"

此时，朱元璋的大将常遇春杀上来，一箭射中了张定边，见大将受伤，汉军又是一阵混乱。而后常遇春率军乘机奋力拼杀，击退了敌军。

激战中，舰船产生巨大的浪花，无意间把朱元璋的战舰推动了。在常遇春等人的全力护卫下，朱元璋总算平安地回到营中。

战事不顺利，部将郭兴见朱元璋闷闷不乐，便说："不是将士们怕死，不执行命令，而是对方的船实在太高太大，又连成一片。我们船小，硬攻恐怕不行，要火攻。"朱元璋恍然大悟，立刻与常遇春商议，让他挑选一批勇士组成敢死队，同时准备七条快舟，在上面堆满芦苇，内藏火药。

第二天，朱元璋率船队迅速占据了上风位置，先与敌方周旋。午后，东南风渐渐刮大。突然，攻击小舰队快速冲出，敢死队点燃船上的芦苇，火借风力，风助火势，七艘快舟如七个巨大的火球，撞向陈友谅的舰队群，紧接着便是不断的爆炸声，连成片的巨船成了一片火海。朱元璋乘势发起猛攻，而陈友谅的船队早已乱了套，几乎丧失抵抗能力，士兵们纷纷跳水逃生。陈友谅的两个亲兄弟陈友仁、陈友贵，以及大将陈普略均被烧死，他们的战船被烧毁数百艘，伤亡六万多人，投降者无数。陈友谅原本就是疲惫之师，惨败一仗后更是元气大伤。而后他收拢残部退守到今江西星子东南，不敢再战。朱元璋扼守左蠡（今江西都昌县西北），控制了鄱阳湖进入长江的水路。双方进入了对峙状态。

陈友谅远离根据地，缺乏后勤保障，又连连吃败仗，军中快要断口粮了，于是他派兵到鄱阳湖北岸(今江西都昌县南)征收粮草,结果遭到朱元璋水军夜袭,又被烧掉了上百条大船。

陈友谅左、右金吾大将看仗无法打下去了,害怕生性多疑、脾气暴躁的陈友谅迁怒于他们,便先后投降了朱元璋。没有多少政治头脑的陈友谅无处撒气,就大量残杀俘虏;而朱元璋正好相反,不仅让战俘吃饱睡好,还为他们治病疗伤,客气地送他们回去。将士们两边一比较,对陈友谅的怨恨越来越大。

陈友谅也感觉到无力再战,遂决定突围退回武汉。8月,陈友谅率部向湖嘴方向转移。朱元璋早有准备,与先前已守在必经关口的两位将领组织了一个严密的包围圈;又在岸边水面设置木栅,以阻止陈友谅弃船登陆。陈友谅的船队一驶进湖口,朱元璋的水军就立即用火筏四面撞击,引燃了敌军船只。水面上到处是燃烧的大船,火光中,朱元璋的大小战船猛攻上来,喊杀声震耳欲聋,整个湖面都沸腾了。

陈友谅可谓四面楚歌,左冲右突也无法走出重围。激战中,他从船舱探出身子观察战况,以便指挥战斗,突然,一支飞矢正好射中了他的左眼,最终因失血过多而亡。鄱阳湖大战,朱元璋以二十万人马对决陈友谅六十万大军,取得了战役的空前胜利。

第 15 章 明朝

1368年朱元璋灭元称帝,建都南京(今属江苏),国号明。明朝共经历十二世,十六位皇帝,立国二百七十余年。明朝是中国继周朝、汉朝和唐朝之后的又一个盛世,商业和手工业高度发达,以徽商、晋商等为代表的商帮亦逐渐形成,农业人口转为工商业者的数量激增。1567年试行人痘接种方法预防天花。17世纪种痘技术已相当完善,被推广到全国,并于17世纪初传入欧洲。明成祖朱棣在军中组建了专门的枪炮部队——神机营,比欧洲最早成为建制的西班牙火枪队还要早一个世纪左右。此外,郑和下西洋,声名威震海外,终为后世子孙所敬仰。

明朝开国皇帝朱元璋

朱元璋(1328—1398),濠州钟离(今安徽凤阳县东北)人,出生在一个贫困家庭,小时候为地主放过牛。后来他的父母、兄长等亲人相继死去,他便落发为僧,乞讨度日。1352年,郭子兴率军发动了起义,朱元璋便脱下袈裟,只身投靠了起义军。由于胆识过人,他很快便在战场上崭露头角。

1355年是朱元璋的关键一年。他率军横渡长江,向富庶的江南进发。他的将士多为江北人,依恋故乡,因而行军缓慢,朱元璋为了断其归乡之念,便斩断船缆,推船入江。将士们见无路可退,便奋勇争先。1356年,朱元璋率军一举攻下了南京。元朝主将战死,余部纷纷投降。朱元璋遂以南京为基地,制定了"高筑墙,广积粮,缓称王"的战略,扩大势力,站稳脚跟,建立了稳固的根据地。

1363年,朱元璋首先攻打华南地区的对手陈友谅。1366年,朱元璋派人去迎接红巾军的首领小明王韩林儿,结果在返归途中船沉,韩林儿沉入江中溺死。

1367年,朱元璋消灭了张士诚的割据势力;接着,任命徐达为征虏大将军,常遇春为副将军,让他们率领25万大军北伐。过了两个月,徐达的军队旗开得胜,占领了山东。1368年正月,朱元璋在应天即位称帝,定国号为明,建元"洪武",他就是明太祖。

明军乘胜进军,元兵节节败退。1368年8月,徐达率领大军直捣大都,元顺帝逃往上都,统治中国近百年的元王朝终于被推翻。至此,朱元璋基本统一了中国。

创业容易守业难。朱元璋先把应天府改称南京,又立其结发妻子马妃为皇后,长子朱标为皇太子。当上皇帝后,朱元璋就开始思考如何才能让他的子孙永远当皇帝,让朱家王朝传至千秋万代。

他的第一个办法是将儿子封王。朱元璋的后妃们一共给他生了26个儿子,16个女儿。除了长子朱标被封为皇太子,还有一个皇子朱楠夭折,其余24个皇子,全都被封为亲王(也叫藩王)。亲王们的封地遍及全国,他们主宰着那里的一切。朱元璋的二儿子朱樉被封到西安(今陕西西安),这里曾是古秦国地域,朱樉便被封为秦王;三儿子朱棡被封在太原(今山西太原),这里曾是古晋国地域,朱棡便被封为晋王;四儿子朱棣(1360—1424)被封在北平(即元大都,今北京),为燕王。以此类推,这24王就像一个特大的蜘蛛网,把整个中国都笼罩在了朱家的势力范围之内。

王封好了,其封地需要治理,于是他下令在亲王府内设置官署,由"相国"主持,还有护卫的军队。亲王有着很大的权力,拥有当地驻军的调动指挥权。不过有一个限制:被分封的各亲王不能干预地方的民政。除王府以外,地方民政都归各级地方官吏掌握。

第二个办法是大封功臣。所谓功臣,就是指跟随他打天下的文官武将。这些开国元勋多是有才能的人,笼络住他们,朱元璋就可以保住政权。洪武初期,这些功臣封公的有6人,封侯的有28人。当初随朱元璋起兵的"二十四将",除已故的外,都得到了封赏。比如徐达被封为魏国公、常遇春为鄂国公、李善长为韩国公、李文忠为曹国公、冯胜为宋国公、邓愈为卫国公。

朱元璋还别出心裁,设立了一个特务机关——"锦衣卫",让其随时监视大臣们的行动,向皇帝报告。但百密还有一疏,国家那么大,人员又那么多,再加上一些贪官污吏从中挑拨离间,自然就会生出事来。而朱元璋随着年纪的增长,性格也发生了变化,原先那种坦诚待人的长处不见了,他变得刻薄、猜疑、凶残。特别是当他看到太子朱标很像他的母亲马皇后,性情朴实,待人宽厚,就怕太子将来驾驭不了那些功臣,从而威胁到朱家的皇位,于是狠下心来,决定把那些一意孤行、擅权枉法、行为跋扈,可能影响朱家王朝安全的人全部杀掉。

洪武十三年(1380年)、二十六年(1393年),朱元璋分别借丞相胡惟庸谋反案和凉国公蓝玉谋反案,杀掉了几万人。死于两案的功臣有李善长、陆仲亨、费聚、唐胜宗、张温、曹震、陈桓等人,"二十四将"中,除花云等少数战死以及病卒的以外,其余的几乎都被他杀死了。而汤和是个例外,也是因为他主动交出兵权,回家养老,才得以幸免。真是伴君如伴虎,可怜当年轰轰烈烈的"二十四将",竟无几人得以善终。

逃脱朱元璋毒手的功臣,还有刘基(即刘伯温)。他当年给朱元璋出谋划策,功劳不在李善长之下。朱元璋原来也想封他为"公"的,但他坚辞不受,后来便告老还乡了。因为他聪慧过人,与朱元璋相识十几年,深知朱元璋的为人,所以才故意远离皇帝,以免被害。

皇后马氏则是个忠厚的人,听说朱元璋滥杀无辜,便加以劝阻,但朱元璋不听。马皇后郁郁不乐,后来患病也拒绝就医,于洪武十五年(1382年)去世了。

太子朱标,性格仁厚,很像他的母亲,眼看父皇暴虐,几次进谏,却都被斥退。为了讽喻太子,表明自己的隐衷,朱元璋故意丢一根棘杖在地上,要朱标拿起来,朱标面有难色,朱元璋便语带双关地说:"你怕刺不拿,我替你把这些刺拔掉,然后再交给你,你不就敢拿了吗?"

朱元璋见朱标过于柔弱,倒是四皇子燕王朱棣聪颖勇武,有些像他,就打算把太子朱标废掉,立朱棣为太子。他跟几个大臣商量,大臣们都认为废长立幼,不合宗法,所以不同意他的想法。朱标知道后,明白父皇不喜欢自己,因而终日惶惧不安,于洪武二十五年(1392年)因病去世。太子朱标死后,朱元璋便依据宗法原则,立朱标长子朱允炆为皇位继承人。

明太祖是农家出身,对农民生活多少有点了解。他即位以后,也十分注意实行休养生息的政策。他告诫地方官员说:"现在天下刚刚安定,百姓财力困乏,就好像初飞的鸟,不能拔它的毛;新种的树,不能摇它的根。"他要求官员们廉洁守法,不能贪赃枉法,加重人民负担。他又召集流亡农民开垦荒地,免除了他们3年的劳役和赋税;同时要各地驻军屯田垦荒,做到粮食自给。他还兴修水利,奖励植棉种麻。所以,明朝初年的农业生产有了很明显的发展,新建立的明王朝统治也巩固了下来。

朱元璋自学成才

明太祖朱元璋出身贫苦,少年时孤苦无依,还为地主放过牛,后来出家当了和尚,生活也是苦不堪言。他参加农民起义的时候,虽然已经二十几岁了,但还是个文盲。

朱元璋出身贫贱,怕被人瞧不起,并且知道光有武没有文成不了大事,所以他便利用打仗的间隙,刻苦读书,慢慢地也就文武双全了。

朱元璋起初不过是郭子兴手下的一名卫士,他粗通文墨的时候,就积极参与起队伍上的文墨事务,军中的文告、统帅的命令,他都主动加以宣传解释。由于他打仗勇敢,又足智多谋,还识一些字,所以晋升很快,郭子兴对他尤为器重。

朱元璋做了军官以后,学习更加努力了,他懂得读书的好处,知道前人的许多成功与失败的经验都写在书上。随着地盘的扩大,军中缺粮,士兵便去抢老百姓的粮食,结果导致军队不得人心,根基不稳。他从书上知道了屯田的办法,才解决了这个大问题,也因此能在元末群雄中立于不败之地。

朱元璋特别喜爱历史,十分注意从中吸取教训。《春秋》《左传》《汉书》《宋史》是他常读的书。他很崇拜刘邦,认为刘邦有很多长处值得自己学习。

做了皇帝后,朱元璋每天天不亮就起来办公,一直忙到深夜。他每天要看要听的奏章、文报有时达200多篇,要处理的事达400多件,但他仍然没有放松学习。功臣死了,他亲自写祭文;大臣外任、退休,他也撰文送行。

朱元璋经常写诗作赋，微服出巡时喜欢和人对对联。他的文章通俗好懂，诗粗豪而有风韵，他的骈体文也写得不错，历史学家吴晗曾称赞他"居然是个四六（'四六'代指骈文。骈文全篇以双句为主，注重对偶声律，多以四字、六字相间成句，故又称'四六'）作家了"。

开国文臣宋濂

宋濂（1310—1381），字景濂，号潜溪，浙江浦江人。元至正年间被授予翰林院编修之职，后以父母年老为由不去任职，隐居龙门山。朱元璋攻克婺州后，他被聘为五经师，后参与修撰起居注。宋濂参加朱元璋起义军之后，对农民出身的朱元璋帮助很大。他渊博的知识和敏锐的洞察力成了朱元璋取之不尽、用之不竭的智慧源泉。

洪武二年（1369年），宋濂担任《元史》纂修总裁官。对于元朝历史该如何写，当时众说纷纭。而宋濂坚持秉笔直书，终于写出了一部比较客观公正的《元史》。书成之后，宋濂升为翰林院学士、太子太傅，主要任务是回答皇帝提问，出谋献策，并教育培养太子。洪武六年（1373年），宋濂参与裁定礼乐典章，编修《大明日历》《皇明宝训》等，深受朱元璋赏识。

洪武十三年（1380年），胡惟庸案发，宋濂次子、长孙因涉案相继被斩，宋濂也受到牵连而被贬至茂州（今四川茂县），贬谪途中病死于夔州（今重庆奉节县），明武宗时追谥文宪。宋濂学识渊博，文章醇深古茂，四方学者都称他为"太史公"。他一生著述很多，是明代台阁诗及复古潮流的先驱。明初许多庙宇题字、功臣墓前碑文都是出自他的手笔。

神机妙算刘伯温

刘基(1311—1375),浙江青田人。人们常叫他刘伯温,伯温是他的字。他是个很有学问的知识分子。年轻时,他在元朝政府中做过官,看到元朝统治日益腐败,一场社会大变动即将到来,就辞去官职,回到家乡青田隐居起来。朱元璋带兵打到浙江的时候,听说了刘基的名声,便派人带着礼物与自己的亲笔信去见刘基,非常恳切地邀请他出山,与自己一同推翻元朝的统治,为天下百姓争活路。

刘基见朱元璋确有成就事业的魄力和气度,就来到了朱元璋的军营。朱元璋与刘基彻夜长谈。当时,朱元璋刚占领应天(今江苏南京)不久,刘基就替他分析了形势,劝告朱元璋不必急于称王,应该让刘福通去正面对付元军,做他的军事屏障;也不要急于吞并浙江的方国珍和江苏的张士诚,因为方国珍势单力薄,不足为患;张士诚虽有相当实力,却在占领平江(今江苏苏州)以后只顾享乐,胸无大志;重要的是要养精蓄锐,准备全力对付西边的陈友谅。

朱元璋听得心服口服,连连夸奖道:"伯温先生,你真是我的卧龙(诸葛亮,号卧龙,是刘备的军师)啊!"而后朱元璋按照刘基的策略部署兵力,巩固根据地,扩军备战。当陈友谅数十万大军兵临应天城下的时候,刘基又提出了先在东边稳住张士诚,避免遭到东西夹击,然后以智取胜的计谋。朱元璋采纳了刘基的意见,用智谋挫败了陈友谅。

从此,朱元璋更加信任刘基,说他就像辅助汉高祖的足智多谋的张良。刘基始终保持着清醒的头脑,适时地向朱元璋提出明智的建议。

朱元璋做皇帝后,开始大封功臣。那些跟随他出生入死打江山的文臣武将,有的被封"公",有的被封"侯"。论功劳,朱元璋要封刘基为"公",但他坚决不受。之后,又要给他封"侯",他还是推辞,最后实在推辞不掉,就只好接受了一个三等爵位,获封诚意伯。当时被封了高位的人大都得意忘形,他们很不理解刘基的谦让。但是,对社会、历史了解透彻的刘基,早就看透了朱元璋的本质——他是一个可以共患难,却难以同享乐的帝王,因此,刘基尽量与他拉开距离。到朱元璋当皇帝后的第三个年头,刘基就告病请求回家,但没有得到朱元璋的允许。又过了一年,朱元璋才终于批准刘基告老归乡。

后来,朱元璋开始大杀功臣。他亲自封的那些公、侯们差不多都被他杀掉了,只有刘基等少数几个人逃过了这一厄运。

朱姓王遍天下

我国历史上有两位著名的布衣皇帝,他们就是刘邦与朱元璋。他们二人在人生经历和治国策略等方面都有着惊人的相似之处,在分封子弟上也如出一辙。

很多皇帝都有疑心病,朱元璋也不例外,他疑心病很重。为了体现自己的权威,朱元璋不但把和自己一起打江山的功臣几乎杀光,还殚精竭虑地为自己的子孙将来治理国家想尽办法,为此,他在政治、经济、军事等方面一一制定了各项规章制度,想要以此来确保大明江山的千秋万代。

废除中国存在了几千年的丞相制度就是其中一项具体措施,除此之外,还设里甲、建卫所,还有一项同刘邦一样,那就是分封同姓王。"众建藩辅,所以广磐石之安;大封土疆,所以眷亲支之厚。古今通谊,朕何敢私,尚赖中外臣邻,相与维持,弼成政化,故兹诏示,咸使闻知。"这段文字就是朱元璋在《拟封诸王诏》中所说的,从中可见朱元璋分封同姓王的措施和目的。

朱元璋分封藩王还有一个重要原因,那就是防备边患。当时大明朝虽然已经建立,但元朝的残余势力并没有被铲除干净。大元皇帝依然存在,元顺帝的继任者仍然在北部草原拥兵自重,对中原虎视眈眈。大元的丞相纳哈出当时在金山(在今内蒙古自治区通辽市东境西辽河南岸)屯兵20万。卧榻之侧,岂容他人酣睡,对于疑心颇重的朱元璋来说这是不可忍的。因此,戒严边境,防止蒙古骑兵的突袭就成了重中之重。虽说要防守边境,但猜疑心又让朱元璋不愿意把大量军队交给外姓武将,于是,他让几个能担重任的儿子到长城沿线的重要军事据点上分别把守。朱元璋依照"西北辽远,非亲子弟不足以镇抚而捍外患"的准则,依次分封了9个藩王,让他们带领重兵前去边关戍守,他们分别是秦王、晋王、燕王、代王、肃王、辽王、庆王、宁王、谷王。朱元璋觉得这样做,一则能防止武将叛变祸国,让皇权不稳;二则可以"镇固边防",保持中原的安定。

在大明朝建立的第二年(1369年),朱元璋就确立了分封诸侯王的制度。从洪武三年(1370年)至洪武二十四年(1391年),朱元璋共进行了3次分封,把自己的24个儿子和1个从孙分封于山东、山西、河南、陕西、甘肃、湖广、四川、江西等地,以此来实现"天下之大,必建藩屏,上卫国家,下安生民"的目的。

朱元璋忠实拥护嫡长制,在分封同姓王时,便严格按照这一制度来执行。元朝前期不立太子,以至于引发了多次宫廷政变,为此,朱元璋严格吸取教训,他早早地就确立了嫡长子继承制。长子朱标在吴元年(1367年)就被确立为世子,洪武元年则被立为了太子。遗憾的是,太子朱标在洪武二十五年(1392年)病逝,朱元璋还没有完全从悲痛中走出来,就果断立太子嫡子朱允炆为皇太孙,让他成为皇位的唯一合法继承人。

洪武二年分封诸王的制度被进一步细化:皇子封亲王;亲王嫡长子,年及10岁,立为王世子,长孙立为世孙,世代承袭;诸子年10岁,封为郡王;郡王嫡长子为郡王世子,嫡长孙则授郡王世孙,诸子封镇国将军,孙封辅国将军,曾孙封奉国将军,四世孙封镇国中尉。凡是皇族出生的子孙,其名字都由礼部择取,成人后的婚事也由皇家主持,禄饷由朝廷支给。嫡长子继承制的确立,在一定程度上避免了手足相残,消弭了皇位继承的纷争问题,同姓王的分封也就变得顺理成章了。

"列爵而不临民,分藩而不锡(赐)土",这是明初实行分封制的基本原则。各诸侯王只率领军队,而没有领土和人口。通常情况下,藩王大都率有二三卫,秦王、晋王、燕王这些大的藩王可拥军二三万人,小的藩王也率有士兵一万左右。而这些士兵骁勇善战,皆为精锐之师。

朱元璋的这种精心策划似乎能实现他巩固皇权的愿望,而且在他在位期间也没有暴露出其缺陷,不过,还是有一些有识之士从中预测到了分封制所存在的弊端,叶伯巨就是其中一人。

洪武九年(1376年),叶伯巨上书朝廷,明确指出了"分封太侈也,用刑太繁也,求治太速也"三个弊端。他不但分析道理,还摆出了汉朝"七国之乱"、晋朝"八王之乱"的历史教训,让朱元璋能有所防范。除此之外,他还提出了"节其都邑之制,减其卫兵,限其疆理,亦以待封诸王之子孙"等安定社稷的合理建议。虽言辞恳切,但朱元璋却恼羞成怒,下令逮捕了叶伯巨,还咬牙切齿地说要亲手射死他。最终,叶伯巨虽没被朱元璋亲手射死,却也死在了狱中。

后来果如叶伯巨预料的一般,燕王朱棣在朱元璋驾崩不久之后就发动了靖难之役,夺取了侄儿朱允炆的江山,朱元璋如果地下有知,是否会后悔没听取叶伯巨的谏言呢?

朱棣称帝后,继续实行削藩政策,又经仁、宣两朝,藩王的军事特权逐渐被削弱了,但一波刚平一波又起,藩王的军权被削弱了,可他们的经济特权却日益发展,皇族人口也不断增加,到了嘉靖年间,皇族人口已近10万,朝廷要拨给诸王府的禄米几乎占全国总收入的四分之一,达853万石(dàn),这么沉重的包袱让国家和人民都苦不堪言,明末农民起义的发生就和这种沉重的负担有着一定的关联。

兔死狗烹,鸟尽弓藏

纵观中国古代封建王朝,开国皇帝与功臣之间多有矛盾,这是统治者争权夺利的必然结果。每个朝代的皇帝处理这种矛盾的方式各有不同,可谓有缓有急,有刚有柔。布衣出身的汉高祖刘邦对开国功臣疑心重重,于是开了对功臣大开杀戒的先河。而朱元璋在对付功臣这方面比刘邦有过之而无不及。

刘邦在清除功臣上并不是一刀切,有些功臣还是得以保留的,"萧、曹、绛、灌等",刘邦还是信任倚重的。但到了朱元璋,清代史学家赵翼就评价说:"及天下既定,即尽举取天下之人而尽杀之,其残忍实千古所未有。"

朱元璋既然准备清除功臣了,那么总得找到适合迎接这第一刀的人。胡惟庸案就为朱元璋提供了便利,他以"谋不轨"罪诛宰相胡惟庸(?—1380)九族,同时杀御史大夫陈宁、中丞涂节等数人。但这个案件的具体情况史学家们至今没有一个统一的观点。著名历史学家吴晗先生也曾评论过此案,他说,胡惟庸案的真相到底是什么，恐怕就算是当时的明朝人也未必深知。造成如今这一迷局的原因，大概是由于当时法令严峻，著述家们大都不敢如实记录，以至于让真相淹没在历史的长河中。后世史家也只能凭借《明实录》一书的记载来著史，因此史书记载大体相同。

胡惟庸的老家在定远，他为人豪爽，有雄才大略，然而也"阴刻险鸷，众多畏之"。他早年曾在元朝做过小官，但到了元末农民起义时，也就是龙凤元年（1355年），他在和州投奔朱元璋，担任了元帅府奏差，接着又被授予宁国主簿之职，后来又进知县，迁吉安通判，擢湖广佥事。在短短的时间里，他的官职一升再升。

再后来他用300两黄金贿赂同乡李善长，于吴元年（1367年）被召任太常少卿，不久又升任太常寺卿。到洪武三年（1370年）正月，他的官职已经升到了中书省参知政事，这时候他已慢慢步入权力的中枢体系。后因李善长疾病缠身，朱元璋就任命汪广洋为左丞相。洪武六年，汪广洋由于整天喝酒，无所事事，被贬为了广东行省参政，此时胡惟庸在中书省可谓是一家独大。他仿佛看到了机会在向他招手，于是他"晨朝举止便辟，即上所问，能强记专对，少所遗"，朱元璋龙心大悦，对他喜爱有加，将他升为了右丞相，洪武十年（1377年），又将他升为左丞相。同年，汪广洋又被授为右丞相，然而他沉溺酒中，不理政事，只是保持官位而已。这时的胡惟庸可谓春风得意，一人之下，万人之上。但好景不长，之后不到3年的时间，胡惟庸就被朱元璋诛杀了。

洪武十二年（1379年）九月，中书省没有及时报告占城使臣入明朝贡的事情，朱元璋大怒，遂斥责中书省臣，然而胡惟庸却把责任推给礼部，而后双方互相推卸责任。矛盾不断升级，到了十二月，御史中丞涂节趁此揭发了胡惟庸毒死刘基一事，接着又牵扯出对此事知之甚清的汪广洋。由于汪广洋死活没有承认，朱元璋只是把他贬往了海南。结果刚行至太平，朱元璋就追究其在江西包庇朱文正，在中书省又不揭发杨宪阴谋等罪过，结果被赐死了，随行的他的妾室也自杀身亡。而这名自杀的妾室其实是被籍没入官的陈姓知县的女儿。而按照当时的法令，籍没者的子女是不能给文臣的，只能给武臣，朱元璋一怒之下严查到底，结果胡惟庸及六部堂官属官全被逮捕，关进牢房，严刑逼供。

洪武十三年（1380年）正月，狡猾的涂节一早窥探出了朱元璋要除掉胡惟庸的心理，于是就主动告发胡惟庸与陈宁阴谋造反。接着告发胡惟庸的奏折越来越多,当时的御史中丞商暠也揭发了胡惟庸的不法之事。最后胡惟庸以谋逆罪被处死。然而告发者涂节也没能独善其身,最终因"本预谋,见事不成,始上变告,不可不诛"而身首异处。朱元璋深感臣下权力太大,会导致元末"宰相专权""臣操威福"的局面重演,随即下令撤销中书省,废除丞相。丞相被废除后,其事由六部分理,而皇帝拥有至高无上的权力,中央集权得到了进一步加强。

胡惟庸死后,事情还远远没有结束。胡惟庸的罪名在死后仍然不断升级,牵扯进此事而被杀的大臣也越来越多。

洪武十九年(1386年)十月,朱元璋认为胡惟庸私通日本,明州卫指挥林贤是胡惟庸故意贬谪到日本的,准备让他借400名精兵藏在日本贡使如瑶的贡舶之内,在入朝进贡时帮助自己叛乱夺权。到了洪武二十三年(1390年)五月,几年的时间过去了,胡惟庸案还没有收场,此时朱元璋又定罪胡惟庸私通蒙古。

他认为当初胡惟庸私派封绩前往漠北,是为了联系北元发动兵乱,侵扰大明边境,后来案发封绩也不敢回来了。直到洪武二十一年(1388年)蓝玉北征,才在捕鱼儿海(今贝尔湖,在今内蒙古自治区新巴尔虎左旗西南、中蒙边境上)附近俘获了封绩,并把他押解回国。后来朱元璋又审讯丁斌,接着丁斌就交代出李善长之兄李存义和胡惟庸有交往。最后李存义父子在严酷刑罚下招供,承认胡惟庸曾多次劝说李善长帮他谋反,但李善长以"吾老矣。吾死,汝等自为之"等话婉言拒绝了。不过李善长的家奴卢仲谦也告发李善长和胡惟庸交往甚密。最后胡惟庸串通李善长谋反的罪名坐实,李善长被赐死,其妻女弟侄70余口全被杀死了。一批心怀怨望、骄横跋扈的文武官员和江南豪强也被朱元璋以各种借口杀了。胡惟庸案影响深远,案件绵延达10多年,三万多人被杀,其中公侯有22人。这个案件持续时间之长,牵涉之广,被杀之人之多,都是历史上所罕见的。

而胡惟庸案后又发生了蓝玉案。蓝玉是太子妃舅父,鄂国公常遇春的妻弟,他战功赫赫,被当时的人称为常胜将军。然而就是这样一个功高显贵之人,在胡惟庸案后也被朱元璋一举消灭。蓝玉在洪武二十年(1387年)升为大将军,刚过两年又被晋升为凉国公。但在洪武二十六年(1393年),锦衣卫蒋瓛向朱元璋密告说蓝玉谋逆,准备在朱元璋出耕籍田时刺杀朱元璋。朱元璋接到这个消息,就加紧部署逮捕了蓝玉。这个战功赫赫的大将军、凉国公从被捕到被杀,只用了3天时间,此外还另有一公十三侯二伯受牵连被杀,多达一万五千人被连坐杀死。至此，同朱元璋一起打天下的元功宿将已经基本被肃清。后来，朱元璋还特意安排编写了一部《逆臣录》以正视听，只不过这本书编造大臣罪状的伎俩十分拙劣，明眼人一看便知。

根据《逆臣录》中的记载，人们粗略统计，蓝玉在28天内，在家亲自接待了1165位来访者，共321起，招待酒饭的就有1005人，他们上自侯爷、都督、指挥，下至千户百户、总旗小旗，乃至奴仆家丁、贩夫走卒、流氓无赖，几乎无所不包。而且，多数人在蓝玉亲自接待后都要进行"大干一场"的演讲。这么拙劣的罗织罪名的伎俩，也不知当时的人们看后做何感想。

现在史家都认为，当时的胡、蓝两案发生，的确是因为有一些有功之臣傲慢无礼，无视法纪，但最根本的原因还是朱元璋要实现巩固皇权的私心。据说有一次，朱元璋让朱标拿起一根长满尖刺的棘杖，但朱标怕刺破手指而不敢拿，朱元璋便说"等我把这些刺都去掉再交给你"，"今所诛者皆天下之险人也，除以燕汝，福莫大焉！"朱元璋把功臣比作国家的尖刺，想要如数尽去，实在令人心寒。可是，他怎么也没料到，功臣尽去，没有了造反者，而燕王朱棣却起兵"靖难"（以平定叛乱为名义发动战争），夺取了侄儿建文帝的江山。假使朱元璋能适当信任功臣，蓝玉等人还在，也许朱棣的篡权夺位就不会发生了。

火烧功臣楼

关于朱元璋残杀功臣的故事有很多，有的已经被传得与史实相差甚远，面目全非了。传说朱元璋登基以后，便下令建造一座功臣楼，凡是跟随朱元璋南征北战，打下江山的开国功臣，无不深受感动，称赞皇上英明。只有刘伯温忧心忡忡，他来到皇宫，见了朱元璋，恳求说："如今王业已成，臣责已尽，但愿辞官归田。"朱元璋再三挽留不得，便取出许多金银送给刘伯温，并亲自把他送出了宫外。

刘伯温出了皇宫，便来到徐达府上，向他辞行。临别时，刘伯温握着徐达的手说："有一句话望你牢牢记住：功臣楼庆宴之日，你要紧随皇上，寸步不可离开。"

功臣楼建成了,朱元璋择定日子,邀请所有功臣前来赴宴。酒宴大开后,热闹非凡。徐达平日酒量不小,今天却怎么也不敢多喝,一直盯着朱元璋的一举一动。酒正喝到兴头上,朱元璋忽然站起身来,向门边走去。徐达连忙跟上。朱元璋发觉身后有人,回头一看,见是徐达,便问:"丞相为何离席?"徐达说:"特来保驾。"朱元璋说:"不必不必,丞相请回。"徐达哀戚地说:"皇上真的一个也不留吗?"他俩刚走出几百步,突然,"轰隆隆"一声巨响,功臣楼瓦飞砖腾,火光冲天,可怜满楼功臣,全部葬身火海。

原来,朱元璋为了保住朱姓天下,竟设下了这"火烧功臣楼"的毒计。

高明改革戏剧

高明(约 1301—约 1370),字则诚,号菜根道人,元末明初戏曲家。他的代表作《琵琶记》,被誉为"曲祖""南曲之宗",对后世的戏曲创作产生了至关重要的影响。在中国戏剧发展史上,高明是个承先启后、举足轻重的人物。

高明祖籍浙江,出身于书香门第,虽然父亲不幸早逝,但是家中长辈对他疼爱有加,所以他的童年过得快乐而幸福,而且他从小深受文学熏陶,为其日后走上戏曲创作的道路打下了坚实的基础。

小时候的高明聪明伶俐,反应灵敏,尤其喜欢对对子。据说,有一次家里请客,小孩子按照规矩是不能上桌的,可他闻到饭菜的香味,馋得流起了口水,实在忍不住,就偷偷拿了一个热腾腾的炸丸子吞进了嘴里。他还没来得及品出什么滋味,就被一个眼尖的客人发现了。那人大声训斥道:"小儿不识道理,上桌窃食。"

这个客人向来不讨人喜欢,为人尖酸刻薄,没有真才实学却偏好卖弄,考了好几回生员,每次都落第。

高明被他训得很是恼火,急中生智,脱口而出:"村人有甚文章,中场出对。"这个对子对得天衣无缝,而且揭了对方的老底,直把客人气得七窍生烟。

小高明虽然活泼调皮,却是个孝子,听了祖父给他讲的《二十四孝》中曾参、闵子骞的故事,他被深深感动了。故事中的人物在他幼小的心中留下了难忘的印记,所以长大以后,他专门以此为题材,创作了一出戏,叫《闵子骞单衣记》。

所谓名师出高徒,高明有幸师从了一位了不起的人物——元代大儒黄溍,他才华横溢,为人正直,对天资聪颖的高明欣赏有加。黄溍不仅教给他学问,更教会了他做人,对高明日后的创作影响很深。

元顺帝至正五年(1345年),高明赴京应试,不出所料,他高中进士。得中进士以后,高明在处州担任过一段时间的录事(相当于今日掌管文书、人事等事宜的秘书),他为官清明练达,关心百姓疾苦,将当地治理得井井有条。当他任期届满时,处州百姓对他恋恋不舍,还专门立了一座纪念碑纪念他。更有意思的是,他的上司非常仰慕其才华,竟然带了一批子弟向他请教学问,一副不耻下问、谦虚好学的架势令高明盛情难却,他就干脆做起了他们的老师。高明这人果然厉害,读书时是学霸,一考试就中了进士;当官时是清官,深受百姓爱戴;教书时是贤儒,官场中的上司都对他佩服得五体投地。

只有一件事,高明做得不太顺心,那就是领兵打仗。元朝末期,各地义军纷纷起兵反元,朝廷正在用人之际,高明也就被请出来剿匪。但是,高明和主帅意见不合,而他没有实权,所以满腔抱负无处施展,于是只得黯然辞官返乡。然而,他刚刚回到老家没多久,又被拉出来做了十年官,这也怪他太有名气。然而他早已厌倦了官场的污浊,终于在至正十五年(1355年),坚决地返乡隐居。

高明无官一身轻,心情如飞出牢笼的燕雀,自由而欢畅,他终于又可以埋头钻研学问了。在他的心中,他始终觉得自己就是一介书生,读书人才是他最恰当的身份。他的恩师黄浚知道他对戏剧很有兴趣,便鼓励他朝这个方向发展。

高明对戏剧有着自己独到的见解,他认为一出好的戏剧,必须要合乎教化,不但带给观众快乐,还要使人感动,明白忠孝节义的道理。因此,那些风花雪月的爱情戏码,或者神仙妖怪的虚构想象,在他看来,都是毫无意义的无为之作。

从此,高明走上了戏曲创作之路,他开始埋头苦写《琵琶记》。高明是个严谨认真的人,说写就写,而且要写到最好。他创作时一丝不苟,不但闭门谢客,而且还把自己关在书房里,一写就是一整天。他习惯于一边拍桌打拍子一边写唱词,这样才有创作的灵感,可拍到后来,桌子都生生地凹下一寸多。照这样下去,等写完《琵琶记》,他非练成铁砂掌不可。

《琵琶记》写的是蔡伯喈与赵五娘的故事。蔡伯喈就是汉代著名学者蔡邕,他原是一个孝子,却在宋朝流行的民间戏剧之中,被描写为"弃亲背妇"的恶棍。高明之所以改写《琵琶记》,是因为要替蔡伯喈翻案,叙述他不得已的苦衷,并将其作为教人忠孝的题材。

真实的蔡伯喈却比高明笔下的蔡伯喈更高明,他为人敦厚善良,孝顺异常,精通天文,擅长音律,并且校正了《熹平石经》,这是中国学术史上了不起的一大成就。

《琵琶记》刚一问世,立刻轰动了大江南北,每次演出都会吸引如潮水般的观众,几乎是万人空巷,可见《琵琶记》受欢迎的程度。连明太祖朱元璋也是这部戏的粉丝,当皇帝之前,他就被这出戏深深吸引了。当了皇帝以后,他对《琵琶记》仍是情有独钟,多次请戏班子前来为他演出。朱元璋曾经这样说道:"四书五经如同五谷,家家不可缺,却是平淡而无味,高明写的《琵琶记》则如同珍馐百味,富贵之家才能享用。"朱元璋作为《琵琶记》的铁杆戏迷,对高明自然青睐有加,觉得这样的人才不为明朝效力实在是太可惜了,就极力邀请高明出山,赴南京做官。可高明早已看透官场炎凉,再不想踏进这名利场,因此便托病请辞。朱元璋敬重他的为人,也就没有勉强他,只是叹息:"朕没这个福气。"

教民便捷的榜文

明太祖朱元璋如同众多开国皇帝一样,有着鲜明的个性,而且还颇具争议,从重视榜文教民这一点上就可看出朱元璋的某些性格特征。

明朝初年,各种典章制度正处在草创阶段,因此当时的法律非常混乱,而且存在各种漏洞,严密性和系统性亟待完善。当时法律的具体形式有律、令、诰、榜文等。其中律是主要形式,令是对律的补充,而诰则是指"法外用刑,以案释律",那么榜文是什么呢?

榜文在当时既可以作为法律,也可以作为宣传法律的载体,它作为一种条例,由皇帝钦定并颁布施行。很多专家认为,明初法律在实际运行过程中,榜文占主要地位,律令则起到辅助作用。榜文的法律效力比《大明律》要高出一筹,而且在处罚上也重于律,可以使用律外酷刑。

对于教化百姓,朱元璋特别喜欢用榜文。洪武三年(1370年),一些江南富民被朱元璋召集到南京,当众训话,这些训话被整理出来后洋洋洒洒有数千言,接着还被刻印公布出来,这就是《教民榜》。洪武一朝,颁布的榜文有50多部。后来的明成祖也颁布了一些榜文,但明成祖之后,榜文基本上退出了历史舞台。

朱元璋为什么总喜欢使用榜文来教化百姓呢?在古代,信息传播不便,普通百姓也没有接受过太高的教育,这样一来,用榜文教化百姓就成了一个好办法。榜文教民的好处有以下几点:一、有很强的时效性。一般情况下,皇帝对很多问题一有看法就能刊印发布,这就让最高统治者的意旨能够及时地传达出去,并能突出治理重点,对象也十分明确。二、涉及面广。榜文能涉及国家管理和社会生活的许多方面,"劝其为善,毋犯刑宪"是其主要目的,以要求老百姓遵守道德、孝顺老人、团结乡里,不偷不抢,不为非作歹。三、传播广泛。榜文颁布后,要在各部衙门或州县乡里的申明亭里悬挂,这样就能发挥很好的传播效应。

农民出身的朱元璋自然对农民的情况了如指掌,他非常明确哪些方法对老百姓有用,哪些措施能在百姓中起到立竿见影的效果。张贴榜文对于那些识字的百姓能起到最直接的教化作用,但不识字的老百姓如何受到教化,去遵纪守法呢?朱元璋想了个妙招,他要求各个村镇设置一个木铎(铎,古代宣布政教法令时或有战事时用的大铃)。由官家选用那些不能从事生产劳动的老年人或者盲人、残疾人等,由儿童领着,手拿木铎,边摇木铎边宣教榜文。孝敬父母、不许偷盗、热爱劳动等这些基本的道德和法律知识就通过这种灵活的方式得以推广。举行这种活动并不是三天打鱼两天晒网的,而是每月定期举行多次。即使村子里没有闲人,也要选出合适的人来进行这项活动,而且在秋天收获后,还会给这些宣传人员发放粮食和生活费用。

除了皇帝喜欢使用榜文以外,这种方式也得到了很多地方官员的青睐。2006年12月,杨一凡、王旭编纂的10册《古代榜文告示汇存》由社会科学文献出版社出版了。书中收录了榜文、告示1700余件,这些榜文、告示来自朱熹、海瑞、李渔、于成龙等自宋至清的60余名各级地方长官和朝廷派出巡按各地的官员。其中很多榜文为首次选编出版,十分珍贵。这些榜文包含着我国古代治理地方和进行基层建设的一些成功经验,对于现代的地方法制建设仍有一定的借鉴意义。

"代天子出巡"的钦差

《苏三起解》这出戏很有名,里面的主人公叫王景隆,他考取进士后做了山西的八府巡按,在他的审讯下为"苏三杀夫"的案子平了反。其实这出戏并不是胡编乱造的,它是以明代中期为背景的,巡按审理案件也是符合历史的。那么,很多人就会有疑惑,这个八府巡按到底是个多大的官呢?

明朝建立初期,江山不稳,朱元璋就逐渐加强对地方的控制,于是建立了御史巡按的制度。永乐时期,这种制度开始常规化。当时是把全国分成了十三道,以布政司为单位,分道派遣使者,定期派都察院的御史按期出巡。他们主要的职责是考察地方官吏、稽查地方公文,甚至帮助清理和审核地方狱讼等。哪位御史出巡都必须由皇帝钦点,并规定好职责和权限。巡按回京述职也直接向皇上汇报情况。人们常说的钦差大人指的就是手握圣旨的巡按御史。

不论这些钦差是八府巡按还是几府巡按,他们都是都察院的御史,官阶只是七品而已。虽然官阶较低,但由于他们是"代天子出巡",所以权势很大,可以考核布政使司等省级三品以下的官员的政绩和才能。钦差在处理事情上,小的则就地处理,大的则上报朝廷。一旦有官员贪污、虐待百姓或者无能无德,即使是三五品的官员,巡按御史也能进行弹劾。

巡按掌握大权可以方便监控地方官员,但也有一个缺点,就是容易产生滥用职权、作威作福等问题。但这一点朱元璋也早就想到了,他精于权力的相互制衡,因此在赋予巡按特权的同时,也定下了严格的制度。就是巡按要在礼遇上遵循和他们的权力不相称的低级标准,如巡按要根据品级拜见地方官员,出巡时只能带一名书吏随从,避免耀武扬威;出巡时,布政使等官员骑马,巡按则骑驴。而且在明初时,因为鹅比较贵重,所以规定巡按不能吃鹅。规定细化到这种程度,都是为了防止巡按凭借特权四处横行，凌驾于地方官之上。

明初时期，巡按"代天子出巡"确实起到了一定的作用，对于整顿地方吏治发挥了很好的效果。但这个制度一久，就渐渐暴露出很多问题，先是这些巡按们不能忍受低下的待遇。到了宣德年间，当时虽然巡按还是七品，但与布政使同席相聚时却常常坐于上位。出巡时也不再骑驴，而是同布政使等官员一样骑马而行。正统四年（1439年）出台的《宪纲》是一部监察法规，里面对于御史出巡的事情进行了重新规定，自此巡按虽是七品，但已经可以和布政使三品官员平起平坐了，其他四五品的官员则成了巡按的下属，需要拜见巡按了。

随着时间推移，明代巡按的权力也一步步增加，考察和举荐的权力越来越大，范围扩大到了对布政使和按察使的考察和举荐，甚至还对军事大权有所涉及。其权力逐渐增加，但是品级还是七品，与其权力范围极其不称，因此典型地表现为"论官不论品"的特点。

这时候的巡按出巡已经一扫以前的寒酸之气，而是大讲排场，骑大马，衣（穿）锦绣，跟随人员浩浩荡荡，老远就可以看见飘扬的旗帜。每到一个地方，地方的官员、生员都要前来迎接并行跪礼。成化时期甚至出现了巡按出巡，布政使以下官员都随行其后，就像跟差一样的情形。诸位官员跪拜行礼，一副谄媚之相，主要是因为他们不想遭到御史弹劾，或者想要获得御史的举荐。因此，巡按与地方官员之间各有所想，巡按获得虚荣，地方官员获得实惠。

就这样巡按们渐渐被虚荣冲昏了头脑，变得不再恪守礼法。他们在地方作威作福，其中有一个王巡按，曾在山西先后杖责打死过10名知县。万历末年，还有一个名叫崔呈秀的巡按在审理案件的时候大肆收受贿赂。

至此，御史巡按制度的初衷——整顿吏治、代天子出巡、了解民间疾苦，已彻底改变。

明太祖严惩贪吏

明朝建国后不久,官吏贪赃枉法的事接连发生。为了巩固自己的统治,明太祖朱元璋想出了一个惩治贪官污吏的办法。他让各府、州、县和卫所的长官在衙门的左边修了一座小庙,里面供着土地神,专门作为剥皮之所,叫"皮场庙";在官衙大堂公座的左边,则悬挂着一个用贪官的人皮楦满草做的袋子,叫"皮草囊",据传,当时全国都是如此。

用这种手段惩治贪官污吏,看起来的确有点残酷,但是这也表明了明太祖对贪官污吏的愤恨心情。明太祖深知"官逼民反"的道理,他从元朝的灭亡中总结出一条经验,他说:"元朝因为宽容放纵贪官污吏,把江山丢掉了,如今我得了天下,若不用严刑峻法便不足以矫正积弊!"因此,他建立明朝以后,多次严申惩治贪官之令,法令十分严格。规定官吏贪赃80贯钱的便枭首示众,然后剥皮楦草,做成人皮袋子,挂在当地衙门的大堂上,以儆效尤。此外,明太祖还颁布了一道命令,即允许乡亭老人(里甲编制中负责风俗教化等的人)有参议政事的权利。

洪武四年(1371年),明太祖派人对所有官吏进行考察,杀了一大批贪官污吏。可是杀了这些官吏,谁替国家征收赋税呢?明太祖令主管赋税的户部勘查百姓的土地,以赋税1万石为一个单位,选其中地多的当粮长,由粮长负责征收所管范围的赋税,上纳国库。但是没过多久,明太祖察觉到这些粮长为了躲避赋税,会把自己的田产假托在亲戚、邻居、佃户和仆人的名下,和官吏勾结,乡里欺骗州县,州县欺骗府,使国家税收遭受损失。在编册的时候,他们又从中捣鬼,多派加征,甚至谎报灾情,中饱私囊。明太祖发现这种情况后,一次就处死了不法粮长160名。

洪武十八年(1385年)三月,御史余敏、丁廷举告发北平承宣布政使司,提刑按察使司官吏李彧、赵全德等与户部侍郎郭桓等通同舞弊,吞盗官粮,引发了震惊全国的"郭桓案"。郭桓在洪武十七年五月任户部尚书,第二年一月降为户部侍郎。在头一年收缴浙西秋粮的时候,他和地方官黄文通、奸吏边源等人相互勾结,通同作弊,大搞贪污。本来,浙西应上缴税粮450万石,他们却只缴了60万石,另缴80万锭银子给国库,以当时银价和粮价折算,这80万锭银子可以顶200万石粮食,其余的190万石粮食都被他们贪污了。他们还合伙私分浙西各府钱钞50万贯。郭桓又和官吏张钦合伙吞没了应天等五府所属州县10万亩官田的夏税秋粮。

郭桓利用自己是征收赋税最高主管官员的有利条件,使得上述几桩大的贪污罪行都没有暴露。他的胆子越来越大,竟然把军用粮仓里的3年储粮盗卖一空。当时全国除京师应天外,总共有13个布政使司(相当于今天的省),而此案牵连12个布政使司。郭桓利用职权,和其他布政使司的官吏相勾结,盗卖存在仓库里的粮食,还和管理贮存金银钱钞的府军官员范朝宗、张裕合伙偷盗金银,假借名义窃取钱钞600万贯。

这个案子使明太祖大为震惊。他反复琢磨,官吏刚提拔的时候,还忠诚廉洁,可是在任一久,便都奸诈贪污,很少善始善终,最后多是因贪赃枉法而被杀,这是为什么呢?他想,六部和府州县官多是儒生,不懂这一套,多是奸吏捣鬼,拉官员下水,所以他让当时的刑部(主管法律、刑罚的机构)尚书开济把记载钱粮数目的"一二三四五六七八九十百千",改作"壹贰叁肆伍陆柒捌玖拾陌阡",防止奸吏涂改账目,从中贪污。后人又把"陌阡"写作"佰仟",这就是至今还在沿用的大写数字的由来。

这次郭桓贪污案数目巨大,后来审案官吏还发现,这个案子和户部侍郎胡益、王道亨、礼部尚书赵瑁、兵部侍郎王志、刑部尚书王惠迪、工部侍郎麦至德等有关,和整个六部上下大小官员几乎都有关系,这就无法用奸吏捣鬼来解释了。朱元璋突然觉得朝廷大小官员都是些贪婪之徒,便狠了狠心,下令把赵瑁、王惠迪、主犯郭桓,以及六部左、右侍郎以下官员都杀了,江南不少富户也牵连被杀,总共杀了几万人。

明太祖杀了这么多人,引起了地主和官僚的不满。可是他们不敢说盗卖官粮合法,也不敢说杀那些贪官污吏不对,就把矛头对准具体处理这个案子的御史和法官,一时朝野上下议论纷纷,气势咄咄逼人。

明太祖心里明白这是对着他来的,觉得这个矛盾再发展下去,对自己非常不利。他就在公布郭桓等人罪行的同时,把审判此案的法官吴庸等人也杀了,还下了一道诏书,名为"大赦天下",下令对此案不再追究。而后,他又对地主官僚进行安抚,从而结束了这个案子的恶性蔓延。

为了进一步防止贪污案件的发生,明太祖还亲自编写了《大诰》,其中有不少法律条款是针对贪官污吏的。经过一番整治,贪赃枉法的事情少多了,同时吏治和社会风气也有了一些改善。

明朝的特务政治

明朝实行严厉的特务统治,对臣民的一举一动都进行严密监视。据说,明初大臣钱宰罢朝回家,吟诗道:"四鼓咚咚起着衣,午门朝见尚嫌迟。何时得遂田园乐,睡到人间饭熟时?"第二天上朝时,明太祖朱元璋对他说:"你昨天的诗写得好,不过我并没有'嫌'哪!何不用'忧'字呢!"钱宰一听,吓得冷汗直流,磕头如捣蒜。大学士宋濂有一次在家宴客,朱元璋立即知道了客人是哪些人,吃了什么菜,喝了什么酒,甚至还有一张宾客坐席图。原来,朱元璋有一个特务机构——锦衣卫,负责侦察臣僚的言行,检举背叛者。

锦衣卫设立于洪武十五年(1382年),原为护卫皇宫的亲军,掌管皇帝出入仪仗。朱元璋为加强专制统治,特令锦衣卫兼管司法刑狱,有巡视、逮捕的权力。锦衣卫下设的北镇抚司,则直接奉皇帝的命令查办各种案件。于是,锦衣卫使用特务手段,任意缉捕、审讯大臣和普通老百姓,在严刑逼供下制造了许多冤案。锦衣卫的最高长官为指挥使,常由功臣或者外戚担任。

比锦衣卫还要可恶的是东厂、西厂,它们是明朝迁都北京以后设置的特务机关。东厂、西厂与锦衣卫并称"厂卫"。东厂、西厂由皇帝的亲信太监担任提督,直接向皇帝报告,地位更高。在皇帝的直接指挥下,厂卫特务无所不至,上自公侯贵戚,下至民间百姓,都是他们刺探的对象。厂卫特务仗势欺压人民,敲诈勒索,无恶不作,所用的刑具众多,包括特制的大枷、夹棍等;刑罚则有断脊、刴指、刺心、红绣鞋（以烧红的铁烙脚）等，惨无人道。如此恐怖的特务统治最终导致明代政治日益黑暗，人民的反抗情绪也日益高涨。

武将的尊卑与明朝的兴衰

明朝刚刚建立的时候，为了适应不稳定的社会环境，实行的是重武轻文的策略。

武臣格外受到重视，当然这也是受了元朝历史的影响，更主要的应该还是当时社会背景的需要。元朝末年，武将四处奔波，斩将杀敌，为大明江山的建立付出了血与汗，甚至是生命的代价。在朱元璋看来，文人基本没什么用处，他们只会耍耍嘴皮子，玩玩笔杆子；然而武将不同，他们能征善战，可以攻城略地，是战争胜利的主宰。

明朝建立以后便采取了文武有别的政策，朱元璋亲自参与制定的《大明律》中就有明确规定：文臣不得封公侯。可见当时对文臣的偏见是多么严重。当时的爵位有四个等级，分别是王、公、侯、伯。从《大明律》的规定可以看出，文臣最高封为"伯"。这种对文臣的不重视程度可见一斑。

永乐时，朱棣以武力抢夺建文帝的皇位，进行了长达3年的战争，其中又有一批武将发挥了重要作用，从而也得到了朱棣的重用。"重武轻文"的策略就继续得到了执行。武将被重用，在社会各方面都高人一筹，可谓风光无限。朱元璋还曾在南京修了一座功臣庙，里面没有一个文臣。到了永乐年间，朱棣嘉奖英国公张辅，就把他的弟弟从文职侍郎改成了同一品的武职，即锦衣卫指挥同知。看起来级别没变，但由文职变成武职就是极大的恩赐。就连节日庆典时，文臣武将齐聚一堂，也总是武将排在文臣的前面。

但随着时间推移，大明江山日趋稳固，社会秩序也稳定了下来，重武轻文的做法显然已经慢慢不适合当时的社会背景了。因为，在和平稳定的社会环境里，武将已经失去了用武之地，而对于文臣来说却是大展身手之际。尤其随着科举制度的推行,文官的队伍越来越壮大,于是慢慢占领了一些重要位置。

同时,明朝的统治者也害怕权势过大的武将有谋反之心,于是开始着手削减他们的势力,不断蚕食武将的力量,以便化解可能出现的篡权夺位的危机。这样一来,武将的一些权力在消弭的过程中,也逐渐有一部分转移到了文臣手中。随着明朝督抚制度的普遍设立,边疆武将的权势受到了更大的冲击,巡抚有清吏治、肃边政的监察职权,还统领一省,节制三司,兼提督、参赞军务,而总督随巡按制度的推行而产生,总督辖区比巡抚大,可总督军务,统一事权,协调行动。出征时由文臣任总督或提督军务,其权势越来越大;而武将只剩下带兵作战的任务。

明朝统治者设立督抚制度就是为了借助文臣来节制武将,以免武将过于嚣张,惹是生非。虽本意达到了,却也惹出了另一种没有想到的结果,那就是武将地位的败落。在明朝正统年间,当时总兵还能够弹劾巡抚,说明武将还有一定的权力。到后来,巡抚的地位已经超越了武将。整个形势全然改变,从前"武尊文卑"的情况已经一去不复返了,转而被"文尊武卑"所替代。

到了嘉靖初年,文臣与武将之间的地位更加悬殊。当时布政司的官员已经毫不把总兵放在眼里了。甚至出现了一些武将讨好文臣的现象,因为很多将官害怕巡按、巡抚等对他们进行弹劾,就一味对文将溜须拍马、卑躬屈膝。万历年间,这种现象已经发展到了文武之间俨然成了一种上下级关系,当督抚到任的时候,武将要叩首迎接。文武之间的尊卑有时已经和官衔品级没有关系了,主要取决于文臣对武将的统辖权力,甚至低品级的文官也可以对高品级的武将随意呼喝,或者大加训斥。曾经的武将耀武扬威的日子一去不复返了,武将都只能乖乖夹起尾巴做人了。

从"武尊文卑"到"文尊武卑"的转变,也造成了明朝国家军事力量的日益衰落。在一些对外战争中,明朝的军队大都不堪一击,被打得一败涂地。文臣不懂军事却做了统帅;武将虽懂军事,但是受到文臣的辖制,不能充分施展才能,这就造成了明朝在军事方面逐渐走向衰败,最终导致了明朝的灭亡。

施耐庵著《水浒传》

《水浒传》是我国家喻户晓的"四大名著"之一,它是我国历史上第一部用白话文写成的描写农民起义的长篇章回体小说。作者施耐庵是元末明初著名的小说家。

施耐庵为钱塘(今浙江杭州)人。据说他小时候天资聪颖,读书非常用功,是学堂里学习最好的学生。除学堂规定的各种经书、史书之外,施耐庵还看了不少民间的话本、小说。所谓话本就是民间说书艺人以历史故事和当时的社会生活为题材编写的说书脚本。书中英雄的豪爽仗义让施耐庵十分敬佩,他向往着长大以后也成为一个文武双全的英雄。于是施耐庵经常在放学后练习武艺。随着一天天长大,施耐庵渐渐成为一个文武双全的年轻才子。

后来,年轻的施耐庵参加了元朝的科举考试,中了进士,做了钱塘的一个地方官。可是由于元朝推行对不同民族分级的制度,施耐庵的官当了没几年,他就因对当时的社会状况不满,辞官还乡了。

施耐庵回乡后以开学堂教书为生。教书之余,他常常去书场听说书人讲梁山英雄故事,并深深为之着迷。一天,施耐庵在逛书铺的时候偶然发现了一本《宋江三十六人赞》,书中完整地记录了宋江等36人的名字和绰号。施耐庵如获至宝,买回去后仔细研读,并思量要是写一本这样的书一定会大受欢迎。

从此,施耐庵开始四处收集资料,并着手写作。关心他的亲友知道他在写这么一本书,都劝他:"历代以来从没有为盗贼立传的书,即使官府不管,写完了也没有书肆敢刊发。"但施耐庵不为所动。他还关了学堂,以便专心写书。书里要描写的人物众多,怎样才能使书里的人物鲜活起来呢?施耐庵刚好认识一位擅长画人物的画家,就请他按照宋江等36人在人们心目中的形象,画了36幅形神兼备的画。他把这些画高高地挂在自己家里的墙上,每天对着画琢磨,想象这些人物会怎么说话、做事。想着想着,他好像来到了这些人物身边,和他们一起劫富济贫,大碗喝酒,大块吃肉。他还经常到街头人多热闹的地方,观察各种各样的人的言谈举止,在熙熙攘攘的闹市,宋江、武松、鲁智深这些英雄生活的场景逐渐清晰起来,武大郎、王婆、潘金莲、西门庆这些平常人物也一个个鲜活生动起来。

正当施耐庵专心写作的时候,元朝末年的农民起义爆发了,在江南一带就有张士诚、方国珍等人领导的起义军。施耐庵早就不满元朝统治者对汉人的压迫和倒行逆施,得知起义军在招兵买马,他就加入了张士诚的队伍,成了张士诚帐下的军师。后来,张士诚在和朱元璋争夺天下的战争中失败,施耐庵便返回故乡重新投入到了《水浒传》的创作中。

《水浒传》是施耐庵在宋、元以来广泛流传的民间故事、话本、戏曲的基础上进行的综合性再创作。宋江等36人在水泊梁山的农民起义是其创作的历史根据。在戏曲发达的元代,出现了一批水浒戏,《水浒传》的人物故事因此日益丰富起来,水浒英雄也由36人增至72人,又发展到108人。施耐庵在这一基础上,广泛搜集民间传说,并将这些传说连缀改编,最终写下了这部不朽巨著——《水浒传》。

《水浒传》一经问世,就引起了轰动,人们争相传阅,爱不释手。

施耐庵创作的《水浒传》全面反映了以宋江为首的农民起义军由产生到发展,最后以失败告终的全过程。故事的开始具体描写了各路英雄遭受种种迫害,纷纷被逼上梁山聚义的经过;接着写众好汉聚众起义,攻夺城池,与官军苦斗的历程;小说的最后写起义军在宋江的影响下,接受了朝廷的招安,并受派遣征战辽国,平定了江南方腊的起义军。

施耐庵的《水浒传》对后世产生了广泛而深远的影响。书中的反抗精神、革命乐观主义精神极大地鼓舞了明清时期的农民起义军。无数起义领袖从中获得了巨大的力量,学习到了丰富的斗争经验和方法,这也引起了封建统治阶级对此书的痛恨,因此明清两代都曾将它列为禁书。可《水浒传》中一个个光辉的英雄人物一直活在人们的心中。不管如何禁毁,这部作品已在人民群众心中深深地扎下了根,其巨大的影响是任何一个统治者都禁止不了的。

作为一部优秀的文学作品,《水浒传》对后世的小说、戏剧、民间文艺的创作也产生了难以估量的巨大影响。它不仅为后世的文学写作提供了大量的素材,而且它在创作手法、结构安排、人物塑造、语言运用、细节描绘、场景渲染等方面均有大量值得我们借鉴的地方。在历史的长河中,它是一颗璀璨的文学明珠,永放异彩。

罗贯中与《三国演义》

《三国演义》是我国最有影响力的长篇历史小说之一,也是我国章回体历史演义小说的开山之作。

罗贯中(约1330—约1400),名本,字贯中,号湖海散人,山西太原人(一说浙江钱塘人)。他生于元朝末年,卒于明朝初年。他聪明机智,富有谋略,胸怀天下,并有一定的军事才能和政治经验。据说,罗贯中曾做过元末农民起义领袖张士诚的幕僚。元末明初,社会动荡不安,人民颠沛流离,他过着居无定所的日子,四处漂泊。在起义军领袖张士诚被朱元璋打败以后,罗贯中就退而从事历史小说的创作,《三国演义》是他的代表作。

早在晋代和南北朝时期,民间就广泛流传着三国的故事。唐宋时,有许多艺人说、唱三国故事。到了元代,三国故事被大量地搬上舞台,元代刊印的《三国志平话》是现存最早的一部民间流传的三国故事的写定本,已初具《三国演义》的规模。书中有大量的不同于正史的附会与传说,这一未经文人润色的民间艺人作品,文笔粗糙,叙事简略。

正是在这些民间作品、传说、戏曲的基础之上,明初小说家罗贯中利用陈寿的《三国志》和裴松之为之作的注等正史材料,结合他本人丰富的斗争经验,写成了这部波澜壮阔、影响深远的《三国志通俗演义》,即《三国演义》。

《三国演义》描写了从169年至280年百余年的历史故事,起自黄巾起义,终于西晋统一。书的开篇写东汉末年统治阶级腐朽昏庸,民不聊生,社会矛盾激化,劳苦大众纷纷揭竿而起,形成了以张角为首的声势浩大的黄巾起义。然后写大小军阀对农民起义军的镇压,董卓的凶残暴戾以及十八路诸侯联合声讨董卓。董卓败亡之后,曹操权势渐大,后挟天子以令诸侯。他在稳固了北方之后,又进兵江南,准备消灭孙权和刘备的势力。此后,魏、蜀、吴三国鼎立的局面慢慢形成,彼此之间相互争斗。最后西晋代魏,消灭蜀、吴,三国尽归司马氏,长期的分裂局面结束,中国复归统一。

在此书中,罗贯中通过对三国纷争离合的故事情节的描写,刻画了许多具有鲜明性格特征的典型人物。有人赞誉他塑造人物有"三绝",即曹操奸绝,刘备义绝,诸葛亮智绝。作者从正统观念出发,表明了拥刘反曹的思想趋向,所以他将刘备描写成了宽厚仁爱、坚守信义的典型。刘备初任安喜县尉时,就"与民秋毫无犯,民皆感化"。在新野,老百姓歌颂他:"新野牧,刘皇叔;自到此,民丰足。"他知人善任,用人不疑,对贤士推心置腹,受人敬仰。比如,他初见赵云之时,就起敬爱之心。在长坂坡,张飞等人都怀疑赵云去投奔曹操了,刘备却毫不怀疑地说:"子龙从我于患难,心如铁石,非富贵所能动摇也。"对待诸葛亮,他的敬爱信任更是人所共知的,从三顾茅庐到临终时的白帝城托孤,无不体现出他对诸葛亮的由衷信赖。

曹操是个有争议的人物,他在杀吕伯奢全家时说的那句"宁教我负天下人,休教天下人负我"是他一生的为人准则。《三国演义》中奸雄曹操残酷、诡诈的性格与刘备的宽厚、忠义形成了鲜明对比。曹操为报父仇,进攻徐州,所到之处,大杀百姓,还掘墓鞭尸。他为了追查在许都纵火的耿纪的余党,用讹诈的卑鄙手段将300多人尽行斩杀。再如,他痛恨祢衡,借黄祖之手杀之;忌恨杨修,以扰乱军心的罪名杀之。他生性阴险、残忍、多疑,为防范行刺而"梦中杀人",所有的行为,都体现了他一代奸雄的本性。

诸葛亮是《三国演义》一书中光彩四溢的人物。这位手持羽扇、温文尔雅的书生,不同于那些"笔下虽有千言,胸中实无一策"的文人。他神机妙算,具有惊人的智慧和绝世的才华,对政治、军事、外交无所不精,对天下大事了如指掌。初出隆中,就向刘备提出据蜀、联吴、抗曹的长远战略思想。赤壁之战,他有胆有识,孤身来到吴国,舌战群儒,终于争取到强有力的同盟。他三气周瑜,七擒孟获,六出祁山,为了天下大业"鞠躬尽瘁,死而后已"。他作为杰出的政治家和军事家的典型,是忠贞和智慧的象征。

《三国演义》在重要战役和战争场面的描写上极富特色。官渡之战、夷陵之战、赤壁之战等战争场面的描写都非常精彩。《三国志》中有关赤壁之战的文字甚为简略,不过寥寥数语。但到了罗贯中笔下,则用了8个回目,4万字左右的篇幅,将这一战役渲染得波澜壮阔、淋漓尽致。从决策阶段的诸葛亮出使东吴、舌战群儒、说服孙权与周瑜联合抗曹;到备战阶段,周瑜分析曹操派人诈降并加以利用,而其诸般妙计都不出诸葛亮的预料;最后写火烧赤壁的场面,硝烟弥漫,刀光剑影,一片火海,场面壮观,情节紧张,惊心动魄,扣人心弦。这种磅礴气势充分显示了罗贯中丰富的想象力和高超的写作技巧。

《三国演义》对后世的影响是惊人的。它的出现,标志着历史小说的辉煌成就。从此,历史小说大量兴起,层出不穷。戏曲方面,也由此出现大批三国剧目,历代盛演不衰,深受人民群众的喜爱。书中的奇谋妙计、战争策略给了后世的农民起义军很大的启发,张献忠、李自成及洪秀全等人皆从中得到不少启示。这部在中国家喻户晓的小说,体现了作者罗贯中高度的智慧、惊人的才华。罗贯中和他的《三国演义》必将魅力永存。

全民学《大诰》

洪武三十年(1397年)的一天,朱元璋因为一份奏章而龙颜大悦,这份奏章是礼部所呈关于奖赏背诵《大诰》的民间子弟的。他召来礼部尚书,圈出了奏章上的两个人。这两个人一个12岁,是四川万安(在今四川成都)的郭恢,背诵起《大诰》来一气呵成,悦耳动听;一个更小,名叫丁侃,只有9岁,江西人,随其父住在京城。而这小小年纪的丁侃引起了朱元璋的关注,他想要亲自测试丁侃。因为据说,丁侃除了能背诵《大诰》外,还能背诵《大明律》。

第二天,丁侃就被请到了皇宫,只见他瘦弱文静,没什么特别之处,由他父亲背着来到朱元璋跟前。行礼完毕,朱元璋开始用《大诰》和《大明律》中的内容进行检验。结果丁侃分毫不差,以悦耳动听的童音朗朗回答,朱元璋听罢十分高兴,临别时重重奖赏了他。

朱元璋的高兴是因为大明王朝出了两个聪明的孩子吗?显然不是,朱元璋的高兴是因为他知道《大诰》已经在全国普及,已经到了家喻户晓、人人皆习的地步,证明他当初亲自编纂《大诰》的心思没有白费。

朱元璋"刑期于无刑"的想法一直萦绕于怀,他希望人们明白律法的严厉,从而不去轻易犯罪,这样,律法的震慑作用才能真正发挥出来。让老百姓了解律法,那就得让人人知道,普及和宣传就成了最重要的手段。想法既定,从洪武十八年(1385年)起,朱元璋把编写《大诰》的事情放在眼前,在政务之余就进行编写,在他的亲自参与下,到洪武二十年五月,已经完成《大诰》三编。加上后来的《大诰武臣》,《大诰》就有了四部,成了非常著名的案例型法典。

这部法典的一大特色就是对贪官污吏贪赃枉法、豪强害民等案件给予重拳打击,《大诰》及其续编、三编所载的内容大多都是这方面的,甚至包括当时轰动全国的"郭桓案"。血腥的场面在《大诰》中时常能够看到,这就是朱元璋的目的,他想要用血色恐怖来给那些不安分的臣民以警告。

朱元璋为了普及《大诰》,可谓煞费苦心,既用血色恐怖的强硬手段,也在强硬之余辅以温厚安抚,称得上是软硬兼施。首先,朱元璋说不读、不收藏《大诰》的人就不是良民,以此来吓唬百姓,让他们自觉阅读;接着又用赏赐来加以激励,规定熟读《大诰》的人将会获得奖赏。

例如,让参加科举考试的人以《大诰》为应试参考书,从而调动各地儒生阅读的积极性;还下令天下府、州、县设里社之学,配备老师,聚集学生,教诵《大诰》。以3年为期,学有所成的可以由塾师率生徒进京诵读,参加考核。朱元璋甚至连普通百姓也不遗漏,让他们在农闲时节学习;对于收藏《大诰》的也有规定,宣告家有《大诰》的,犯罪可以减一等刑罚。朱元璋对于《大诰》诸事都亲力亲为,他曾把群臣召集到午门,亲自对大臣们讲解《大诰》的内容。在选女官方面,朱元璋也把读《大诰》作为一个最基本的条件。这一条条、一项项具体而细化的措施推行开来,全国上下就掀起了一股学《大诰》、读《大诰》的高潮。有诗为证:

  天语谆谆祸福灵,风飞雷厉鬼神惊。
  挂书牛角田头读,且喜农夫也识丁。

这首诗很好地描述了当时学习《大诰》的盛况。

农夫们白天放牛时也毫不松懈,把《大诰》挂在牛角上,时不时地抽空看上几眼,读上几行;夜晚收工回家,茶余饭后也不忘熟读几篇《大诰》。

朱元璋去世以后,这种学习《大诰》的热潮逐渐降温,但这场运动的影响力却相当深远,甚至到了永乐时,还能看到一些人因背诵《大诰》而被奖励。

《大明律》作为明朝的法典,它其中的一些条款就吸收了《大诰》的内容,朱元璋给子孙留下的话就是,以后大明制定律法、审理案件都要根据《大明律》和《大诰》来执行。"《大诰》减等"的规矩在明朝被一直沿用执行。

嫡长制的坚守

朱元璋在 71 年的生命长河里,在位 31 年。但他的晚年却遭遇了白发人送黑发人的悲痛,太子朱标的英年早逝让他备受打击。朱标早在朱元璋登上皇位的时候就被确立了太子地位。朱元璋对其重视有加,专门聘请了宋濂等名儒来悉心教导,希望有朝一日这个儿子能继承大统。

然而,天有不测风云,年仅 37 岁,正是年轻有为时,朱标却因病去世,这一年是洪武二十五年(1392 年)四月。噩耗传来,朱元璋先前关于皇位传承的计划被彻底打乱了,他不得不开始寻找新的皇位继承人。朱元璋在几个儿子中反复掂量,仔细分析他们的性格能力,首先觉得年纪最长的二子秦王朱樉荒唐成性,难以担此重任;四子燕王朱棣是个人才,他文武双全,可以继承大统。

有一次,朱元璋向几位支持燕王的大臣流露出有心于燕王的态度时,却遭到翰林学士刘三吾的强烈反对,他认为立嫡立长的规矩不可置之不顾,觉得皇长孙才是四海归心的人选。于是,在 1392 年,皇长孙朱允炆顺利成为皇太孙。当朱元璋在洪武三十一年(1398 年)因病驾崩时,21 岁的朱允炆登上了皇位,并改年号为"建文"。

建文帝虽然只有 21 岁,但在政治上却很有一套。朱元璋在位时,以强硬政策治理国家,杀戮太重,以至于朝廷上大臣们都谨小慎微,气氛凝重。于是建文帝提出了"仁明孝友"的治国方针。建文帝和朱元璋的生活经历有着天壤之别,他在安定的生活环境中成长,长期受到儒家正统思想的熏陶,在治国理政诸多方面与朱元璋形成了鲜明的对比,建文帝一改往日尚武重刑的政治风气,实施起了宽刑省狱、减轻赋税的政策。

建文帝非常信任饱读诗书的文臣，建立了一个秀才朝廷，那些饱读诗书的文臣备受重用。齐泰在洪武十七年（1384年）应天府乡试中为第一，次年中进士，后被提拔为兵部尚书；黄子澄，洪武十八年（1385年）会试第一，与齐泰同榜，后成为太常寺卿兼翰林学士；而当时的鸿学巨儒方孝孺则是建文帝身边的主要谋士。方孝孺幼年即以聪敏机警闻名四方，6岁就能作诗，后来又拜在名儒宋濂门下，他的诗文在当时声名远播。据说后来朱棣攻破城门入南京继帝位时，怪僧姚广孝由于非常敬仰方孝孺，曾向朱棣求情，称看重气节的方孝孺不会轻易归顺，希望朱棣手下留情不要加害，否则天下读书种子绝矣。

建文帝登上皇位之后，在几位主要文臣的支持与参谋下，做了3件重要之事，即轻赋税、轻刑罚、削藩。

1399年正月，即建文元年伊始，建文帝首先在江浙地区实行减赋税制度。由于江浙地区的缙绅在元末朱元璋四处奔波征战时都依附张士诚，朱元璋对此十分气愤，于是在建立明朝之后，就以各种沉重赋税来惩治他们，并且还规定江浙人不许担任户部的职位。建文帝登基后，认为不能把这种惩罚措施当成定例永远执行，于是下令减轻了当地赋税，并允许那里的人担任户部官职。除此之外，建文帝还在了解寺庙侵占农田的情况之后，对僧道占田数量做出了规定，每人占田不许超过5亩，一旦超过数额就要拿出来分给农民。

乱世用重典虽是一种必要手段，但朱元璋法外用刑的情况很严重，而且手段极其残忍，因此在当时犯了重罪能被直接砍头都成了一件幸运的事情。建文帝登上皇位，在短短一个多月的时间里就平反了朱元璋造成的多起冤狱，甚至还恢复了一些受牵连的无辜官员的自由，全国上下实行宽缓政策的局面逐渐打开。

相对于上面的问题，削藩要困难得多。朱元璋在位时先后分封了24个儿子和1个从孙为藩王，他们的势力遍及全国，而且拥有重兵，各自称霸一方。朱允炆虽然是皇帝，却也经常为此失眠。如何解决藩王问题一直困扰着他。那些拥兵自重的藩王们个个对他的皇位虎视眈眈，根本不把他放在眼中，稍有不慎就可能酿成大祸。

燕王朱棣正是这次削藩的主要目标。不过年轻的建文帝对此没有硬碰硬，而是采取了迂回策略，先拿燕王同母弟弟周王开刀，密令手下突袭周王，并把他捉拿归案,禁锢起来。接着,建文帝又以雷霆之势废掉了湘王、齐王、代王、岷王等四王。但这样一来必然打草惊蛇,燕王朱棣此时已经蓄势待发,谋权篡位的大战已经无可避免了。

靖难之变

朱元璋六十多岁的时候,太子朱标病死,而后朱标之子朱允炆被立为皇太孙。各地的藩王大多是朱允炆的叔父,眼看皇位继承人成了侄儿,个个心里都很不舒服。众藩王中,实力最强的是燕王朱棣,他智勇过人,经常出寨巡边,筑城屯田,拥兵数万,还管制着守卫边境的各支部队。听到这一消息后,朱棣心里也很不是滋味。

朱允炆对此也有所察觉,心中总想着有没有什么好办法来对付这些兵权在握、虎视眈眈的叔叔们。有一天,他独自坐在东宫的东角门口,双眉紧锁,忧虑重重,不时长吁短叹。他的伴读老师、太常寺卿黄子澄刚巧从这走过,连忙走上前去,问:"殿下,您为何事发愁?"朱允炆回答道:"现在我的几位王叔都重兵在握,将来我当了皇帝,怎么管得了他们呢?"

黄子澄没有正面回答,而是先举了个例子,说:"想当初,吴、楚等七国虽然势力非常强大,但是当他们发动叛乱时,汉景帝一出兵,他们就纷纷垮了。您的诸位王叔虽然拥有护卫兵,但只能自守,难以进攻。万一闹事,只要兴师征讨,完全可以歼灭。您是皇上嫡孙,顺应天理,将来不必怕他们造反。"朱允炆听后,心总算放宽了一些。

1398年,明太祖朱元璋驾崩,皇太孙朱允炆即位,这就是明惠帝,历史上又叫建文帝。朱允炆虽然当了皇帝,但是几位王叔的事总让他有些心神不宁,总怕自己的皇位不稳固。而且,京城中一直在传说几位藩王正在互相串联,准备谋反。听到这些,他更加害怕起来。一天,他把黄子澄和大臣齐泰找来,一起商议此事。齐泰认为诸王之中,数燕王兵力最强,野心最大,应该以迅雷不及掩耳之势,首先削夺燕王的兵权,从而达到杀一儆百的目的。

黄子澄却不同意这个做法。他认为燕王居北平,握有重兵,而且早有准备,如果先从他下手,容易打草惊蛇,反而会逼得燕王联合其他几个藩王共同谋反。这样一来,成功的概率太小,风险太大。他认为,不如先把实力稍弱的几位藩王解决掉,然后再收拾燕王。到那时,燕王孤掌难鸣,事情就好办多了。他还建议,先从周王下手,因为周王朱橚是燕王朱棣的同母弟弟,与燕王最为亲近,实力却很有限,如果拿他开刀,他绝不敢反抗,一定会旗开得胜!

朱允炆听了他的意见,感到很满意,马上就派人到河南把周王朱橚抓起来,押到了应天(今江苏南京)。接着,他又派人去逮捕湘王朱柏,朱柏见大事不妙,便自焚而死。他又设计把齐王朱榑诓骗到应天,软禁了起来。随后,又把代王朱桂削职为民,幽禁在大同。后来,岷王朱楩也因他人控告而被贬为了庶民。

这样一来,没用多长时间就把五个藩王的兵权削掉了,朱允炆暗暗高兴。下一步,他便准备削夺燕王朱棣的权力。其实,燕王早有察觉。他看到几个兄弟一个个被削去王位,知道自己也不能幸免。于是,便以朝贺朱允炆建元为名,带上儿子朱高炽等人,昼夜兼程,亲自前往应天探听虚实,以寻求对策。

朱棣回到北平后,假装得了疯病,成天胡言乱语,有时候几天都卧床不起,甚至躺在地上睡觉。朱允炆起初不相信,几次三番地派了使臣前去探病。

一次,使臣刚进燕王府,就见燕王一个人拄着拐杖在院里慢慢走着,见了他们就像没看见人一样。过了一会儿,下人扶着燕王走进了房里。当时正值盛夏,燕王却直喊:"好冷,好冷!"下人给他搬来一个炉子,他紧围着炉子,仍然缩着身子,浑身打着哆嗦,不住地喊冷。使臣们都相信燕王是真的疯了,回去后向朱允炆如实禀告,朱允炆便信以为真。其实,燕王一直在暗中加紧练兵,做着夺取中央政权的准备。

齐泰、黄子澄对燕王的病情有点怀疑,多次劝朱允炆要有所警惕。朱允炆也加紧调兵遣将,加强了对朱棣的防备。

1399年,燕王府护卫百户倪谅到应天告发燕王图谋反叛。朱允炆马上下令逮捕燕王府的官员和燕王的家属,还特令北平驻军将领谢贵、张昺率军围攻燕王府,又约定燕王府的一些官员做内应,秘密命令北平都指挥使张信带兵逮捕朱棣。

谁知张信早已站在了燕王一边,他约定好给燕王通风报信。燕王一得到消息,马上就密谋布置。他先把谢贵和张昺两人诱入府中杀掉了,然后把在燕王府里充当内应的官员都抓了起来。由此,他来了个先发制人,率先宣布起兵。

燕王是个十分精明的人,他深知朱允炆是个名正言顺的皇帝,如果自己公开打出反叛的旗号,必对自己不利。于是,他搬出了明太祖朱元璋在《皇明祖训》中所说的话:"如朝无正臣,内有奸恶,则亲王训兵待命,天子密诏诸王,统领镇兵讨平之。"他以"清君侧"为名起兵,说要帮助建文帝朱允炆除掉奸臣黄子澄、齐泰。

燕王领军南下,直指京都应天。朱棣本是一位宿将,手下又有一支经过长期严格训练的精兵,再加上他驻扎北平已经很久,多年苦心经营,附近的各郡县卫所都受他的统辖管制,所以他一起兵,就得到了各方的响应,将士们的士气十分旺盛。就这样,他很快就率兵攻取了蓟州、怀来、永平、通州等地。

朱允炆虽然处于正统的有利地位,但他是个迂腐懦弱、优柔寡断的人,远不是燕王的对手。而且,明朝的许多开国元老都被猜忌多疑的朱元璋诛杀,朱允炆手下也缺少精兵强将。还有许多官员、太监见大事不妙,纷纷投靠了燕王。朱允炆害怕了起来,连忙撤了黄子澄、齐泰的职,并派人请求燕王退兵。

燕王哪里肯就此罢休,他率兵一路冲杀,势如破竹,意欲直捣黄龙。而后燕军节节胜利,士气越来越高。1401年,燕王率军大举南下,直向应天而来。翌年4月,燕军攻打灵璧,遭到了顽强的抵抗,双方打得难解难分,十分激烈。这时,燕军有些踌躇不前,有些将领提出暂时撤兵,而燕王坚决不同意,斩钉截铁地说:"这次进军,只能前进,不能后退!"没多久,燕军发起突然袭击,最终大获全胜。

朱允炆无计可施,只好再派人和燕王议和,愿意赐封土地,请求燕王退兵。燕王眼看京城唾手可得,自然不愿就此罢休,遂一口回绝,同时加紧进攻。

这年6月,燕军誓师渡江,直指应天。朱允炆见兵临城下,形势危急,便命令手下将士死守。但没过几天,应天守将李景隆和谷王橞就打开京师金川门宣布投降,城于是被攻破。

燕王率领军士进城,威武壮观,文武百官纷纷在道路两旁跪着迎接。燕军进城后,只见皇宫大火熊熊,正在燃烧。燕王马上派人把大火扑灭,这时已经烧死了不少人。接着,他查问朱允炆的下落。有人报告说,燕军进城之前,建文帝朱允炆就下令放火烧宫,他和皇后都跳到火里自焚而死了。也有人报告说,他已经从地道逃出了京师。究竟建文帝是死是活,很难确定,最终为后人留下了一个解不开的谜团。

历史上把明朝的这次内战叫作"靖难之役",靖难是指平定内乱的意思。至此,经过三年战争,燕王朱棣终于在1402年夺得了梦寐以求的皇位,史称明成祖。1421年,明成祖迁都北京。

执意迁都的永乐皇帝

朱元璋在位时有一个愿望没有实现,那就是迁都,但朱棣(1360—1424)的篡位夺权却帮朱元璋实现了这一梦想。永乐十八年(1420年),朱棣下令把都城从南京迁至北京,虽历经艰辛以及受到各种阻挠,但终于完成。明成祖迁都北京,是具有重大历史意义的事件,对中国政治、经济、文化造成的影响一直延续到现代。

早在永乐元年(1403年),礼部尚书李至刚等就曾提出建议,希望把北平立为陪都(在首都以外另设的一个首都),而朱棣也正有此意,于是把北平改名为北京,称为"行在"(古代封建皇帝所在的地方)。这都为将来迁都做了准备。由于朱棣当时刚刚登基,政权还不稳固,同时也需要留出大量时间来建设布置新的北京城,因此朱棣并没有立即下令迁都。

既然心中决定要迁都北京,那么就要做出完全的准备。于是朱棣一刻也不闲着地为迁都事宜展开了一系列的准备工作。朱棣先是在永乐元年对北京做了一些规划,他设置了北京留守行后军都督府、北京行部、北京国子监等衙门,让北京城的行政体系逐步完善;接着他重开海运,疏通运河,为向北京运输粮草做准备。到了永乐四年(1406年),他开始着手兴建北京,先后从四川、湖广、江西、浙江、山西等地采集木材,对九门、六部、诸司公廨进行了一番扩建;当时的北京在元末战火的毁坏下,人口大量流失,于是朱棣进行了大量移民,把直隶、苏州等10郡和浙江等9省的富户分批迁徙到北京,以此来振兴北京的经济。

朱棣迁都的决心异常坚定,有一件事可以证明。朱棣同徐皇后感情甚笃,但永乐五年(1407年),徐皇后溘然病逝。曾经同甘共苦、患难与共的妻子离世,朱棣虽内心悲痛,但也并没有让她在南京入土为安,而是在北京昌平为她建造陵寝,这恐怕也是在为自己百年之后与对方葬于同一陵墓做准备。

朱棣为迁都北京迈出实质性的一步是在永乐七年(1409年)。他借北巡之机,常住北京,还在那里设置了行在六部、都察院,这套系统就与南京的系统遥遥相对,各成一体,而南京则由留守的太子监国。

此时的北京经过朱棣十几年的苦心经营,经济已经复苏,渐渐呈现出一派繁荣景象,先前的残破和荒凉之气被一扫而光,而且北京城的建设也已历时3年,基本完工,迁都事宜已经水到渠成。于是朱棣在永乐十四年(1416年)公开发布了他迁都的想法,没想到却遭到了大臣们的极力反对,但朱棣迁都的决心坚定无比,他力排众议,在永乐十八年颁布诏书,昭告天下,正式迁都北京。

但看似已经顺利进行的好事却险些因一场天灾破坏,迁都之事也因此暂时搁置起来了。这场天灾到底是什么呢?难道迁都真的不顺应天意吗?原来是永乐十九年(1421年)四月初八,天降大雨,电闪雷鸣,新建的奉天、谨身、华盖三大殿遭雷击起火,一时间朝野议论纷纷。礼部主事萧仪认为,迁都后诸事不便,且弃绝皇脉与孝陵,有违天意。朱棣大怒,立即处死了萧仪。大臣中的一些南方人不习惯北方气候,也纷纷上书反对迁都。朱棣于是又让迁都的赞成派和反对派们都跪在午门外辩论,后来户部尚书夏原吉主动承担责任,才缓和了矛盾,稳定了局面。从此,再也没有人公开反对迁都了。迁都北京后,南京便由都城降为陪都,两京十三省的格局也在此期间逐渐形成。

朱元璋都反复犹豫的迁都之事,朱棣为何不顾群臣反对,执意迁都呢?这其中恐怕有一大部分原因是北平为他的起家之地。他还是藩王的时候,长期生活在北平,因而在夺取皇位后,北平自然就被看作是龙兴之地了。当然迁都更为重要的是出于政治上的考虑。蒙古铁骑长期以来一直盘踞在长城以北,对大明边疆造成了严重威胁。朱元璋在位时,为了防备边患,他曾派皇子镇守长城一线,当时燕王也在其中。朱棣对蒙古骑兵深有了解,同蒙古兵多次兵戎相见的他更知其中的利害关系,他觉得北京"山川形胜,足以控四夷,制天下",所以迁都北京就是为了更好地防御蒙古侵袭。

明成祖亲征

朱棣登基之后,特别重视边境的安全。在东北地区,他设立了奴儿干都司,那时黑龙江南北、乌苏里河东西,包括苦兀岛(即库页岛)在内的广大地区,都是奴儿干都司的管辖区域,朱棣在此先后设置了130多个卫所。西部则设了哈密卫,联结西域各国,把哈密建成了统治西域的政治、军事和经济中心。

在南方,朱棣出兵安南(今越南),打击了屡次骚扰边境的安南国,使其再也不敢轻举妄动。只是在北方,蒙古有鞑靼、瓦剌和兀良哈部三股势力,时时威胁着明朝的安全。开始他利用"分则易治,合则难图"的策略,有时拉拢,有时打击。但到了永乐七年,鞑靼可汗本雅失里杀了朱棣派去的使者。朱棣于是派淇国公丘福率军北伐。然而丘福轻信敌人的谣言,中了埋伏,全军覆灭。朱棣见事态严重,便决定亲征。

永乐八年正月,朱棣命太子朱高炽在南京留守,又命户部尚书夏原吉辅助皇长孙朱瞻基驻守北京。他自己则亲率50万大军,离开北京,向北进发。

五月,大军过胪朐河(今克鲁伦河)。朱棣骑马站在土丘上,见明军的几万骑兵,分成若干小队渡河。在沙漠地带奔驰了几天的战马看到清凉的河水,个个低下头去饮水。一时长河上下布满了饮水的战马。有些马仰头长嘶,原野上回荡着雄壮的马嘶声。朱棣看了哈哈大笑,他回头问清远侯王友:"这条河叫什么名字?"

"胪朐河,又叫驴驹河。"

"叫驴驹河不好,我给这条河另起个名字吧,就叫饮马河。"

大军过了饮马河后,扎营休息,并派出了许多小队哨骑,探听本雅失里的下落。有一个小队捉到了一名鞑靼兵,经审问他供出本雅失里闻风潜逃,现驻在饮马河以北的兀古儿扎河。朱棣怕大军行动缓慢,不等他们到达,敌人又会向北逃窜,就决定选出两万名轻骑兵,带上20天的干粮,由他自己率领,去追袭敌人。

两万名轻骑兵,两万匹快马,在荒漠上风驰电掣般地猛奔,终于在斡难河(今鄂嫩河）追上了本雅失里。本雅失里见逃不脱,只好返身来战。鞑靼兵仓促迎战,还没等列成阵势,明军已经杀到。朱棣率领两千骑兵前锋跑在最前面。他自己拿着长矛,身先士卒,直冲入敌阵中。鞑靼兵抵挡不住,本雅失里当即怯起阵来,拨马便逃。鞑靼军便跟着主帅向北逃去。朱棣长矛一挥,指挥一部分明军在后追击,另一部分抢前堵截。偏偏前边斡难河涨水,把鞑靼兵和辎重等隔在了河对岸。结果本雅失里只带着7骑,游过斡难河,捡回了性命。鞑靼太师阿鲁台听说本雅失里被明军追击,便带5万骑兵来救,但晚了一步,在回军途中也被明军消灭了。最终阿鲁台右臂受伤,骑马逃走了。

朱棣大获全胜,而后回到饮马河大营,休息了几天,便班师凯旋。六月,正是漠北的酷夏,于是朱棣拣早晚时行军,中午则搭起帐篷休息。有时饮水不多,他便让将士们先饮;吃饭时也是等将士们开饭了,他才肯动筷子。大军人多,缺少肉类,他便也吃起素来。他与士卒们同甘共苦的做法,充分体现了一个优秀统帅的风格。后来,明军班师,行到擒胡山（在今蒙古国境内）,为了纪念这次北征,朱棣命令在山顶上勒石刻碑,碑文是:"瀚海为镡(音 xín;古代兵器,似剑而小),天山为锷(刀剑的刃)。一扫胡尘,永清沙漠。"走到清流泉,又在泉边的山上立了一座碑:"于铄六师,用歼丑虏。山高水清,永彰我武。"

这年七月,大军回到了北京。

儒生宦官

宦官之祸向来是每朝每代都要引以为戒的,一旦他们有了学识、文化,他们将更加可怕,因为知识赋予了他们力量。熟读诗书,让他们能够在朝廷上与大臣们分庭抗礼,能够拥有重权,参与政治,分享权力。因此,明太祖朱元璋（1328—1398）在明朝建立之初,就早早进行防范,并且立下规矩,不准宦官读书识字,甚至还在宫门上明确挂上一块铁牌,严令:"内臣不得干预政事,预者斩。"

但好的政策一旦不能坚持,它的作用就会渐渐丧失。到了永乐年间,宦官的势力不断壮大,开始走出内廷,向外廷扩展,出使、监军、镇守、采办、代皇帝批答奏章等方面都有染指,逐渐出现了宦官开始同普通朝臣一样担任文武各职,俨然成了大臣的左膀右臂。既然能和大臣共同参与朝政,这样的宦官又怎么可能目不识丁?

    惟帝有奔走,使令给起居。

    内事资赞导,不妨习诗书。

明朝人的这首诗就是最好的证明。

  因此,宦官们上学识字成了明朝政治发展的必然,对他们的教育从永乐一朝就开始了。然而正式成立宦官学校其实是在宣德年间,他们的学校被称为"内书堂"(或称"内书馆")。宣德皇帝设立内书堂是为了让宦官们能够知书达理,"以供驱使",即皇帝用起来会更加顺手。

  在内书堂上学的宦官的年龄都在10岁左右,学生的数量一般有二三百人,多的时候达到四五百人。给他们充当老师的都是翰林学士、编修,一般是由四五个人轮流教他们。明初时,翰林先生常因教这些学生而感到羞耻,后来才渐渐地认识到自己身负重任,必须要好好教导这些将来要伺候在皇帝身边的人,否则后果严重,可能会给皇帝带来坏的影响。

  小宦官与翰林先生之间的关系也随着时间的长久而情感加深。明朝也因此出现了一个奇怪的现象,那就是如果想要仕途如意,就必须和宦官搞好关系,尤其是那些高级宦官。道理就是这样,因此从内书堂出来的翰林学士和编修,最终都能官至高位,甚至位居公卿辅相,比如严嵩、汪镗、王家屏、沈鲤等,都是如此。

  小宦官们上学,首先是学《内令》一册。这本《内令》为太祖朱元璋所定,在《皇明祖训》中有记载,这本书的主要目的是约束宫中的后妃、宫人。在该祖训中另有一小节是针对宦官的,规定了他们要遵守的宫中纪律。

  《内令》之后接着是《百家姓》《千字文》《孝经》,学识逐渐加深,然后他们开始学《大学》《中庸》《论语》《孟子》这"四书"。能把这些基本课程学完的人可以继续学习,提高能力,就可以开始涉及《诗》《书》《礼》《易》《春秋》等内容,讲学者即按照循序渐进、由浅到深的方针,由教识字到讲解儒家经典的义理,一步步实行。里面的佼佼者则可以看《大学衍义》《贞观政要》《圣学心法》《纲目》《说苑》《新序》等书,这些书具有许多传统政治学的内容。

教这些书籍之余，老师们也自己编写教材。《中鉴录》是一本明朝人专门编写的书籍，里面把中国历史上的宦官进行了分类，良善的进行褒奖，狠毒恶劣之徒则进行贬斥和鞭挞，此书就是用来鼓励这些来学堂读书的小宦官们要树立"忠信"的人生追求，以此来为国家服务。从这里就能看出，培养具有一般能力的宦官已经不是全部的目的了，这里还可以培养出政治家。此时，内书堂的地位已经十分重要，它已经与国子监一样，成了明朝人才的生产基地。

平时，小宦官们主要以背书、习字、对对子为主要练习内容。这里的教学十分严格，不论在哪个方面，凡是有不达标的人，都要由老师制订惩罚措施，并交给提督、学长实施处罚。有一位内书堂的老师说，有一次竟然一下子惩罚了200多个没有按时完成功课的人。而惩罚有轻有重，从打手板到在圣人像前罚跪，再到向圣人像直立弯腰，用两只手扳着两只脚，不许起身，有时罚一炷香的时间，有时罚半炷香的时间，时间因错误轻重而不等——而这种极为严酷的惩罚，常常使得受罚者头昏脑涨、昏厥仆倒，甚至呕吐成疾。

春去秋来，时间一晃而过，小宦官们随着年龄的增长，学识也不断进步，一批"儒阉"开始走出内书堂。他们一般都会在六科廊、精微科等内府各衙门任职，干着如同机要秘书一样的工作，负责章奏、勘合。等到合适的时机到来，有一些人就会不断升迁，有的可以升至司礼监各级太监。这些人中非常有名的大太监王振、冯保等，就是从内书堂出来的佼佼者。

在中国悠长的历史长河里，宦官一直被人们鄙视。明朝宦官刘瑾、魏忠贤等，他们干的坏事数不胜数；可是那些士大夫官僚们，干坏事的也大有人在，严嵩父子就是最好的例子。这正如明朝正德皇帝所说，坏天下事十六七者为士大夫。

这些宦官们，其实他们也如普通人一样，有着自己的精神追求和人生理想，既然接受了系统的教育，那么他们就完全称得上是受儒家思想熏陶的文化人。其实，在明朝，宦官与士大夫官僚之间的关系在很多时候也是和谐和互助的，并不是后人所想象的那样，一直处于对立和冲突中。他们之间很多人彼此之间也保持着密切的交往关系，文字书信往来十分频繁，证实了他们之间的密切交流。他们在政治上有着许多联系，在文化上也有很多共识。这是由他们接受的同样的思想和文化教育所决定的。历史的真实到底怎样，明智的读史者都有着自己清醒的判断。

天安门的设计者

天安门的设计者是明代一位杰出的匠师,姓蒯名祥,人称蒯鲁班。

蒯祥(1398—1481)是吴县(今江苏苏州)人,大约生于洪武年间。明永乐十五年(1417年),蒯祥同大批工匠一道被征召到北京,承担皇家建筑的施工任务。由于他年富力强,技艺精湛,不久便被任命为"营缮所丞",相当于今天的设计师兼工程师和施工员的职位。

明成祖朱棣在营建北京的皇宫时,为了标榜自己的正统性,要求工程建设一律遵循南京旧制。他不仅要求按南京的"奉天""华盖""谨身"三殿建好外朝三大殿,还要求按南京宫城的形制,于午门前设端门,端门前设承天门。其中的承天门就是后来的天安门。在这些营建活动中,蒯祥技艺高超,发挥了骨干作用,而且他的绘图能力极强。正因为他不但能够迅速完成设计任务,而且能较好地领会皇上的意图,所以获得了很大的信任和荣耀。后来他升到了工部侍郎,食一品俸,地位是很高的。由此可以推断,承天门的主要图样正是出自蒯祥之手。

蒯祥晚年还参加了承天门的第二次建造活动。1465年,明朝皇帝宪宗命工部尚书白圭重造承天门,此时蒯祥已年老,但他仍"执技供奉",明宪宗见了他,还是以"蒯鲁班"相称。看来,他至少是起了指导和顾问作用的。此后,承天门同其他宫殿门阙一样,经过了多次改建。到了清代顺治八年(1651年),清世祖爱新觉罗·福临则将承天门改为了天安门,这个名字就一直沿用到了现在。

郑和下西洋

郑和(1371或1375—1433或1435),本姓马,原名文和,小名三保,云南昆阳州(今晋宁)人。洪武十四年(1381年),朱元璋的大将沐英出兵云南,追剿元朝的残余势力,年幼的郑和被明军掳走,后被辗转送至燕王朱棣身边,成了燕王府中的一个小宦官。

朱棣起兵篡夺帝位之时,将三保派到了军中,因他足智多谋,精通兵法,所以立下了不少战功。朱棣即位之后,就晋升三保为内宫太监,对他宠信有加,还亲自书写了一个大大的"郑"字赐给三保为姓。从此,他便叫郑和。

郑和家世代信奉伊斯兰教,他的祖父和父亲都曾航海前往伊斯兰教的圣地麦加朝圣。而郑和既信仰伊斯兰教,又熟悉佛教,还有个"福吉祥"的法名。

明成祖朱棣通过武力夺取帝位以后,遭到了许多人的非议。另外,有一件事总让他心里不太踏实:皇宫大火扑灭后,并没有找到建文帝的尸首。那么,建文帝是真的死了还是做了和尚,还是逃到其他地方去了?总之,为了调查这件事,也可能是为了提高自己的威信,他派了不少使臣出使邻国宣扬国威。那时候,人们把现在苏门答腊岛以西的整个印度洋及沿岸各地都称作"西洋",西洋海路险远,沿岸基本上是信奉伊斯兰教或佛教的国家,之前一直没有人出访过。气宇轩昂、聪明能干、既是伊斯兰教徒又精通佛教教义的郑和就成了下西洋最合适的人选。

郑和接受了明成祖的特殊使命,就开始着手筹备一支船队出使西洋。在这支船队中,光巨大的楼船就有62艘,一律长44丈,宽18丈。他招募了众多的水手、担任翻译的通事、修理器械的匠人以及医生、伙夫等,再加上随行的将士,共27800余人。随船装载的除了自用的粮食、淡水、药材以及日用器皿之外,还有大量的绸缎、瓷器等中国特产,作为对所到各国的贸易品和赏赐品。

明永乐三年(1405年),出使西洋的船队在苏州刘家港起锚远航,路经福建长乐,稍事停留之后,由闽江口五虎门驶向南洋。一路上风急浪高,但船只在郑和的指挥下井然有序地向前行进,顺利地到达了占城(今越南南部),然后经爪哇的苏鲁马益,再到苏门答腊岛东南部的旧港。船队一路战狂风,斗恶浪,历经千辛万苦才抵达旧港,谁知却在此遭遇了一场与海盗的恶战。

旧港的海盗首领陈祖义,原是广东人,洪武年间跑到南洋,纠集了一伙海盗占领了旧港,以劫掠过往的各国商船为生,烧船杀人,无恶不作,一直无人能制服他。当郑和的船队经过这里时,陈祖义见对方船多兵众,于是假意投降,阴谋劫取船队,哪知郑和早有防备,严阵以待。陈祖义率领海盗船攻来时,郑和的船队突然炮轰箭射,杀得海盗四散奔逃。此战共烧毁海盗船10艘,杀死海盗5000余人,并活捉了陈祖义,后将其押解进京处死。歼灭了海盗陈祖义,郑和为各国商人除了大害,从而促进了各国的海上贸易。

船队继续向前驶去,到达了马来半岛的满剌加(今马六甲)。为了日后航海的便利,郑和在此设立了一个据点,修建仓库,并派兵驻扎此地。全体人员在这里休整了一段时间,然后再次扬帆起航,先后顺利到达苏门答腊国(今苏门答腊岛一带)、锡兰(今斯里兰卡岛)、葛兰(今印度西南沿海阿勒皮一带)和古里(今印度西南沿海科泽科德一带)等地。郑和拜访了每一个地方的酋长、国王,向他们表达了明朝想要与他们通商友好的诚意,所赠送的礼物令各国的首领欣喜若狂。郑和还与当地的商人做生意,他将随船载来的大量货物与各国商人进行了公平交易。当船队返航时,来时满船的丝绸、瓷器等已经换成了异国的象牙、香料、宝石、胡椒、硫黄、染料等,郑和甚至还带回了狮子、鸵鸟等珍禽异兽。各地酋长与国王所回赠的礼品也是琳琅满目,数不胜数。

经过两年多的艰辛航行,在永乐五年(1407年),郑和率领船队成功地结束了初次远航,满载而归。明成祖兴奋异常,当即厚赏了郑和诸人。很快,意犹未尽的明成祖便再次命令郑和出使西洋。

这一次,郑和奉命出使锡兰山,锡兰山在当时印度洋的东西航路上。郑和代表明朝政府向锡兰的一座寺庙赠送了很多金银供器、织锦等礼物,还在此立了一座碑,即郑和《布施锡兰山佛寺碑》。永乐七年(1409年)夏,郑和返国。同年,郑和第三次出使西洋,再次路过此地。国王亚烈苦奈儿见中国船队携带了那么多的金银珍宝,顿起歹心。他装着很热情的样子,将郑和诱骗到国内,然后一面向郑和强行勒索金币,一面派 5 万人去劫掠郑和船队,情况万分紧急。郑和却异常冷静,他立刻派人探听对方虚实,得知敌人倾巢出动前去进攻船队后,他果断下令,不去救援船队,而是直接攻打敌人老巢。

敌人的都城虽然空虚,但是郑和身边的士卒也只不过 2000 余人,要想克敌制胜,必须出其不意,攻其不备。于是,郑和率领士兵们抄小路直奔敌人的都城。将士们勇往直前,很快就抵达敌人城下。以为稳操胜券的亚烈苦奈儿正在等待捷报传来,没料到郑和已兵临城下。

郑和精通兵法,他在城下指挥久经沙场的将士们砍竹伐树,制成云梯。而后一部分人发射弓弩射击城头守兵,一部分人奋勇攀登云梯。不一会儿,明军冲入了城中,直奔皇宫,亚烈苦奈儿及其妻妾、儿子等人全部被活捉。而海边的敌军正在袭击船队,突然听到都城被占、国王被掳的消息,慌忙撤兵,准备返回救援。船中的明军见状,士气大增,遂跳上岸来,直杀得敌人落花流水。

永乐十三年(1415 年),郑和第四次出使西洋回航时路过苏门答腊国,一天夜晚,发生了数万人偷袭船队的事情。

原来,苏门答腊国曾在永乐六年(1408 年)与位于它西边的花面国发生战争,国王因此中箭身亡。因王子年幼,无法报仇,王后就对国人宣布,谁要是能领兵打败花面国,她就嫁给谁,并让他当国王。于是一个渔翁自告奋勇,领兵攻入花面国,杀死了花面国国王。之后,渔翁娶了王后,并当上了苏门答腊国的国王。可老国王的儿子长大后,竟杀了渔翁,夺取了王位。渔翁有个儿子叫苏干剌,他既想报杀父之仇,也想争夺王位,无奈实力悬殊,被打败后便逃到山中,自立一寨。此次郑和来到苏门答腊,给国王献了厚礼,苏干剌非常气愤,所以夜间率众数万,袭击船队。郑和指挥将士沉着应战,苏门答腊军队也密切配合,最终苏干剌的几万军队被杀得溃不成军,苏干剌也被活捉,后来被押解至北京处死了。

从 1405 年至 1433 年,郑和率领船队七次下西洋,28 年的航海生活,耗尽了他的心血。1433 年 4 月,这位伟大的航海家在他最后一次远航的归途中,在印度半岛西南部的古里病逝了。

郑和七次下西洋,先后访问了亚洲和非洲的 30 多个国家和地区,最远到达了红海沿岸和非洲东海岸等地,在世界航海史上,他是打开从中国到东非航道的第一人。作为一位出色的外交使节,郑和为发展中国与当时"西洋"各国的友好往来作出了很大的贡献。今天的马来西亚、印度尼西亚、泰国、斯里兰卡等国,依然留存着三保城、三保井、三保塔等地名和古迹,这充分表明了当地人民对这位杰出的航海家与友好使者的永久怀念。

苏禄国王访中国

菲律宾的西南有一大群岛屿,它们是以盛产珍珠而举世闻名的苏禄群岛。

苏禄国名最早出现在我国元代古籍《大德南海志》(1304年),元代汪大渊的《岛夷志略》(1349年)则有详细记载。在我国的明朝初年,苏禄国同时有三个国王,即东王、西王和峒王。其中东王势力最大,国力最强盛,因而地位也最尊崇。

郑和下西洋后,苏禄东王得知中国疆域辽阔,物产丰富,既强大又很友好,便决意找机会访问中国。后来又听说很多国家都争派使者前去访问,甚至有的国家的国王还亲自去明朝访问,于是,便和西王、峒王商量好,三人一起访问中国。

以东王为首的苏禄三王,率领着由王妃、王子及随行人员共340多人组成的大型友好使团,携带珍珠、宝石、玳瑁等礼品,漂洋过海,长途跋涉,终于在永乐十五年(1417年)到达北京。

苏禄东王一行,受到明成祖的热烈欢迎和隆重接待。在明朝官员的陪同下,他们游览了正在大兴土木的北京城。

北京是个大都会,人群熙攘,车水马龙。这时正是秋高气爽、景色宜人的季节,西山红叶,海子碧波,点缀了北京的无限风光。那巍峨城墙,一座座高耸的城楼,金碧辉煌的宫殿,使北京城更加壮丽。

北京城的建设规模和雄伟的气派,令东王赞叹不已,极为钦佩。由于中国百姓的友好情谊和明朝政府的周到安排,他们在北京访问了27天之久。

当深秋来临,长期生活在靠近赤道的苏禄客人有点不适应塞外刮来的寒风。于是他们怀着依依不舍的心情告别了北京。临行之际,明成祖赠送给他们大量的珍贵礼物,有黄金、白银、玉带和丝织品等,还亲自委派官员进行护送。

那时候南北交通主要靠运河,所以,东王一行先乘车到了通州,然后再乘船南下。沿途经过各州县时,都受到当地官员、卫所军队和人民的款待与热情迎送。

当苏禄客人的船队将到德州的时候,天气突然恶化,彤云密布,寒风凛冽。苏禄东王本来就体弱畏寒,再加上旅途劳累,急病发作,竟不幸病逝。噩耗传到京城,明成祖异常悲痛,亲自撰写祭文,并派官员赶到德州吊祭,还亲笔写了慰问苏禄东王长子的信,同时命令州地方官员为苏禄东王修造墓穴,将苏禄东王安葬在德州的北郊。

苏禄东王的长子回国继承王位。东王妃子葛木宁和二王子安都鲁、三王子温哈喇等十余人要求守墓,表示自愿留在德州。明朝政府批准了他们的请求,并拨出238亩地作为祀田,免去赋税,收成作为祭祀东王的费用;还命令州地方官吏每年按时祭祀。为了尊重苏禄东王和守墓人的宗教信仰与生活习惯,明朝政府还特地从德州和历城(今山东济南)拨了三户回民去协助守陵并照料他们的生活。又指令地方官员在墓前修造享殿,供奉苏禄东王画像,同时还修了配殿、牌楼等建筑。并在墓道两侧立起石人、石马、石虎、石豹,陵墓周围也栽了苍松翠柏。在苏禄东王逝世一周年的时候,明成祖又命令地方官为苏禄东王修庙树碑,还亲自撰写了碑文。

那些留居德州的苏禄国人,原计划守墓3年后回国。3年光阴匆匆地过去了,他们谁也不想再提起回国的事。东王妃葛木宁在永乐二十二年(1424年)回去了一趟,但是第二年又回到了德州。所有留下来的苏禄人,后来都死在中国,被葬于德州。苏禄东王墓后面的三个坟,就是东王妃子葛木宁、二子安都鲁和三子温哈喇的墓葬。他们的后人也从此世代定居在德州的北郊。

清朝雍正九年(1731年),苏禄国王来中国访问的时候,特地瞻仰了苏禄东王墓。东王的后代提出了加入中国国籍的要求,希望苏禄国王代为呈请,清政府同意了他们的请求。于是,在德州的东王八世孙安汝奇、温宗楷等便以安、温两姓入籍中国。从此以后,苏禄东王的后代就成了中华民族的一分子。

现在,安、温两姓的后代除在山东德州市北营村聚居以外,还散居于山东各地以及江苏、河南、河北、陕西、北京、天津等省市。

解缙组编《永乐大典》

解缙(1369—1415),字大绅,江西吉水人。他幼年就聪颖好学,才思敏捷,第一次参加乡试就中了第一名。那时第一名举人被称为"解元",于是人们也就习惯性地叫他"解解元"。

洪武二十一年,解缙考中进士,任庶吉士。建文帝时,他被任命为翰林待诏。朱棣登基后,他和胡广等人均被提拔为翰林学士,入职文渊阁。当时的学士官职较低,只有正五品,也没有实权,不过因为是皇帝的顾问,所以可以时时接近皇帝。

永乐元年,皇帝朱棣对翰林学士解缙说:"天下古今许多事物,分散记载在各书中,查看起来实在不容易。朕想编一类大书,把有书契以来的经史百家、天文、地志、阴阳、医卜、僧道、技艺等,凡是有关的著作,都分别编纂到一起,这样查阅起来不就方便了吗?"

解缙说:"陛下所言极是。只是编纂这类大书,人少了可不成。"

朱棣很信赖这位有名的大才子,便说:"那就由你领头来编吧!想调谁参加都成,朕跟礼部和翰林院打个招呼,让他们支持你。"

当时解缙领了皇帝朱棣的旨意,从各处调来146人,开始了编纂大典的工作。他们查阅了大量书籍,搜集了大量资料,一年多后,他们终于编成了一部书,呈给朱棣。朱棣给书题了书名叫《文献大成》,对包括解缙在内的147位编书人赏赐了银钞。但他还嫌这部书简略,又让太子少师姚广孝(即道衍和尚)等协助解缙在原书的基础上加以增补,务使一切典籍都包罗在内,无一遗漏。

道衍和尚是皇帝亲近的人,他参与后,要钱要人谁也不敢驳回。于是他们在文渊阁设立了编书馆,让礼部选派有文才的官吏和四方大儒来担任纂修工作,又选派一些书法好的国子监学员和一些外府县学中的生员担任抄写工作,前后竟动员了几千人,由光禄寺供给伙食。到永乐六年,全书编成。朱棣根据自己的年号,把这部书命名为《永乐大典》,还亲自写了序言。

这部大书共计 22937 卷(含目录、凡例 60 卷),装订成 11095 册,总计 37000 多万字,全部用工整的蝇头小楷写成。朱棣在迁都时,用船将《永乐大典》运到了北京宫中,并将其藏到宫中的"文楼"里,《永乐大典》成了稀世国宝。

而组编者解缙因为人倔强正直,没有心机,本着一片忠心,多次向皇帝进言,结果触怒龙颜,被贬到广西,后下狱,最终在狱中被杀。直到明仁宗朱高炽继位后,才为解缙平了反。

爱民惜民的仁、宣二帝

永乐二十二年(1424 年),明成祖朱棣御驾亲征蒙古,结果在榆木川一病不起,终年 65 岁,而后皇太子朱高炽遵遗诏继位。然而这个朱高炽在当皇太子时整日战战兢兢,皇太子的位置一坐就是 20 年,如今朱棣驾崩,他也总算熬出了头,遗憾的是,他仅仅做了 10 个月皇帝就病死了,其庙号为仁宗。

他在位时间虽异常短暂,但他和继位的宣宗一起,让大明朝出现了"仁宣之治"的盛世局面,当时整个社会政治清明、经济发展,成为中国古代历史上少有的清明时代。

仁宗是个性情温和的皇帝,和他的父亲朱棣差异巨大,他一登基,就推行宽松政治,让百姓休养生息,一改朱棣在位时冷硬严酷的政策,下令停止了在蒙古等处的用兵,连宫使采买、土木工程等许多项目都得到削减,花费减少,百姓压力自然减轻,这体现出了他对民力的爱惜。

除此之外,他还提高阁臣地位,让内阁制度得以逐步完善。在丞相被废除之后,朱元璋设置的"四辅官"和殿阁大学士等职务徒有虚名,参与机务的机会很少。虽然到了朱棣时期,阁臣有了更多参与机务的机会,但官级都很低,只有五品。针对这种情况,仁宗做出了很大改变,他让杨荣等以正三品兼任大学士,后又赐大学士一品公孤虚衔,职位高于部权,相当于相权。

第三个方面就是充分重视农业发展,减免受灾地区赋税。第四点是针对朱棣晚年对大臣用刑过重的情况展开的,仁宗多次下诏赦免受牵连的大臣及其家人,并对官吏明确提出要求,要依法秉公处理案件,不准滥用刑罚。第五点就是仁宗对自己要求也十分严格,他不但体恤民情,还洁身自好,经常自省。

仁宗在位虽只有短短10个月,却在中国古代历史上留下了闪光的足迹,留给了后人不可磨灭的印记。"德化之盛,岂不与文景比隆哉",可见人们对他的评价之高。可喜的是,他的儿子宣宗朱瞻基把他的作风继续发扬光大,于是迎来了"仁宣之治"这一明朝最辉煌的时期。

朱瞻基自幼年时就深得朱棣的欢心,为此朱棣还让姚广孝对他进行悉心培养。在确定继承人方面,据说,朱棣曾有过犹豫,还曾私下里向解缙征求意见,但解缙说:"皇长子仁孝,天下归心。"在朱棣没有任何表示的时候,解缙又说:"好圣孙。"这时朱棣才暗自点头,朱高炽的皇太子之位也才有惊无险地得以保留。即位后的朱瞻基爱民如子,减少用兵,让百姓安居乐业,可以称得上是一位贤明的太平天子。

用"坐皇宫九重,思田里三农"这句话来说明宣宗关心农事生产一点都不为过。"民能载舟亦能覆舟"的道理让他时刻警醒,并能通过实实在在的政策来利于民、惠于民,让百姓能够拥有良好的休养生息的社会环境。他虽贵为天子,从小又锦衣玉食,却能真切体察民间疾苦。

据说有一次他途经农田,还停下来向耕作的农民询问农作物的生长情况;甚至还颇有兴致地尝试使用农具亲自耕地。当他体会到耕作不易时就对大臣们说:"我只推了三下就疲倦不堪,可见农民种地的艰辛。"由于他对民生疾苦有真切了解,所以他制定的政策往往能充分考虑到百姓的利益。在他10年的统治时间里,曾多次实行蠲免税额、积欠柴炭草等体恤百姓的策略,甚至对那些在京工匠中的年老残疾和户内无丁力者的匠籍也加以免除。宣德元年(1426年)七月,他下令免除了湖广采木的差事。宣德三年(1428年)十一月,他又把请求去东莞采珠的锦衣指挥钟法保逮捕入狱,以扰民和谋求私利的罪名加以训斥。宣德五年(1430年)二月,工部采木的差事也被免除。

对内,宣宗免除百姓的诸多劳役和赋税;对外,他的撤兵安南、息兵养民的政策更是值得称道。成祖在位时出兵征讨安南黎氏,还把安南设置为明朝的交趾布政使司,但朱棣对安南的统治不断遭到当地人民的反抗,为此,明朝几乎每年都要派兵加以镇压。人力、物力、财力等方面的大量消耗让明朝有不堪承受之苦。宣宗即位伊始,当他接到仁宗派遣的部队征讨安南失败的消息后,心中便准备放弃安南。

宣德元年(1426年)四月,宣宗针对交趾布政使司的问题,与蹇义、夏原吉、杨士奇和杨荣四人商议,准备让其自成一国,只要按岁朝贡即可。其中杨士奇和杨荣赞同,而蹇义和夏原吉却持反对意见,他俩觉得一旦放弃将有损皇上威严,因此宣宗放弃交趾布政使司的想法没有立即得以实行。到了宣德二年(1427年),恰巧安南黎利上书明朝,表明他们已找到原来安南的统治者陈氏后人陈暠,于是,宣宗立即同意撤兵安南,并恢复陈氏政权,封陈暠为安南国王。

1428年,黎利篡夺陈暠之位而自立为王。他派人入朝纳贡谢罪,请求皇帝册封群臣。此时黎利治理安南已成事实,于是宣宗册立他为国王。从这时起一直到明末,明朝和安南再也没有发生过大规模的武装较量。撤兵安南的做法,既让百姓避免了连年征战的劳苦,又节省了大量军费,可以说是一件让人称颂不已的好事。

屹立不倒的"铁三角"

仁宣之治是中国古代历史上非常著名的安宁盛世,而出现仁宣之治这一盛世局面的重要推手就是"三杨",他们也是明朝内阁制度完善的关键人物。一提起仁宣二帝就必须提到"三杨",因为他们是历史上少有的贤臣。

"三杨"到底是何方神圣呢?其实"三杨"指的就是明初贤臣杨士奇(1365—1444)、杨荣(1371—1440)和杨溥(1375—1446)。这三人历经永乐、洪熙、宣德、正统四朝,但真正让他们名扬历史的还是在仁宣时期,用当时的话来评价就是"天下建言章奏,皆三杨主之",可见他们当时的重要地位。明朝皇帝大多疑心重重,然而这三位大臣却能历经四朝而不倒,长期安居阁位,能够自由施展心中的政治抱负,这实在是耐人寻味。

"三杨"之中的杨士奇是江西泰和人,当时人称"西杨","三杨"以他为首。杨士奇自幼家贫,父亲早亡,母亲改嫁。虽出身低微,但他勤奋好学,后来以布衣身份进入了翰林院。到了永乐年间,因其才华卓著,曾给当时的太子朱高炽当老师,并在这段时期多次帮助朱高炽稳固岌岌可危的太子之位。仁宗期间,他又成为礼部左侍郎兼华盖殿大学士,宣宗时则任兵部尚书。杨士奇性格温和,为人宽厚,胸怀宽广,能知人善任,他曾先后推荐过50多位有能力的臣子。因为自小艰辛的生活经历,他对民间疾苦甚为了解,因此能对众多事务考虑周详,做出合理安排,而且又对封建纲常之道坚守不渝,当时深受同僚及下属的敬仰。

除了在政治方面有出色才干,杨士奇的文才也同样出色,他的论述有着较强的感染力和说服力,因而皇帝的敕、诏、旨、谕等都由他主笔,他成了内阁中不可缺少的写手。遗憾的是,杨士奇虽声誉极佳,才华横溢,可他的儿子却堕落不堪。在他七十多岁时,其大儿子便因横行霸道以致多人死亡而被逮捕,而朝廷顾及杨士奇的情面,并没有当即处死其大儿子,但杨士奇一死,其子也就被下令处决了。

杨荣是福建建安(今建瓯)人,人称"东杨"。杨荣和杨士奇的稳重宽厚有所不同,他为人机敏,善于谋算,对于边务尤其精通。当年成祖入南京后急切地想要登基,杨荣却急忙迎到马前委婉地提醒朱棣说:"殿下先谒陵乎,先即位乎?"朱棣听后恍然大悟,在登基前赶紧去拜谒了孝陵,才没有给自己的登基大典带来麻烦,也因此没有招致后人太多诟病。而杨荣也因此极受成祖重视和信任,他曾多次跟随成祖一起北征,并多次参与军机大事和策划边务,因能力超群,后来升任为文渊阁大学士。"三杨"中只有杨荣在永乐一朝深受重用而没被其他事情牵连。到了仁宣时期,杨荣的地位更加突出。然而,他虽才华横溢,但也缺点多多,他常常恃才傲物,与同僚之间关系紧张,又贪爱钱财,在为人处事方面实在无法和杨士奇相提并论。

杨溥是湖广石首(今属湖北)人,被称为"南杨"。他曾是永乐朝的洗马,后来因为太子遣使迎接成祖迟缓,因被汉王进谗言而获罪,被关入天牢有10年之久。仁宗登基后,杨溥的命运才得以发生天翻地覆的变化,他被仁宗连升数级,并负责主持当时刚创立的弘文阁。杨溥虽然命运大改,时运当头,但真正让他大展宏图的却是宣宗,宣宗让他进入了政治的核心地带——内阁。杨溥的性格内向稳重,有着极好的操守,做事谨慎,为人低调,心态平和,让当时的同僚极为叹服。

"三杨"等人性格各异,却能沉浮宦海多年,并在政治生涯中相互扶持,关系融洽,成为一个实力超强的整体力量,犹如坚不可摧的铁三角。杨荣办事能力卓著,但才高气傲,不能和谐处理同僚关系;而杨士奇却能容人之短,在铁三角中能起到稳定大局的首领作用;杨溥淡泊权势,能够秉持公正。三人互补,形成了一个能力超群的团队。

当然,他们之间也不是一直都和风细雨的,也偶有恩怨,却也都能在杨士奇的主持下顾全大局,彼此忍让。宣宗朱瞻基曾私下里召杨士奇询问杨荣年节时接受边将赠送良马之事,而且也曾有多人举报杨荣收受贿赂。但杨士奇却告知宣宗杨荣多次随御驾征战的功劳,以及在处理边务、探知敌情等方面无人能及的功绩。虽然杨荣曾多次诋毁杨士奇,但杨士奇却以宽广的胸怀容让了一切,这一点深深打动了杨荣。

这几位重臣合力辅佐宣宗,而宣宗对这几位重臣也是信任有加,一时营造出了和谐融洽、历史少有的君臣关系。三杨辅政期间,成功帮皇帝消除了汉王和赵王的威胁。当时,汉王朱高煦、赵王朱高燧倚仗自己在靖难之役中功勋卓著,一直有着争夺皇位的野心,因而仁宗的登基之路荆棘遍布,险恶重重。

宣宗即位后,虽然这种危机得以缓解,但汉王和赵王的野心从未消失。因而宣德元年(1426年)八月,就发生了朱高煦秘密联络英国公张辅为内应的谋反一事。危机面前,宣宗在三杨等人的出谋划策下,并没有采取军事行动加以制止。只是为了避免一场可怕的流血事件的发生,宣宗以怀柔政策修书一封,劝其罢兵收手。但事与愿违,朱高煦态度强硬,非要一战,甚至指责宣宗违背祖训。在这场不可避免的战争中,杨荣就提出了让宣宗御驾亲征的建议,宣宗也从谏如流,听取了他的建议,率军亲征,从而让士气大振,一举平定了叛军。回师路经献县时,户部侍郎陈山建议宣宗用偷袭之计一举拿下赵王朱高燧,但遭到了杨士奇和杨溥的坚决反对。回京之后,宣宗回想起此事,越发感到杨士奇和杨溥的建议正确无比,于是把众位大臣请求拘押赵王的奏章全部送给朱高燧看,以此来警醒赵王,赵王也因此对宣宗的心意心知肚明,于是自动请求削藩,从而得以善终。

"三杨"不仅是宣宗的左膀右臂,在完善明代内阁制度方面更是功不可没。内阁制度在永乐一朝刚形成雏形,当时也只是一种类似于皇帝秘书性质的机构。而到了宣德一朝，其权力逐渐加大，成为中枢决策机构。"内柄无大小"全都由这一机构做出决定并处理，但最关键的是宣宗还赋予了内阁草批题奏本章的至高权力。随着时间推移，这种草批题奏本章的票拟权又逐渐为内阁大臣专有。

"三杨"在权力中心担任阁臣都有较长的时间，其中以杨士奇为最，身居内阁要职长达43年，这么久的时间始终处在朝廷的中枢之地，自古至今前所未有；其次是杨荣，时间也很长，为37年；而杨溥最短，但也有22年之久。他们一生之中的绝大部分时间都任职于机要重地，几乎与皇帝朝夕相处，机密要闻无所不知，无所不参与，虽没有了宰相一职，但又有谁能说他们的地位和权力逊色于宰相呢？

土木之变

1424年，明成祖死后，太子朱高炽即位，是为明仁宗。仁宗是一位有作为的皇帝，可惜他即位不到一年就去世了。之后，他的儿子朱瞻基即位，年号宣德。宣德十年（1435年），明宣宗去世。其子朱祁镇即位，他就是明英宗（1427—1464），时年仅9岁。

朱祁镇做皇太子时，宦官王振曾入东宫侍奉其读书。王振为人狡黠，颇得朱祁镇欢心。及朱祁镇即位，王振则备受宠信，被英宗称为"先生"，且奉命掌管司礼监，权倾一时。

正统十四年（1449年），北方瓦剌部统一蒙古各部落后，其首领也先想恢复大元天下，于是也先派2000名使者到北京，进贡马匹，要求赏金。王振发现也先谎报人数，便削减了赏金和马价。也先为他的儿子向明朝求婚，也被王振拒绝。

王振这种做法激怒了也先，也先遂率领瓦剌骑兵进攻大同。守大同的明将出兵抵抗，被瓦剌军打得大败。边境的官员向朝廷告急，明英宗便慌忙召集大臣商量怎么对付。因大同离王振的家乡蔚州不远，王振在蔚州有大批田产，他怕蔚州被瓦剌军占领，所以竭力主张英宗带兵亲征。可兵部尚书邝埜和兵部侍郎于谦认为朝廷没充分准备好,不能亲征。明英宗不顾大臣劝谏,就冒冒失失决定亲征。

明英宗安排他弟弟郕王朱祁钰和于谦留守北京,自己则跟王振、邝埜等官员100多人,带领50万大军从北京出发,浩浩荡荡向大同赶去。这次出兵,本来就没好好准备,军队纪律涣散,一路上又遇到大风暴雨,没走几天,粮食就接济不上了,士兵们又饿又冷,还没有碰上瓦剌兵,已经叫苦连天。等到了大同附近,士兵们看到郊外的田野里,到处都横着明军士兵的尸体,心中更加惶惶。有个大臣发现军队士气低落,便劝英宗退兵,结果被王振臭骂一顿,还被罚跪了一天。

过了几天,明军前锋在大同城边被瓦剌军杀得全军覆没,各路明军纷纷溃退下来。到了这时候,王振才感到情况危急,下令退兵回北京。退兵本来是越快越好,但是王振想到他老家蔚州去摆摆威风,便劝英宗到蔚州去住几天。于是几十万将士离开大同,往蔚州方向跑了40里地。王振又转念一想,这么多的兵马到蔚州,他家田里的庄稼岂不是要遭到损失,便又匆匆忙忙下命令往回走。这样一折腾,拖延了撤兵的时间,就被瓦剌的追兵赶上了。

明军一面抵抗,一面败退,一直退到土木堡(在今河北怀来县东)。那时候,太阳刚刚下山,有人劝英宗趁天没黑,再赶一阵,进了怀来城再休息,若瓦剌军赶来,也可以坚守。可是王振却因为装运他财产的几千辆车子还没到,硬要大军在土木堡停下来。土木堡虽名为堡,其实没有什么城堡可守。明军大队人马赶了几天路,口渴得像火在烧,但是土木堡并没有水源。离土木堡15里的地方虽有条河,但是已经被瓦剌军占领了。士兵们就地挖井,挖了两丈深,也没找到水。

第二天,天刚蒙蒙亮,瓦剌军便赶到土木堡,把明军紧紧包围了起来。明英宗知道没法突围,只好派人向也先求和。也先一打听,明英宗带的明军人数还不少,要打硬仗,自己也要遭到损失,就假装答应议和,停止了进攻。

明英宗和王振信以为真,十分高兴,便下令让士兵到附近找水喝。于是士兵们争先恐后跳出壕沟往河边跑,乱成一团,将领们要制止也制止不了。这时,早就埋伏好的瓦剌军兵士从四面八方冲杀过来,个个抡起长刀,大声吆喝着:"投降的不杀!"明军兵士一听,纷纷丢盔弃甲,狂奔乱逃。瓦剌军紧紧追赶,被杀的和被踩死的明兵,不计其数。而邝埜也在混乱中被杀死了。

明英宗和王振带着一批禁军,几次想突围都没能冲出去。王振平时作威作福,这时候却吓得直发抖。禁军将领樊忠早就恨透了这个奸贼,于是气愤地说:"我为天下百姓杀死你这个奸贼。"说着便抡起手里的大铁锤,朝王振的脑门一锤砸去,结束了王振的性命。樊忠自己则冲向瓦剌军,拼杀了一阵,也倒下了。

明英宗眼看脱逃没有希望,只好跳下马来,盘着腿坐在地上等死。瓦剌兵赶上来,俘虏了明英宗。历史上把这次事件称作"土木之变"。

经过这一场战斗,50万明军损失了一大半,明王朝也元气大伤。瓦剌首领也先更加骄横起来,抓到皇帝的也先,一面用明英宗做人质,向朝廷要挟勒索;一面加紧带兵南下,结果北京也受到了瓦剌军的威胁。于是,守卫京城的责任就落在英宗的弟弟郕王朱祁钰和于谦的身上了。

救世宰相于谦

明朝自发生"土木之变"后一直岌岌可危,此时的也先借助擒获英宗的威势,率兵直奔大明京师。就在这样的危急时刻,有一位英雄挺身而出,以自己的聪明才智和坚毅果决挽救大明江山于险象环生之际。

这位美名千古流传的英雄就是于谦(1398—1457),他是钱塘(今浙江杭州)人,字廷益,号节庵。永乐十九年(1421年),于谦考取进士。当时他是会试之首,但由于其尖锐的言论刺伤了统治集团的颜面,因此被降为三甲第九十二名。

于谦年轻时仪表堂堂,英气勃发,声如洪钟,有不凡之象。由于他的不凡相貌和英伟的气度,他得到了宣宗的青睐,在宣德元年(1426年)八月,曾随宣宗平汉王朱高煦叛乱,并奉旨指责朱高煦的种种不法行为,其洪亮有力的声音博得了宣宗的欢心。于是在宣德五年(1430年),于谦又被破格提拔,成为兵部右侍郎,巡抚河南、山西两省。于谦能被破格提拔完全是出于自身能力的卓越,他即使被皇帝宠信也毫不傲慢。在他辖制的地区,他多次深入百姓当中,了解民生疾苦,取得了卓著的政绩,创行了平籴(tiáo)条例、义仓、平准仓、惠民药局等,深受百姓的爱戴。

除了才华卓著之外,在品行上他也端正、高贵,令人敬佩。在当时贿赂成风的环境里，他也依然能够洁身自爱，不为所动。他甚至还写诗自勉，以表明自己不同流合污的决心：

手帕蘑菇及线香，本资民用反为殃。

清风两袖朝天去，免得闾阎话短长。

也正是因为这种"清风两袖朝天去"的高洁品行，从古至今，他留在人们内心的都是那种让人敬佩和仰慕的英伟形象。

发生"土木之变"时，于谦任兵部右侍郎，并代兵部尚书管理兵部事务，留守京师，以应突变。当前方传来英宗被俘的消息后，朝廷上下一下子陷入混乱和恐慌之中，到处笼罩着愁云惨雾。面对如此困境，孙太后出面命英宗之弟朱祁钰监国，并召集群臣，希望能寻求解救危机的办法。但大臣们要么默默不语，要么左顾右盼，毫无主意，更无人敢于赴前线应战，甚至有人提出荒唐的南逃之策。就在没有任何可行之策的时候，于谦站出来大声斥责了那些逃跑主义者，并铿锵有力地提出抗击蒙古之建议。孙太后、朱祁钰一看有人应战，便毫不犹豫地让于谦担任起保卫京师重地的责任。于谦临危受命，气势凛然，虽危机重重，但他仍然冷静分析复杂的局面，并采取果断措施：

首先他把握大权，从策略上打击对手，拥立新皇帝景帝，以断绝瓦剌军的妄想，而拥立景帝也能起到安抚人心的作用。由于当时英宗长子才3岁，不能胜任这一安国定邦的军机大事，因此于谦力排众议，主张朱祁钰登基称帝。此时的朱祁钰22岁，年富力强，又是英宗的异母弟弟，正有能力稳定混乱的局势。也先俘获英宗，以为可以借助英宗来要挟明朝廷，即使谈判不成也会在战争开始后让明军掣肘，可惜算盘落空。于谦心中一直认为什么也比不上江山社稷，社稷为重君为轻的思想让他坚决反对讲和，认为必须一战，他的果断主张和应对策略很好地维护了当时明朝的利益。

其次，他着手实务，加强京师的防卫，为保卫战做好了充分准备。对于南迁的主张，他强烈反对，认为不能弃京师和九边于不顾。由于于谦在这方面的强硬态度，景帝保卫北京的决心也大大增强。当时京师兵力不足，而且皆为老弱病卒，针对这种情况，于谦便招收勤王兵，加紧整饬内务，列兵九门，增加气势。就在瓦剌军即将攻破城门之际，于谦亲自督战，成功击退了蒙古兵的进攻。而就在此时，其他各地的勤王兵也纷纷赶来，也先见大势已去，只好撤兵，大明江山终于在危机中获得了重生。

也先见明朝上下团结一致,觉得没有了再战的必要,便希望同明朝廷讲和。景泰元年(1450年),双方讲和,英宗被送回,但景帝怕失去皇位,不肯迎接英宗,然而于谦表示国已有主,不可再易,让景帝放下心来,接英宗回朝,并将其安置在皇城的南宫之中加以软禁。

朱祁钰替代英宗成了皇帝,但太子是英宗之子朱见深,因此朱祁钰一直耿耿于怀,总是想方设法让自己的儿子做太子,可是始终没有找到时机和借口。经过千思百虑,到了景泰三年(1452年),景帝别无他法,就想出了一个给大臣送礼以获取支持的方法,一些大臣明白皇帝心中所想,遂上奏提请更换太子。更换太子的想法在大臣们或赞成或默认的态度中就这么实现了,于谦也在同意书上签了名。景帝十分高兴,于是给大臣们加官晋爵,发双份俸禄,群臣也都一一接受了,然而只有于谦拒不接受,这让景帝很是生气,并因此渐渐疏远了于谦。

南宫之变于谦被害

北京保卫战取得了辉煌的胜利,于谦立下了汗马功劳。而大败而回的瓦剌再使阴谋,以送英宗(1427—1464)回京为条件,要求与明朝议和。此时郕王已即位登基,是为景帝,史称"代宗"。明朝拒绝与瓦剌议和言好,也先终究无计可施。为了恢复与明朝的通贡和互市,也先便在景泰元年(1450年)八月将英宗送回了北京。回京后的英宗当了个名义上的太上皇,被软禁在南宫。

景帝即位不久,就废太子朱见深为沂王,改立自己的儿子朱见济为太子。不料,一年后,朱见济夭亡,他又是景帝的独子,景帝再也无子可立为太子了。大臣们便纷纷请求恢复英宗的儿子朱见深的太子地位,景帝却不予理睬。对幽居在南宫中的哥哥,景帝也并不放心。一天,御史高平上言,说南宫院墙边有一排大树,万一有人帮助英宗爬树逾墙而走,后果不堪设想。景帝信以为真,马上派了若干士兵,扛锯持斧,将那排大树尽数伐倒,而明英宗得知景帝如此猜忌他,心中极为恐惧。

谁知到了景泰八年（1457年）正月，景帝竟一病不起，皇太子又尚无人选，因而朝廷上下，一片混乱。武清侯石亨、副都御史徐有贞、宦官曹吉祥等人便密谋帮助英宗重登大位，如果成功，他们必然前程似锦。于是，他们紧张地筹划起复辟事宜。正月十六日，他们秘密征得了英宗应允，然后又齐去徐有贞家中，制订详细计划。一向以善观天象自负的徐有贞爬上屋顶，仰观星相，然后急忙下来，对众人说："星相表明，事成就在今日，机不可失，赶快行动！"一伙人连忙商量发动政变的具体方法，只是苦于没有借口带兵进入皇宫。正在这时，有人进来报告，说有边疆官吏进京报警。徐有贞一听，大喜过望，忙说："简直是天赐良机！咱们就以此事为借口，假称为了加强戒备，带兵入宫！"

半夜时分，他们偷偷开了长安门，率领1000多名士兵潜入宫中。在夜幕之下，徐有贞一伙直奔南宫而去。南宫厚重的大门紧紧关闭着。徐有贞立即命令士兵们抬来一根巨大的木头，照准南宫大门猛力撞击，一部分爬进宫墙里的士兵则与外面的人合力毁墙，过了一会儿，终于墙毁门开。徐有贞、石亨等人急忙一路小跑，进宫拜见英宗，并请英宗坐上他们事先准备好的车子。而后一行人簇拥着车子，飞快地向皇宫奔去。

奉天殿里，龙椅正闲置在一旁，众人迅速将它推到大殿正中，又将英宗扶到了座前。重新又坐上龙椅的英宗环顾四周，恍如梦中。英宗刚在龙椅上坐稳，东方已经破晓。上朝的百官们发现今天的皇宫不同于往日，都很惊讶。这时，只见徐有贞来到百官面前，趾高气扬地高声说道："太上皇复辟了！百官速来朝贺！"一听此言，百官大为震惊，呆立片刻，又不敢不从，纷纷前去拜贺。就这样，明英宗又成了大明天子。这场宫廷政变，史称"南宫复辟"，又称"夺门之变"。

于是，病床上的景帝又恢复到从前郕王的身份，他定的"景泰"年号也被改为"天顺"。就这样，郕王被抬入西苑，没过几天就病逝了。

英宗复辟后的第二天，得势的徐有贞、石亨等人就急不可待地怂恿英宗下旨逮捕于谦、王文、陈循、商辂、俞士悦、范广等文武官员。原来，这个策划南宫复辟的徐有贞就是"土木之变"后极力主张迁都南京的徐珵。因为南迁的建议受到于谦的强烈反对和众人的耻笑，他自知名声不好，才改名为徐有贞。后来，他又要求于谦在景帝面前推荐他当国子监祭酒，于谦举荐之后，景帝却觉得徐有贞太奸邪，故而未用。于是徐有贞对于谦就更加忌恨。

另一个发动政变的石亨,本是一名犯罪的军官,因于谦的起用而被赦出狱,在北京保卫战中立了战功,又被升了官。他自知功劳不及于谦,却被晋封为侯,心中感到惭愧,就上疏为于谦请功,推荐于谦的儿子任千户。可于谦坚辞不受,并上疏说:"国家多事,臣子不得顾及私恩。且石亨身为大将,不闻举荐一个贤才,提拔一个军人以补国缺,而唯独推荐我的儿子,于公于私说得过去吗?臣子军功不能凭借侥幸,我绝不敢给我的儿子滥加功劳。"因为这件事,于谦又惹恼了石亨。此外,石亨的侄子石彪贪婪横暴,胡作非为,加上之前曾受到过于谦的弹劾,石亨对于谦也就更加怀恨在心了。

宦官曹吉祥平日受到制约,不能为所欲为,对于谦也深为不满。这帮小人在英宗复辟后,便以功高大受英宗宠信。他们趁机打击报复,欲置于谦等忠臣于死地。为了陷害于谦,他们绞尽脑汁,终于想出了一个罪名,即诬蔑于谦、王文图谋迎立襄王(英宗叔父)之子为太子,这是"谋逆"的死罪。又因为他们毫无证据,便以"意欲"二字定案。

英宗本来还犹豫未决,认为于谦有功,不忍杀害他。徐有贞在一旁怂恿道:"不杀于谦,今日之事就显得毫无理由了。"英宗遂决意将于谦杀掉。

临刑那天,于谦等人被押赴刑场,当众斩首。百姓们蜂拥而上,群情激愤,怒斥奸臣陷害忠良,刑车被愤怒的群众围得寸步难行。徐有贞等人见势不妙,连忙加派兵士,强行驱散百姓,然后急匆匆地将于谦等人开刀问斩了。

于谦被杀害后,其家属被发配到边疆充军,他的家也被抄了。可于谦为官清廉,家中除了一些书籍之外,家徒四壁,所住的房舍也破旧不堪,仅能遮风避雨而已。景帝也曾赐给他府第,但都被他拒绝了。

于谦死后,天下百姓无不为之痛心。有一位叫陈逵的官员,感念于谦的耿直和功绩,不畏徐、石之流的淫威,冒死收殓了他的遗骸。后来,于谦的女婿将其灵柩运回他的故乡杭州,安葬在了风景秀美的西子湖畔,旁边紧挨着南宋名将岳飞的祠。后人来此,无不感慨万千,有人作下"赖有岳于双少保,人间始觉重西湖"的诗句来悼念含冤而死的忠臣。

千锤万凿出深山,烈火焚烧若等闲。

粉骨碎身浑不怕,要留清白在人间!

数百年来，人们不断传诵着于谦年轻时写的这首《石灰吟》，而这首诗正是于谦一生的写照。

苦难天子自振作

明朝学者朱国桢认为，自夏商周以来，历史上称得上明君的，只有汉文帝、宋仁宗与明朝的孝宗。这个评价，对明孝宗来说，是极高的。

明孝宗，即朱祐樘（chēng），从公元1487年登基，到1505年去世，一共在位18年，年号弘治。孝宗有多位名家担任他的侍讲官，如彭华、刘健、程敏政等，因此孝宗从小就接受了严格而正统的教育。他虽出身低微，为宫女所生，但仍能继承大统，成为九五之尊。不过其中的艰难坎坷也是可以想见的。他以自己的传奇人生谱写了弘治中兴的辉煌历史篇章。

成化二十三年（1487年）九月，太子朱祐樘即位，即后来的明孝宗。他登基时年仅18岁，还带着满身稚气，而他的当务之急就是以自己稚嫩的肩膀挑起治国安邦的重任，重新收拾父辈留下来的烂摊子。当时朝廷内外，到处是乌烟瘴气，宦官当权，气焰嚣张，万贵妃一族沆瀣一气，蝇营狗苟，朝野上下怨声载道，可以说有臣不臣、君不君之象。甚至当时出现了一种民间不知有皇帝，却知道有太监汪直的怪异现象。除了汪直，还有梁芳，梁芳虽不喜武力，但喜金钱，珍珠古董、黄白之物都是他极力搜刮的对象，据说他曾在短时间内把明朝几个时代积累下来的七窖金子挥霍一空。

宪宗一朝还设立了西厂，以致冤狱不断；同时设立了皇庄与民争利，最后上行下效，引起了一系列藩王圈地的问题。而皇帝把官衔当作个人财产，随便变卖赠送，扰乱了官场秩序，出现了官员素质参差不齐的恶劣现象。针对这些混乱局面，孝宗一登基就着手进行整治，他表现出了沉稳的政治态度，用三种策略整肃了朝廷内外。

开除和远离佞臣是他的第一招。孝宗先颁布大赦天下的诏书，赦免了众多冤狱者,同时直接铲除了太监梁芳和外戚万喜等人,态度果决,手段利落。接着在短短一个月的时间里,他又降旨免去传奉官2000余人,大大削减了造成混乱局面的势力,让社会风气也为之一清。而对万贵妃的帮手内阁首辅万安,孝宗没有采用雷霆之势,因为万安身居要职,所以孝宗为避免出现朝廷震荡,采取了较为慎重的措施。后来,孝宗抓住万安的把柄,对他进行言辞斥责,接着科道官员提出弹劾,万安才被罢免。雷霆手段之后,孝宗又辅以宽容之策,六科给事中及十三道监察御史交章弹劾追究万贵妃以及她的一众帮凶,孝宗却没有继续追究,只是将万喜降为指挥使,将梁芳贬为了南京御用监少监。

接着是内选怀恩。怀恩是罪臣之子,他的父亲戴希文曾任太仆卿,曾受其亲族牵连而被籍没,怀恩则自小就成了宦官,还被赐名怀恩。怀恩此人刚正不阿,敢于直谏,能够站在公正的立场上保护正直的大臣,是汪直和梁芳等奸邪之徒的死对头,但无奈怀恩的辈分在汪直等人之上,因此他们只能怀恨在心。后来由于万贵妃的谗言,怀恩远离了朝堂,被宪宗斥居凤阳。孝宗即位后,立即召回怀恩,仍然让他继续掌管司礼监。在起用王恕、驱逐万安等方面他都发挥着微妙而又无比重要的作用。

最后是起用王恕。王恕(1416—1508)是三原(今属陕西)人,字宗贯,号介庵,又号石渠。他是英宗正统十三年(1448年)的进士。王恕在宪宗时期十分有名,因敢于直言进谏而闻名一时,是一位有着铮铮铁骨的谏臣。当时民间就流传有"两京十二部,独有一王恕"的民谣。可见他在民间多么有威望。既然是忠诚正直之臣,就难免成为佞臣的眼中钉、肉中刺,佞臣痛恨他是理所当然的,当时就连宪宗也对他十分厌烦,后来宪宗直接把他从眼前调离,让他去南京任兵部尚书这一闲职,接着又找借口让王恕回家养老去了,宪宗的这一举动震惊了朝野。孝宗即位后,立马召回了这位耿直之臣,并直接命他为吏部尚书,主管选官用人,这一举动深刻表明了孝宗整治吏治的决心和毅力。

整个弘治一朝,孝宗都是遵循"法祖用贤"的原则来治理国家的。孝宗加强制度化建设,掀起了一场典章制度的高潮。弘治一朝还大规模进行了官修书籍活动,主要有《问刑条例》《大明会典》《皇明条法事类汇编》等。孝宗宽严相济,重用贤臣,因此他在位期间名臣众多,而且都是严格遵循传统道德规范的人,如王恕、刘健、谢迁、邱濬等人,都是著名的学者和能臣。弘治一朝,政治清明,人们安居乐业,经济逐渐复苏,人丁也逐渐兴旺,这一繁荣景象就是著名的"弘治中兴",这是孝宗和诸位名臣能将共同创造的盛世局面,后来,孝宗本人也被人称为"中兴令主"。

孝宗是一位值得敬佩的皇帝,然而有一点更令人震惊,那就是他一生只有一位皇后,并没有所谓的三宫六院,被人称为是唯一的一夫一妻制的皇帝。

才子唐伯虎

唐伯虎,名寅,号六如居士,是明朝著名的书画家和文学家。

唐伯虎于1470年出生在今江苏苏州。他天资聪颖,过目不忘,6岁时开始上学,虽攻读经书,但更喜欢文学和绘画。当时文徵明的父亲文林常去唐家的酒肆喝酒,见唐伯虎才学过人,便决定让唐寅与文徵明一起拜吴门画派创始人沈周为师。后来,唐伯虎在16岁时参加秀才考试得了第一名,轰动了整个苏州城。因才华出众,唐伯虎与祝枝山、文徵明、徐祯卿被并称为"吴中四才子",又称"江南四大才子"。

明弘治十一年(1498年),唐伯虎参加应天府(今江苏南京)乡试,中解元(第一名),一时声名鹊起,名震江南,"冒东南文士之上",春风得意。

考中解元后的第二年,唐伯虎踌躇满志地进京参加会试,路遇同去赶考的江阴巨富家的公子徐经,两人相谈甚洽,遂结成莫逆之交。这位徐经,就是后来著名的旅行家徐霞客的曾祖父。当时有一种说法是,这富家公子徐经到京城后,以钱财贿赂会试主考程敏政的家仆,得到了试题。徐经文采不行,开考前便请唐伯虎帮他写好了文章,而唐伯虎事先并不知情。可毕竟纸里包不住火,此事不久就被人告发,两人都锒铛入狱。唐伯虎在狱中吃了不少苦头。

经过一年多的审讯,案情不明不白,最终虽未判定唐伯虎是考场舞弊案的主犯,但干系是摆脱不掉的。唐伯虎虽被释放出狱,但经过这番折腾已经声名扫地,科举仕途也已无望。朝廷革除了他的"士"籍,把他发配到了浙江偏远之地任小吏。

因才得名,又因名罹(音 lí,遭受)祸,而立之年(指年至三十,学有成就)却"倒立",突如其来的打击使唐伯虎心灰意冷。因耻于去浙江当小吏,又没有脸面回家,唐伯虎便开始游山玩水排遣苦闷,足迹遍布浙、皖、湘、鄂、闽、赣等地,他饮酒作画,流连于市井里巷、山溪楼阁,甘心过着贫困而自由的生活。

唐伯虎寄情山水,性格大变,这使得他在绘画上独树一帜,取得了很大的成就。唐伯虎风流多情,自伤自怜,所以仕女画在他的画中占了很大的比例。这些仕女画的风格大多清俊潇洒,幽冷艳丽,工整秀美,表现出了画家对现实的不满,对美好生活的向往。此外,唐伯虎的花鸟画也卓尔不群,他喜欢水墨写意,飘逸洒脱,富有生气。唐伯虎的画也往往配以优美的诗文和飘逸的书法,诗文、书法与画相映成趣,增添了画的美感。

唐伯虎虽工诗善画,生活上却是家徒四壁,穷困潦倒,他只能以卖画度日。有了钱,他就饮酒大醉一场,或者呼朋唤友四处游玩,把钱花个精光。倘若碰上天公不作美,刮风下雨,画卖不出去,他就挣不到钱。没有钱,他便忍饥挨饿,有时甚至3天都生不上火。在如此艰辛的岁月里,唐伯虎却始终保持着精神上的愉悦,他曾作诗道:"善亦懒为何况恶,富非所望不忧贫。"

1523年,唐伯虎在贫困交加中病逝。

传奇的痴情天子

明武宗的一生充满传奇浪漫色彩。

弘治四年(1491年)九月二十四日,明武宗朱厚照出生了,作为孝宗和皇后张氏的嫡长子,明武宗的出生充满传奇色彩,野史传朱厚照的生辰为申酉戌亥,与太祖高皇帝朱元璋一样连贯如珠;另有传当年张皇后身怀六甲,突梦白龙入怀,不日皇子降生,这便是朱厚照。孝宗认为这个孩子身带祥瑞,便取名朱厚照,希望他以后能光耀后世,并在他5个月时,册立其为皇储,8岁时,他便开始接受严格的教育。朱厚照"睟质如玉,神采焕发",性情温和宽厚,宽仁待下,颇有帝王风范,且十分聪慧,传说他有过目不忘的本领。

公元 1505 年,也就是弘治十八年,朱厚照的父亲明孝宗误服药物驾崩离世。国不可一日无君,舞勺之年的朱厚照因此登基称帝,君临天下。年仅 14 岁的朱厚照手中握有至高无上的君权,于是开始为所欲为:为进一步集中和巩固皇权,他废除了侍从自己的内官,对于先祖设立的为提醒君王修身自省的经筵日讲,朱厚照也经常逃脱,发展到后来,他连早朝都是看心情出席,就此为后世子孙长期罢朝开了先例。

以上可见武宗朱厚照是一个不安分的、心思过分活络的皇帝。他这传奇的品行给了小人可乘之机,历史上有名的"八虎"就是在朱厚照的放纵中渐成气候。所谓"八虎",不过是八个宫廷阉人,包括刘瑾、马永成、高凤等,其中以刘瑾为首。刘瑾极为阴险狡诈,极其会揣度武宗心思,还偷偷带武宗出去闲逛,经常哄得武宗手舞足蹈,兴奋异常,因此很受武宗的宠信。作为一个太监,刘瑾竟然逐渐掌握了大权,甚至被称为"立地皇帝",可见其权势之大。

公元 1508 年,即正德三年,本就不安分的武宗在身边一众小人的怂恿下,日渐脱离了正常的轨道,他厌烦了禁城高墙内一成不变的枯燥生活。身为皇帝,他却离经叛道,离开禁城,住进了皇城西北的豹房,今天的北京地名中仍有豹房的名称,但那并不是当初所指的地方。也有人认为今天东华门外的报房胡同才是当年的真实场地,只是经长久的历史流传,如今"豹房"已经变为"报房"。当然,更多的学者相信今天的北海公园西面就是武宗兴建的豹房原址,那里曾是皇城的西苑太液池西南岸。

其实豹房并不是在武宗时期创建的,豹房有着悠久的历史,蒙元时期就已经形成风气,那里豢养虎豹等猛兽以供达官贵人取乐。房又称为坊,如有羊坊、象坊、虎坊等名称,这一类的地名北京至今仍然存在。而豹房新宅其实是从正德二年(1507 年)开始兴建起来的,到了正德七年(1512 年)时已经达到了 200 多间,耗费银钱之多令人咋舌,多达 24 万余两白银。武宗新修的豹房并不是单纯用来养豹取乐的地方,实际上豹房成了一个综合的游幸、玩乐、居住和处理朝政的场所,而武宗经常在此居住,处理朝政,渐渐就有人认为豹房是当时的权力中心、政治中心、军事总枢纽。

正德九年(1514 年)正月十六日,元宵节刚过,但节日的气氛仍然浓厚异常,宫内燃放烟花欢庆佳节,不幸的是,城内不慎失火,殃及禁宫重地,火势直扑乾清宫。明武宗见火势大起,不下令扑救,反而直奔豹房观看,脸上毫无紧张痛惜之色,甚至谈笑风生地对左右阉人笑道:"真是一棚大烟火。"世上竟有这样的皇帝!

豹房并没有长久抓住武宗活络的内心,不久,武宗又萌生了亲自游历江山的新鲜想法。正德十二年(1517年),在群臣敢怒不敢言的诡异气氛中,武宗正式起驾,开始了他的游幸之旅。銮驾行至宣府,朱厚照便营建"镇国府",并自封"总督军务威武大将军总兵官",还要求往来的公文全都用威武大将军的名帖,把自己的名字改为朱寿,至此还不过瘾,他又给自己增加了一个"镇国公"的封号,下令兵部存档,并接受户部分发的饷银。

此时恰值蒙古小王子率部来袭,朱厚照高兴坏了,遂整顿衣冠,准备御驾亲征,想要同蒙古小王子酣战一场。这场战斗十分激烈,明军一度被分割包围陷入窘境。朱厚照便亲率救援军前去解围,他与将士同吃同住,还亲自上阵杀敌,一时间让明军士气大振。最后,蒙古小王子发现战争进入了胶着状态,不能在短时间内取胜,于是果断做出了决定,下令撤兵西去,明军历经艰难战斗,取得了胜利,这便是有名的"应州大捷"。

应州大捷并没有使朱厚照收起过分活络的心思,他反而出巡上瘾,平定西北之后紧接着又开始南巡。对于这次南巡,世人褒贬不一,有人认为他就是寻欢作乐,也有人认为武宗拥重兵南下是为防止宁王以下犯上。正德十四年(1519年),宁王起兵造反,朱厚照知道后不但不发怒,反而兴奋异常,觉得又到了自己大显身手的时候,而且他南巡也总算师出有名,然而当武宗行至河北界内,王守仁便已将宁王擒获。至此,武宗已无南下的必要,于是群臣屡谏,京中不可一日无主。但朱厚照对大臣们的劝谏全当耳旁风,仍多次发檄文给王守仁,令其不要北上献俘,自己则继续南征,铁了心要亲见南方的秀丽景色。

銮驾行至山东临清境内,皇帝却突然不见了,武宗这一消失就是一个月,群臣惶恐不安。原来,朱厚照偶得一艺妓刘良女,对其宠爱有加。朱厚照西游宣府回来后,将刘良女安置在西苑太液池腾沼殿中,号称夫人。两人如胶似漆,于是相约一起南巡。不巧,这位夫人身体抱恙,武宗便与之约定以玉簪为信物,待病好后派人来接。一日不见如隔三秋,武宗时时拿出玉簪把玩,结果在过卢沟桥时不慎将玉簪掉落河中。快到临清时,武宗估摸着刘良女的病好得差不多了,便遣信使接刘氏，但无信物，刘氏不肯来，武宗见美人心切，只好亲自回去迎接，就这样，前后费时将近一个月。由此看来，武宗也称得上是一个痴情天子。

正德十五年（1520年），武宗南巡至清江浦（今属江苏淮安）时，兴致大发，于是亲自垂钓，却不慎落水，寒气入体，自此龙体受损。次年，年仅30岁的朱厚照便病死在了豹房，后葬于昌平金岭东北的"康陵"。

武宗一生，荒淫无度，穷兵黩武，离经叛道，行事荒谬，致使朝纲混乱，百姓遭殃。但是，这样能折腾的一位皇帝也并非一无是处，他处事刚毅果断，能在弹指之间诛刘瑾，平定安化王、宁王的叛乱，还在应州大败了蒙古小王子，对于群臣则基本能做到从谏如流，知人善任，礼贤下士，甚至能亲自到大臣家中安慰病人，对艺妓也毫无鄙视之色，反而满怀痴情。

最终，武宗长眠于环绕着青山绿水的康陵，至于他传奇的一生，就让后人去评说吧。

伏阙谏诤

伏阙谏诤是指臣子们跪伏在皇宫门前，以不达目的誓不罢休的姿态对皇帝进行激烈劝谏的举动。在我国封建社会里，伏阙谏诤的事情屡有发生。而明代官僚士大夫的伏阙谏诤活动，尤为惨烈。

在明朝初期，臣子们与皇帝的冲突并不明显。到了明成化时期，士大夫群体伏阙谏诤与皇帝争是非的现象开始增多。从成化初年到明朝末年，发生了10多次群臣伏阙谏诤的事件。好多大臣们一起跪伏在宫门前，号啕大哭，磕头不已，劝谏皇上改变或收回某一项决定。伏阙谏诤最终成了明朝中期以后政治生活的常态。明代士大夫的伏阙谏诤事件不仅多发，而且往往以士大夫失去身家性命为代价，具有很浓的血腥气味。

成化四年，慈懿皇太后钱氏去世。钱氏是英宗的皇后，而宪宗的亲生母亲是英宗的贵妃周氏。宪宗即位后，把亲生母亲周氏也尊为皇太后。而周氏想在死后单独与英宗合葬在裕陵。于是钱氏去世后,宪宗就下令另外选址安葬钱氏。大臣们却认为钱氏是正后,英宗当年又有遗命说将来与钱氏合葬,所以必须把钱氏与英宗合葬在一起。在上书劝谏没有结果的情况下,大臣们就跪伏在文华门外叩头大哭,要求皇帝立即做出决定,收回成命。迫于群臣压力,宪宗最终同意了大臣们的请求,大臣们取得了伏阙谏诤的胜利。

然而,大臣们能在伏阙谏诤中取得胜利的情形毕竟是少数。

明正德皇帝喜欢狩猎、巡游,恣意玩乐,不理政事。正德元年,大学士刘健和户部尚书韩文等人率领九卿科道伏阙谏诤,要求正德皇帝诛杀太监刘瑾等人。正德皇帝不听,只是下旨宽恕了刘瑾等人。大臣们于是都作罢散去了。这次伏阙谏诤失败后,内阁大学士刘健、谢迁等却被削籍为民,待刘瑾被诛之后才重新被任用。

正德十四年,正德皇帝想到江南去巡游,还自封为"总督军务威武大将军总兵官太师镇国公朱寿"。这个时候,江西的宁王朱宸濠正准备造反,局势十分危急。六科给事中徐之鸾等人担心皇帝的安危,纷纷上疏劝阻正德皇帝南巡。上疏两天后没见回信,群臣便开始伏阙谏诤。正德皇帝命令群臣退下,但大臣们进行了更为激烈的伏阙谏诤。

正德皇帝看到有100多个大臣不听自己的命令,和自己对着干,不由得龙颜大怒。他下令将这些伏阙谏诤的大臣们罚跪五日。等到罚跪五日以后,正德皇帝又将这些大臣们廷杖,"杖之甚重,号哭之声彻于禁掖,往往舁(音yú,抬)归私宅几绝,复苏"。有10多人因此被打死,还有些大臣则被打入大牢。由于大臣们的伏阙谏诤,正德皇帝没有马上南巡,但最终他还是找了个借口去了南方。此次伏阙谏诤以大臣们的惨败而告终。

武宗死的时候没有子嗣,大臣们与皇太后商议,决定让藩王的世子也就是武宗的叔伯兄弟朱厚熜继承皇位。朱厚熜就是后来的明世宗。明世宗想要追封自己的生父兴献王为皇考,改称武宗的父亲孝宗为皇伯考。以内阁首辅杨廷和为首的大臣们认为这种做法不合礼制,一再上疏反对世宗的这种做法。然而世宗不听,君臣之间就起了冲突。

嘉靖三年七月,200多名大臣进行了伏阙谏诤。他们跪在左顺门下,一边大哭一边高声呼喊"高皇帝""孝宗皇帝",声音震动了整个宫廷。明世宗下令记录了参加哭谏的大臣们的名字,并把领头的学士丰熙、给事中张翀等8个人抓进了监狱。结果修撰杨慎、检讨王元正等人继续拍着宫门大哭,场面更加激烈。明世宗于是更加愤怒,命令锦衣卫将参加哭谏的180多人进行廷杖。其中翰林编修王相等17人被打死。几年过后,凡是参与左顺门伏阙谏诤的官员几乎全被明世宗收拾掉了。最终,明世宗实现了将生父兴献王尊为皇帝的心愿。

这次明代历史上规模最大、伤亡最多的群臣伏阙谏诤事件,同样以大臣们的惨败而告终。

伏阙谏诤体现着官僚士大夫阶层对于心目中公理的持守。身居高位的士大夫把据理力争看作是他们的职责所在。他们认为对皇帝的过失进行劝谏是臣子的本分,所以他们不惜以死抗争,以成全自己的名节。从伏阙谏诤的行为中可以看出,士大夫阶层并不认为皇帝的权威是绝对的。他们认为"礼制""公理"要高于皇帝的权势。当然,伏阙谏诤作为士大夫群体的一种劝谏方式,并不会改变皇权的统治地位,也不会从根本上否定皇帝的存在。因此,伏阙谏诤这种抗争对皇帝的影响有限。即使如此,明代官僚士大夫群体对国家政治走势的积极干预,还是使得皇帝任意而为的倾向在一定程度上被弱化了。

太庙与世庙

嘉靖初年(1507年),百姓们曾对当时的时政进行评论,选出了十大"可笑之事",后来人们将其制作成"小字报"散入皇宫,引发了嘉靖皇帝(1507—1567)的震怒,他责成锦衣卫进行追查,最后锦衣卫胡乱逮捕了几个人,了结了此案。

那么这些"可笑之事"都是什么事呢?其中第一件就直接针对嘉靖皇帝本人,难怪他如此生气,关于他的这件事就是"一个皇城两个庙"。皇城之中的庙,指的是太庙,是皇帝家的祠堂,主要用来供奉本朝各位祖先。太庙自古以来都只有一个,那这个"可笑之事"里的另一个庙又是什么庙呢?其实另一个庙是"世庙",相当于"小太庙",这个庙是嘉靖皇帝给自己死去的父亲修建的。一个皇城内竟然有两个庙,这种做法是前所未有的,与那时的宗庙礼仪相违背,因而遭到了人们的嘲笑。

"生为帝统,死为庙统"是中国帝制的一个重要原则,它规定了哪些人可以进入太庙,其实能进入太庙的人只限于做过皇帝的人。嘉靖皇帝为什么给自己的父亲建立另一个庙呢?这是因为按照规矩,嘉靖皇帝的父亲身为藩王,不能进入太庙,而嘉靖成为皇帝也完全是一个意外,因此就出现了一个皇城两个庙的奇怪现象。

嘉靖之前的正德皇帝英年早逝,而且一生荒唐,驾崩之际也没有儿子来继承大统,于是皇室只得根据《皇明祖训》里"兄终弟及"的规定,最后选出了兴献王的儿子朱厚熜,因为他与朱厚照是关系最近的堂兄弟。皇室与众位大臣一致同意,最后决定迎立兴献王的儿子朱厚熜为皇帝。

其实《皇明祖训》里"兄终弟及"的意思是指由嫡母所生的亲兄弟,而不是堂兄弟。如果严格按照这个规定,那么朱厚熜是没有办法直接登基的,必须按照规矩过继给孝宗,成为"继嗣",然后才能以太子身份名正言顺地进京,再登基称帝,这就是历史上说的"继统"。既然嘉靖已经成了孝宗的"继嗣",然后登基"继统",那么嘉靖皇帝就和自己的亲生父亲成了叔侄关系,而与孝宗成了父子关系。这也是兴献王不能入太庙的原因。事实虽已如此,嘉靖皇帝却无法接受自己的父亲成了叔叔的事实,但又不能抗拒宗法,这让他寝食难安。

嘉靖帝的帝位是皇室所赐,这一事实也一直让他耿耿于怀,要巩固这个意外得来的皇位,他就要拥有自己的政治势力,摆脱原先势力的束缚。他先给自己找了合理登基的理由,说大明江山是太祖高皇帝的天下,依照太祖祖训,"伦序当立"的他登基为帝是合情合理的,所谓皇室的恩赐纯属无稽之谈。针对"继嗣"与"继统"问题,从嘉靖登基之日开始,他与杨廷和等人的辩论就从未停止,而且激烈异常,这就是明朝历史上著名的"大礼议"。辩论结果就是杨廷和等人败下阵来,于是兴献王也就在嘉靖皇帝的努力下成了兴献帝,成了名正言顺的皇帝。

但是,这场争论的胜利还只是一半的胜利,因为皇帝生前称皇帝,死后还会有庙号,称"宗",如孝宗就是弘治皇帝的庙号,有了庙号才能进入太庙。可是,兴献帝却没有庙号,把问题想得过于简单的嘉靖皇帝这时又陷入了困境。不能让自己的父亲进入太庙,前面的争执和努力还有什么意义呢?

当他提出让兴献帝入太庙的想法时,那些要求先"继嗣"的人就表示强烈反对,甚至连那些在"大礼议"中坚决支持他的一批新政治力量,如张璁、霍韬等人也表示反对。双方激烈争辩,但始终没有个结局,最后就有人提出了一个折中之法,建议在太庙之外再修建一座庙,专门祭祀兴献帝,不叫太庙,而取名叫"世庙"。

虽有了这个折中之法,但群臣还是死活反对兴献帝入太庙,嘉靖帝还是不满意,但是也只好暂时妥协,想要继续寻求时机。嘉靖皇帝就这样心怀遗憾地过了3年,接着又开始发起新一轮攻势。经过先前的几番争辩,嘉靖皇帝心中早已有数,这次他采取了曲折路线,先是不动声色,进行礼仪上的改革,想要借此完成其未了的心愿。于是从嘉靖九年(1530年)开始,郊礼、庙礼等一系列的改革就不断兴起。到嘉靖十七年(1538年),礼部尚书严嵩等人便根据皇帝的旨意,上奏折给兴献帝争取庙号,最终将其庙号定为"睿宗",再后来,睿宗神主成功奉入太庙。兴献帝,这个从没做过皇帝的人,先是有了皇帝之名,如今又终于可以全套享受一个皇帝应有的待遇了。

虽然最终解决了嘉靖皇帝的心事,但以前的"一个皇城两个庙"的空间格局并没有改变。只是名字有了变化,改为"献皇帝庙",后又改为"睿宗庙",不再称呼为"世庙"。嘉靖二十年(1541年),一场大火把太庙烧了个精光,然而睿宗庙却完好无损地保住了。

但是这个时候的睿宗庙已经不再祭祀兴献帝,嘉靖朝中期后这个庙就已经被关闭不用了。因为长期的封闭环境,通风不好,室内潮湿,木柱上竟然长出了一些菌类,样子神似灵芝。这本是一件十分普通之事,却惊动了嘉靖帝,他深信这是祥瑞之兆,认为是上天的恩赐,于是在嘉靖四十四年(1565年),他便下令把这个庙又改称为"玉芝宫"。

迷信道教的嘉靖皇帝

明武宗因为生活荒淫无度,30岁的时候就死了。而后他的堂弟朱厚熜继承了皇位,就是世宗嘉靖帝。嘉靖帝在位45年,他虽不重用宦官,但崇奉道教的做法也给朝廷带来了十分严重的危害。他信任方士,想长生不老,得道成仙。登基不久,就在宫中天天祈祷。自嘉靖中叶以后,世宗就渐渐疏于朝政。嘉靖二十一年(1542年),乾清宫里又发生了宫女之变,杨金英等宫女十余人,趁世宗熟睡之际,企图把他勒死,但没有成功,最后全被处死了。自此之后,世宗便移居西苑,不入皇宫内,为求长生,日夜祈祷。

世宗专意修道,喜好青词。青词是道士写在青藤纸上的祷词,用来焚化祭天。凡所进青词能让他满意的人,便能入内阁。世宗独断专行,自以为是,拒谏护短,因此直言敢谏者无所容身,只有阿谀奉承者才可受宠升官。所以嘉靖一朝,正直的大臣日少,奸佞之徒日多,以致内阁中相互倾轧,内阁首辅(宰相)之争也日趋激烈,最终造成了奸相掌握朝纲的局面。

嘉靖皇帝为猫立碑

明朝中后期,皇帝的生活越来越腐化堕落,他们不顾百姓死活,或沉湎于酒色,或醉心于仙术,有的甚至多年不理朝政,而对供其玩乐的鸟兽宠爱有加。据《明宫史》记述,嘉靖皇帝(1507—1567)曾下令各宫后妃和太监大量养猫。这些猫都有名字,雄的称"某小厮",雌的称"某丫头",阉猫则称"某老爷",那些得到皇帝和后妃们宠爱的猫,还被封赠"管事"的职衔,有职衔的猫称"某管事",或直称为"猫管事",可以同宫里的其他管事一样受到赏赐。

皇帝靠着榨取民脂民膏来供养这个奇特的猫王国,光是乾明门的 12 只猫,每年就得支用猪肉 800 多斤,猪肝 300 多副。这大量的肝和肉,是被列入皇帝御用开支,而向各州县百姓搜刮得来的。

猫们如此养尊处优,已称奇妙,而嘉靖皇帝爱猫更是荒唐。嘉靖初年,宫中有一只猫堪称是猫王国中的骄子。它卷曲滑腻的毛呈淡青色,双眉洁白如玉,皇帝赐名"霜眉"。此猫性情温驯,日夜伴随皇帝,碰上皇帝闭目养神时,"霜眉"即使饥渴或者要便溺,也必定等主人醒来才离开,因此又被封为"虬龙"。一天,"虬龙"死了,嘉靖帝如丧考妣,伤心不已,于是降旨厚葬,并庄严立碑,亲题"虬龙墓"三字,大有让它与山河并存之势。

后来,嘉靖帝养在西苑永寿宫的一只极受宠的狮猫也死了,他竟传旨制金棺,将其葬于万寿山麓,还命大臣撰写了祭文。当年有一位袁姓侍讲学士只因在祭文中诌出一句"化狮作龙",算是神来之笔,便深得皇帝赏识,加一品入内阁做了大官。

欲壑难填的严嵩父子

严嵩(1480—1567)出身并非大富大贵,他早年家境贫寒,可就是这样一位寒门子弟,竟然在当官 20 年里一举成为全国巨富。这首先就让人想到他应该是一个贪婪无度、大肆搜刮的贪官。事实也确是如此,他有一颗永远无法满足的贪心。为了追求财富,他一再破坏法纪,撕裂道德底线。

嘉靖十五年(1536 年)时,严嵩执掌礼部。考试、外交、祭祀、宴飨等事,当时都由礼部负责。当时的"四夷馆"就是礼部中专门接待国外使臣的机构,"译字生"即当时的翻译人员,他们的待遇十分丰厚,但考选却相对简单,因此就吸引了无数纨绔子弟前来应考。

嘉靖十六年(1537 年)的译字生招选工作和往年一样,十分紧张,但秩序井然。

稍有不同的是招收人数有所扩大,为了能成功挤入那扇大门,各位参选人员都绞尽脑汁。不过这年的主考官发生了一些变化,他对应试者的才能毫无兴趣,对考生们的文采更是视若无睹,那他看重什么呢?原来这个主考官就是严嵩,他只对考生们背后的财富感兴趣,其他一概不问。于是,这么多竞争者中,该录取谁,不录取谁,就看这些人如何"孝敬"这位严大人了。自古以来,礼部一直是清水衙门,然而这个清水衙门到了严嵩这里,竟也被榨出了油水。

后来严嵩担任首辅,一时间获得了更多的敛财机会,而且行起事来也更方便了。既然身为首辅,他就首先控制了主管选官的吏部和兵部这两个要害部门。吏部文选郎中和兵部职方郎中甚至把选官的名册直接交给严嵩父子,任凭他们随意填写,被百姓戏称为严府的"文武管家"。在严嵩父子看来,官职,那就是白花花的银子呀。

有"小丞相"之称的严嵩之子严世蕃更是明码标价,给每个官职定了价:州判白银300两,通判500两,指挥300两,都指挥700两⋯⋯这样一来,谁钱多谁就可以获得高官,如去做地方官,钱多者所分去的地方也会是比较富庶的地方。据说当时吏部稽勋司主事一职被卖了个好价钱,金额达13000两白银,出手阔绰的买主就是当时的刑部主事项治元。

严嵩父子作为卖官商人还真是为"消费者"考虑周到,他们甚至能做到上门推销,如严世蕃就曾主动向庶吉士陆树声推销,说对方如果能够拿出松江绫子200匹,就可以留在翰林供职,但没想到买卖没能做成,因为陆树声根本不买他的账。

嘉靖中期,"南倭北虏",战事连绵,举国艰难。就在这样的艰难时刻,严嵩父子也毫不罢手,继续伸出贪婪之手,来填饱自己无底的欲壑。他们还胆大妄为地把黑手伸向了国库,侵吞了大量军饷。据说,当时这都到了一种让人不可思议的地步,户部早上派发的军饷,不到天黑就能进入严嵩自家的金库。而国库的岁饷不够一年之用,严府的银子却能用数年。这简直是一国财富不敌严府一家呀。

严嵩父子的黑手不仅伸向了国库,还伸向了地方。严嵩不用离开京城半步,就能把遥远的塞北和江南的金银珠宝源源不断地运到严府来。发展到后来,有人向严世蕃进献金银珠箔已经丝毫引不起他的兴趣了,寻常金银已经常见到让他麻木了。

升官是一件好办的事情,只要拿钱找严嵩就能轻而易举实现愿望;那么想要免灾,找严嵩能不能办到呢?当然可以,只要有钱,什么都行。宁夏总兵仇鸾、福建巡抚阮鹗、宣大总督杨顺等都曾贿赂严嵩,让严嵩帮自己免去罪责,保住头顶上的乌纱帽。严嵩向来是来者不拒的,少则数千,多则上万,总能达成交易。就连张经、俞大猷这样的抗倭名将,也同样在危急时刻贿赂过严嵩,曾经的战场英雄,也不得不卑躬屈膝地求助于这样一个无视法纪的贪官。

按照这样的敛财速度,严嵩家早已富可敌国了。但即使家里金银堆成山,严嵩父子对金钱的胃口仍然大得很,欲壑难填。当钱财越来越多,权势越来越大的时候,他们也就越来越嚣张,甚至不把皇子放在眼里。

按例,户部每年都会给嘉靖皇帝的儿子裕王朱载垕(hòu)的王府拨一定数量的俸银,但严嵩父子竟然从中作梗,随意克扣裕王府3年的俸禄,让王府陷入了困境。朱载垕为解决这样的生活窘境,也只好去贿赂严嵩父子。从此之后,严世蕃更是嚣张到了极点,甚至对外声称:"天子儿尚行金予我,谁敢不行金者?"

严嵩父子的贪婪,举国皆知,他们钱财无数却欲望不减,因此民间称他们为"钱痨",可谓名副其实,他们的贪欲真的就如同得了痨病一样永远治不好。但天理昭昭,"多行不义必自毙",最终他们因无尽的贪婪葬送了自己的性命。嘉靖四十一年(1562年)的一道圣旨,终结了这对父子的敛财之路。

嘉靖四十五年(1566年)四月,在江西分宜的一处茅草屋里,曾经辉煌一时、财富无人能敌的大明王朝内阁首辅严嵩,被孤独、饥饿和病痛折磨得不成样子,后悄然离开了人世,然而,并没有人为他的去世感到悲伤,因为他唯一的儿子严世蕃早就被处斩了,嚣张一世的严嵩此时连个送终的人也没有了。这样凄惨的结局,不知贪婪聚财的严嵩有没有想到呢?

杨继盛斗严嵩

明世宗即位后,看到明朝逐渐衰落,便在政治上进行了改良,对税收制度进行了一些调整,对宦官的权力也加以限制,但都没有取得多大效果。

后来明世宗迷信道教,开始在宫内设置仙坛,也就没有心思料理朝政了。

大学士严嵩因为祭神文书写得好,获得了世宗的好感,很快便被提拔为内阁首辅。

严嵩当了首辅后,除了对世宗进行拍马奉承,还跟儿子严世蕃一起,结党营私,贪赃枉法,作威作福,干尽了坏事。许多没有血性的官员也都投靠严嵩,以便为自己找个靠山。

朝廷里的官员有30多人都是严嵩的干儿子,这些干儿子各把持一个重要部门,朝廷的大权也就操纵在严嵩的手里了。

瓦剌部落由盛转衰后的几十年里,北方蒙古族的鞑靼部落逐渐强大起来,并统一了蒙古各部,对明朝构成极大的威胁。严嵩却不练兵、不备战,反而大量贪污军饷,使边防兵士受冻挨饿。鞑靼首领俺答汗经常带兵骚扰边境,几次打到内地,明军都不战而退。于是俺答汗长驱直入,不费一兵一卒就打到了北京郊外。

明世宗慌忙派仇鸾指挥作战。而仇鸾是严嵩的同党,严嵩怕他打了败仗以后自己不好交差,就指使仇鸾不要与鞑靼兵交战。结果,十几万明军一箭未发,坐视鞑靼人烧杀掳掠,抢走了大批人口、牲畜、财物。

仇鸾不仅不抵抗,而且暗中勾结俺答汗,与鞑靼议和,做了许多丧失颜面的事情。仇鸾的行为终于激起了大臣们的愤怒,他们一致反对议和。其中反对最坚决的是兵部员外郎杨继盛。

杨继盛(1516—1555)是保定容城(今属河北)人,家境贫寒,幼时丧母。而继母偏心,待他不好,在他还很小的时候就叫他放牛。他每次经过村里的私塾门口的时候,看到跟自己差不多大的孩子都在快快活活地念书,心里就非常羡慕。

父亲见他人小志气大,就让他一边放牛,一边读书。杨继盛很聪明,进步很快,老师很喜欢他。后来杨继盛考中了进士,到京城里做了官,很多大臣都很赏识他的才能。

杨继盛是一个正直的朝廷官员,对严嵩、仇鸾的行为切齿痛恨。于是他上奏明世宗,反对与鞑靼议和,他在奏章中写道:"我明朝人多地广,只要发愤图强,发展生产,精选强将,苦练精兵,就不怕打不败鞑靼。"明世宗一开始还很赞同杨继盛的看法,后来仇鸾又花言巧语地劝谏,说同鞑靼议和有多少多少好处,明世宗就动摇了,不仅没有采纳杨继盛的建议,反而听信仇鸾的谗言,把杨继盛贬到狄道(今甘肃临洮县)做了典史。

到了狄道,杨继盛还是一样忧国忧民。狄道是一个少数民族聚居地,这里的人都不识字,对外联系很少,所以非常贫穷落后。杨继盛去那的第一件事就是办学校,选了100多名青少年到学校念书。有些孩子家里没有钱,上不起学,杨继盛就把夫人的衣物和自己的马卖掉,救济他们。老百姓看杨继盛对他们这样好,都很爱戴他,尊称其为"杨父"。

杨继盛遭到贬谪以后,明世宗接受了仇鸾议和的主张,明朝与鞑靼停止了战争,但俺答汗常来劫掠边境地区。明世宗认为同鞑靼议和,明朝并没得到什么好处,想降罪于仇鸾,但还没等他降罪,仇鸾就得病死了。这时候,明世宗才想起,当初应该接受杨继盛的建议,于是又把杨继盛调回了京城。

严嵩见皇上这样信任杨继盛,就想来拉拢杨继盛,杨继盛却越发痛恨严嵩。他回到京城没几天,就上奏世宗,要求惩办严嵩,并揭发严嵩十大罪状,条条都有确凿的证据。他在奏章中说:"严嵩十大罪状,妇孺皆知,唯有皇上一直受他的蒙骗,那是因为还有'五奸',就是严嵩在朝廷上下的同谋、爪牙、亲戚、奴才、心腹。"杨继盛的这个奏章足以致严嵩于死地,严嵩又气又急,跑到世宗那里,一边为自己开脱罪责,一边诬陷杨继盛,说杨继盛如何如何对朝廷不忠。世宗听后大怒,第二天上朝时,便打了杨继盛一百杖并将他关入大牢。

杨继盛被打得体无完肤,腿上的皮都被打开了,鲜红的肉翻过来,惨不忍睹,连狱卒看了都差点流泪。但杨继盛是条硬汉子,一点也不在乎。亲友给他送来蛇胆治伤,他却笑着说:"蛇胆,用不着,我自己有胆。"而后杨继盛被关了3年,办案的官吏一直也没查到他的罪证。一些大臣想营救他,连严嵩也觉得没有理由再关他。可是,严嵩的同党害怕一旦把杨继盛放出来,他又会跟他们过不去,就对严嵩说:"杨继盛不杀,将来总归是我们的一条祸根。"

严嵩一想,杨继盛要是被放出来,对自己的威胁太大了。于是他狠下了心,怂恿明世宗把杨继盛处死了。

由于严嵩长期把持朝政,各要害部门都有他的爪牙、亲信,后来明世宗对他也感到厌烦了。

一天,明世宗请道士扶乩,就是求神仙指示,这位道士对严嵩犯下的滔天罪行也深恶痛绝,就借神仙之口揭露了严嵩的罪状,劝世宗除掉严嵩。

世宗下不了决心,御史邹应龙平时也痛恨严嵩,得知此事后,认为应该借这个机会扳倒严嵩,但一想到杨继盛为此而招来杀身之祸,又犹豫了。想来想去,邹应龙决定先从严嵩的儿子严世蕃下手,打算上奏皇上惩办他,只要严世蕃被治罪,那么严嵩一定会受到牵连。

主意已定,邹应龙就向世宗上了一道奏章,明世宗果然惩办了严世蕃,把他充军到了雷州,同时勒令严嵩辞官回乡。

然而,严世蕃及其同党根本没有到雷州充军,而是偷偷溜回了老家,网罗江洋大盗,勾结倭寇,准备叛逃到日本。御史林润得知此事,便又向世宗揭发。

昏庸的明世宗看到林润的奏章,大为震惊,这才完全明白严嵩一伙的行径,于是立刻派人捉拿了严世蕃及其同党,并将他们斩首,并给了严嵩削职为民的处罚。

嘉靖者,家家皆净

嘉靖四十五年(1566年)二月的一天,只听一声巨响,一本奏折被狠狠摔在了地上,这个暴怒之人就是正在批阅奏折的嘉靖皇帝。只见他怒目圆睁,青筋暴起,大声吼道:"赶快把他给我捉拿归案,别让他逃了!"

这时,一位太监战战兢兢地走进来,小心翼翼拾起地上的奏章,发现这个上疏的人是海瑞(1514—1587),当时的户部主事。于是对皇上说他想要捉拿之人根本不想跑,而且连棺材都准备好了,等着皇上赐死呢!皇帝一听,怒气大减。这时他又把那份奏折反复阅读了几遍,渐渐被海瑞的肺腑之言所感动,嘉靖皇帝觉得海瑞的话很真实。不过,作为皇帝,尊严还是要好好维护的,于是他还是把海瑞捉拿归案,并打了一百大板后关进了大牢。

海瑞天生一副傲骨,他为官清廉,刚正不阿,面对地方豪绅、达官贵人,他从来都是平淡对待,从不溜须拍马。这种耿直率真的个性,让他把嘉靖皇帝也当作了批评的对象。海瑞的那封让嘉靖怒发冲冠的奏折上到底写了些什么呢?原来,在奏折中,海瑞指出嘉靖在40多年的统治里搜刮民脂民膏,大兴土木,搞得民不聊生,怨声载道。海瑞还指出,嘉靖皇帝的年号都让老百姓拿来当歌谣了,他们都大唱"嘉靖者,家家皆净,户户贫困如洗"。这样毫不留情的批评惹得嘉靖皇帝暴跳如雷。

嘉靖皇帝一生感兴趣的事情似乎不多,就只有修道成仙以及改革礼仪这两件事。嘉靖皇帝迷信修仙,为了能够长生不老,他虔诚地修炼。而为了修仙,他每年要花费20多万斤黄蜡,10多万斤白蜡,10万斤香。嘉靖皇帝对那些炼制仙药的鬼话深信不疑,为了取得"先天真银",他耗费大量人力、物力、财力,到全国各地开采银矿,只因他听说了仙药必须用这种银子做成的银器盛装才有效果。

修道还有另一项相关的花费,那就是得有修道的地方,因而要花费银两修建修道所用的宫殿。为此,嘉靖皇帝先后修建了泰享殿、大高玄殿等宏伟的斋醮之所,花费的银两动辄百万之数。工部官员刘魁曾誓死劝谏皇帝,希望他能清醒过来,不要做那些荒诞不经的事情,免得百姓们怨气冲天。可惜嘉靖执迷不悟,还把刘魁打了一顿板子。

从嘉靖九年(1530年)起,嘉靖皇帝就一直为自己的父亲进入宗庙一事绞尽脑汁。而对明朝的郊庙大礼进行改革就是他的一个策略。嘉靖想要通过这次改革,恢复周代的"古礼",把原来天地合祀变为天地分祀,于是他耗费巨资在北京修建了天坛、地坛、日坛、月坛;又把原来的太庙由"同堂异室"改为了"都宫之制",这又是一个耗资巨大的工程。

嘉靖十三年(1534年),嘉靖因为需要建太庙而感到国库紧张,于是他拆东墙补西墙,开始挪用太仓银70万两,太仆寺银50万两。这还没有完结,三年后,他又借太仓银60万两建奉先殿等工程。令人震惊的是这些国家的专项资金,嘉靖用起来毫不犹豫,而太仓银是供军国之用的,太仆寺银则是专用于购买、饲养军马的。这些救国救民的银两竟然全部被用在了一些无关紧要的事情上。

明朝中期以后,朝廷一直面临"南倭北虏"的危局,军事形势紧张,每年光军费就得花费 500 万两之多。然而当时的太仓收入每年才约 400 万两。财政赤字越来越大,这时嘉靖又开始实行一系列的敛财措施,增加浙江、南京周边府县田赋银 120 万两,北方府县与广西、贵州田赋银 115 万两,这一赋税的增加加重了百姓的负担。此外,国家还出售国子监生的资格,各地学校的生员因为考核不合格被辞退、降级的,也可拿钱恢复原来的资格。犯罪的官员也可用钱财来赎罪,并买回原来的官职。这一系列措施可谓荒唐至极。

虽然在财政上一时渡过了危机,但百姓却遭殃了,他们在沉重的徭役赋税中苟延残喘。后来,嘉靖皇帝认识到了这一点,明白那些捐纳钱财的各级官员在恢复官职之后,也会把失去的钱重新从百姓身上搜刮回来,从而更加导致官场的贪污腐败。虽然认清了事实,可嘉靖皇帝已无计可施,只好任凭事情发展。

海瑞直言上书时,嘉靖皇帝已经生命垂危,在这一年的年底便因病去世了。而他在位期间,政府所担负的巨大的财政危机,一直到万历年间张居正改革时期才得以缓解。

清官海瑞

明代海瑞是我国历史上有名的清官。他为官清廉,为人刚直。海瑞,字汝贤,回族人,原籍广东番禺,祖上迁居海南岛,他出生于琼山。4 岁那年死了父亲,母亲节衣缩食,供他上学。海瑞发愤苦读,于嘉靖二十八年中了举人,被派到南平(今福建南平)当教谕(学官名,县学学官,掌管文庙祭祀,教育所属生员)。而自号刚峰的海瑞在任教谕期间,又得了一个外号叫"笔架博士"。

原来,那时常有上司和御史来县学视察,一些学官为了讨好上司,一见面就全身趴在地上磕头。耿直的海瑞则认为学校是教书的地方,不是官府衙门,见面除作揖外,没有跪拜一说。因此,不管谁来,他都是只作揖,不下跪。他是教谕,站在中间,两边的人趴在地上,看起来像是"山"字,又像个笔架,因此百姓送了他一个"笔架博士"的外号,为他的刚直不阿叫好。而那些上司对他这种做法虽心怀不满,但也毫无办法。

后来,海瑞升为了淳安知县。上任后,海瑞千方百计减轻百姓负担,取消了一切不合理的税赋,对上司的额外摊派,海瑞也坚决抵制,从不屈服。在他的治理下,淳安县吏治清明,百姓安居乐业,人民对他由衷地信赖和爱戴。

在此期间,发生了两件事情,足以证明海瑞具有不畏强权、一心为民的崇高品质。一次,浙闽总督胡宗宪的儿子胡大公子路过淳安。胡宗宪是严嵩跟前的大红人,飞扬跋扈,不可一世。而他的儿子倚仗父势,也经常为非作歹。途经淳安,他嫌驿站的官吏招待不周,竟命手下将驿吏头朝下倒挂在房梁上拷打,将无辜的驿吏打得死去活来,围观者都敢怒而不敢言。有人将此事告知了海瑞。海瑞一听,怒不可遏,立即带着衙役赶到驿站,下令抓了拷打驿吏的几个狗腿子,并严厉斥责了胡大公子,没收了他所带的数千两银子。如此惩治了骄横的胡公子,人们不禁拍手称快,但同时又替海瑞捏了一把汗,万一胡宗宪追究起来怎么办?

海瑞则成竹在胸,他利用胡宗宪曾说过的一句话,写信给胡,信中说:大人曾经谆谆教导下属,凡事必须节俭,不许铺张浪费。现在淳安来了个姓胡的人,自称是您的儿子,却嫌招待不周,还毒打了驿吏。这和大人您说的明令不符,此人一定是假冒的,因此,我已惩办了他,请您放心。胡宗宪看完信后,又气又恼,又不能声张出去,真是哑巴吃黄连,有苦说不出。

后来,海瑞被调到北京,任户部主事。此时,昏君明世宗只知修道求仙,整日在西苑求神斋醮,妄图长生不老。

有一次,世宗在秘殿中扶乩,听说服用灵芝可以延年益寿,于是派人四处收集灵芝。地方官吏纷纷进献,宫中灵芝堆积如山。有个叫王金的逃犯,贿赂了宦官,用一万株灵芝,制成了一座"万岁芝山",又将一只乌龟涂上五彩,冒充祥瑞之物,一并献给了世宗。世宗大喜,大臣纷纷上表称贺,逃犯王金由此摇身一变,竟成了太医院的御医。

明世宗迷于仙道,不理朝政,致使奸臣专权,朝纲紊乱,百姓的疾苦无人过问。曾有一些正直之士上疏皇上,让皇上不要崇信鬼神,要关心国家和民众,结果都被一手遮天的严嵩父子陷害,不是被处死,就是遭贬谪。御史杨爵上疏直言,结果被投入狱中,差点送命。此后,几乎再无人敢上疏劝谏皇上了。而海瑞目睹朝廷如此混乱的局面,忧心如焚,遂满怀着一腔激愤之情,写了一本历数世宗种种错误,劝他改过自新,重新治理国家的奏折。

朋友们得知了此事,纷纷前来阻拦海瑞,劝他不要呈递奏折,免得招来杀身之祸。

然而,将生死置之度外的海瑞在下笔之前,已令管家订好了一口棺材,并且遣散了家人随从。他又拿出20两银子,交给在朝中为官的一位姓王的同乡,对他说:"我这次上疏,凶多吉少,看在同乡的情分上,一旦我遭不测,请你拿这笔钱将我埋在老家,这样我就十分感谢你了。"他的同乡也含泪答应了他的请求。一切交代完毕,海瑞就义无反顾地到通政司(专管接收奏章并向皇帝呈递奏章的机构)递交了奏折,然后,他便到朝房等待治罪去了。

明世宗看完奏折即大发雷霆,而后听闻海瑞已在朝房待罪,便又把奏折捡起来,再三诵读,发现言虽刺耳,但句句在理,海瑞的一片赤诚之心袒露无遗,世宗一时之间也深受感动。但是,不久他又认为海瑞的奏疏是在辱骂自己,最终还是下令将海瑞逮捕,关进了狱中。

两个月后,即嘉靖四十五年,一心祈求长生不老的明世宗终因服食过多的丹药而病死。他死后,海瑞被释放复职,继续为民操劳,直到万历十五年(1587年)去世。海瑞死时,因没有儿子,御史王用汲为他经办丧事,只见他家徒四壁,清贫至极。王用汲不禁伤感地流下泪来。海瑞没留下一文私产,最后还是王用汲筹了一笔钱将他安葬了。

出殡的那天,市民也休市一天,以悼念他们深深爱戴的清官。灵柩抵达之处,哭声震天,百姓们一律穿上白衣,戴上白冠,扶老携幼,自发前来送葬。这位被誉为明代第一大清官的海瑞,被百姓称作"海青天",他冒死上疏,怒斥嘉靖帝的故事一直流传至今。

戚继光抗倭

明世宗时,有一批海盗经常骚扰我国东南沿海一带,他们和中国的土豪、奸商勾结,到处抢掠财物,杀害百姓,闹得沿海不得安宁。历史上把这种海盗叫作"倭寇",百姓们恨透了倭寇。

1553年,汪直、徐海勾结倭寇,集结了几百艘海船,在浙江、江苏沿海登陆,他们分成许多小股,抢掠了几十个城市。沿海的官吏和兵士胆小怯弱,不敢抵抗,见了倭寇就逃。倭寇越来越猖狂,使躲在深宫里的明世宗也不得不发愁了,他叫严嵩赶紧想法子对付。严嵩的同党赵文华想出了一个主意,说要解决倭寇侵犯的问题,只有向东海祷告,求海神爷防范倭寇,保佑沿海一带。而明世宗居然相信了赵文华的鬼话,叫他到浙江去向海神祷告。

后来,朝廷派了一位熟悉沿海防务的老将俞大猷去抗倭。俞大猷一到浙江就打了几次胜仗。但是不久,浙江总督张经被赵文华陷害,俞大猷也被牵连坐了牢。沿海的防务没人指挥,倭寇的活动又猖獗起来。最后,朝廷把山东的将领戚继光调到了浙江,才扭转了这个局面。

戚继光(1528—1587),山东登州(今蓬莱)人,我国历史上著名的抗倭英雄。他的父亲戚景通是一个正直廉明的人,从小戚继光就深受父亲影响。戚继光16岁时,承袭了登州卫指挥佥事,25岁时升任都指挥佥事,负责整个山东沿海的防务,在军中很有威望。

他到了浙江沿海地带,先检阅起那里的军队,发现军队纪律松散,根本不能上阵打仗,就决心另外招一批新军。他一发出招兵命令,马上有一批吃够了倭寇之苦的农民、矿工自愿参军,还有一些愿意抗倭的地方武装也加入了进来。于是戚继光组织的新军很快发展到了4000多人。

戚继光是个精通兵法的将领,他懂得兵士不经过严格训练是不能上阵的。他根据南方地区的地形特点,研究了阵法,亲自教兵士使用各种长短武器。在兵士们有了一定的基础后,戚继光就开始演习"鸳鸯阵"。一个鸳鸯阵由12个人组成,最前面是队长。队长身后每个士兵都拿着藤牌,遮挡箭射、刀砍,掩护其他战友。再后面是手持长矛尖刀的士兵。这样既可以独立作战,又可以组成大阵。经过戚继光的严格训练,这支新军的战斗力特别强,"戚家军"的名气也在远近传开了。

过了几年,倭寇又袭击台州(在今浙江临海)一带,戚继光当即率领新军赶到台州。倭寇在哪里骚扰,他们就打到哪里。那些海盗队伍,哪里是戚家军的对手,交锋了多次,戚家军次次都取得了胜利。最后,倭寇在陆地上待不住,被迫逃到海船上,戚继光又用大炮加以轰击。倭寇的船起了火,大批海盗被烧死或掉到海里淹死,而留在岸上的只得乖乖投降。

倭寇见浙江防守严密,不敢再侵犯。可第二年,他们又到福建沿海进行骚扰。一路倭寇从温州往南,占据了宁德;另一路倭寇从广东往北,盘踞在了牛田。两路倭寇互相声援,声势浩大。福建的守将抵挡不了,向朝廷告急。朝廷又派戚继光前往支援。戚继光带领新军赶到宁德,打听到倭寇的巢穴在宁德城十里外的横屿岛。那里四面是水,地形险要。倭寇在那里扎了大营盘踞,当地的明军也不敢去攻打他们。

于是戚继光亲自研究了横屿岛的地形,知道通往岛屿的水道既不宽,也不深。有一天晚上潮落的时候,戚继光命令兵士每人随身带一捆干草,到了横屿岛对岸,就把干草扔在水里。几千捆干草扔在一起,居然铺出一条路来。戚家军兵士踏着干草铺成的路,神不知鬼不觉地进入了倭寇大营。经过一场激烈战斗,盘踞在岛上的倭寇全部被歼灭。

戚家军攻下横屿岛后,立刻又进兵牛田。到了牛田附近,戚继光传出命令,说:"远路进军,人马疲劳,先就地休整再说。"

这些话很快就传到敌人那里。牛田的倭寇真的相信戚家军暂时停止了进攻,防备也就松懈了下来。就在当天晚上,戚继光下令向牛田发起了总攻。倭兵毫无准备,仓促应战,禁不住戚家军猛攻猛冲,纷纷败退。倭寇头目率领残兵逃到兴化,戚家军又连夜跟踪追击,一连攻下了敌人60多个营寨,消灭了溃逃的敌人。到天色发白的时候,戚家军进入兴化城,城里的百姓才知道附近的倭寇已被戚家军消灭。大家兴高采烈地杀牛带酒,到军营来进行慰劳。

1563年,倭寇又进攻福建,包围兴化。这时候,俞大猷已经复职。朝廷便任命俞大猷为福建总兵,戚继光为副总兵,会剿倭寇。于是两个抗倭名将通力合作,大败倭寇,收复了兴化。1565年,俞、戚两军又再次配合,大败倭寇。到这时,横行几十年的倭寇基本被肃清了。东南沿海的人民又过上了安居乐业的生活,而人们记着俞大猷、戚继光的功绩,称颂他们是"抗倭名将"。

李时珍著《本草纲目》

李时珍(1518—1593)是蕲州(今湖北蕲春县)人,出生在一个医生世家,他的祖父和父亲都是蕲州有名的医生。父亲李言闻对药草很有研究,他所开的处方和配制的草药治病效果很好。李时珍从小就受到父亲的熏陶,父亲每次采药回来,他都要问问这个药草叫什么名字,有什么功效,能治什么病,他还经常同伙伴们上山采药。日积月累,各种草药的名称、采摘、炮制方法及其作用、效力,他都掌握了,与此同时,他的医药知识也在不断地增加。

在封建社会,民间医生的社会地位是很低的,上流社会的人根本看不起医生。李时珍的父亲虽然是医生,却不想叫李时珍再当医生让人瞧不起,于是就要李时珍读书参加科举考试,走科举这条路能取得功名,光耀门楣。可李时珍对医药兴趣浓厚,哪会想去读书做官呢?但父命也不能违抗。因此,在父亲的督促下,李时珍14岁中秀才,可后来三次参加举人考试都落榜了。别人都说:"这么聪明好学的孩子没考中,真是太可惜了。"而李时珍却不这么想,他可以专心当个好医生,为穷苦百姓治病了,于是他对医道和药方的钻研就更加刻苦了。

几次乡试落榜以后,李时珍就正式跟着父亲学医了。正好在这一年,家乡闹了一场洪灾,水退了之后,疫病流行。李时珍父子便日夜奔忙,救治百姓。当时,生病的大多数是穷人,李时珍父子对穷人都很有同情心,穷人找他们看病,他们总是精心治疗,不计报酬。因此,老百姓对他们高明的医术和高尚的医德满口称颂,都说他们父子是穷人的好医生。

李时珍一边行医治病,一边钻研医术。他阅读了大量的医药书籍,从中汲取了丰富营养。明朝以前,古代医书就已经有不少了,其中影响最大的是汉代的《神农本草经》。但这些书还满足不了李时珍的需要,他经常借着给一些王公贵族看病的机会,从那些藏书比较多的人家借阅图书。就这样,他的医学知识不断丰富,医术越来越高明,名气也越来越大,请他看过病的人,都到处宣传说李医生人好医术高,附近州县没有不知道李时珍的,有什么大病小灾的都请李医生去看。

有一次,武昌的楚王的儿子得了抽风病,楚王府的医官治不好,楚王急得不得了。后来有人告诉楚王,说李时珍能治好这种病。楚王听了就赶紧派人去请李时珍。李时珍来到王府,根据自己的临床经验,看了看病人的脸色,号了号脉,询问了一下症状,确认这是因肠胃不好引起的。找到了病因,就对症下药。李时珍开了一个药方,病人吃了两剂,病就好了。

楚王对李时珍感激不尽,经过多次挽留,才把李时珍留在了王府。

明世宗一共在位45年,但很少关心国事,整天尽情享乐,可又怕自己将来会老死,享受不到这快活的日子,那就太可惜了。于是他就设法寻找长生不老的药方,并信了道教,想借神仙的力量实现愿望。

为了使自己不会老死,明世宗于1556年下诏,叫各地官员向朝廷推荐名医。这时李时珍正好在楚王府里,楚王为了讨好明世宗,就将李时珍推荐给了朝廷。这一年,李时珍便被调到了京城太医院任医官。

明世宗虽然网罗了天下名医,但对医学并不重视,还是想做道场、炼金丹,认为这些才是使自己长生不老的真正途径。李时珍对明世宗这一套不信科学、只讲迷信的做法看不惯,而且自己本来的意愿是要为穷苦百姓治病,待在太医院里实在没意思。因此,一年多后,他就辞官回乡了。

李时珍在回乡的路上,顺便到许多名山大川去游览。他也并不是到各处去欣赏景色,而是为了他的医学,为了对草药做研究,要把他所掌握的药草的药用性质都搞清楚。

一天,他到了武当山(在今湖北丹江口),听说山上出产一种叫榔梅的"仙果",吃了可以使人返老还童,宫廷贵族都把它当作宝贝,当地老百姓都不得采摘。而地方官每年都要将这种"仙果"千里迢迢送到京城,进贡给朝廷。李时珍不相信有那么大功效的"仙果"。为了弄个明白,他冒着生命危险,攀登悬崖绝壁,采到了一颗榔梅,并把它带回家仔细研究,之后才发现,榔梅跟一般梅子差不多,只不过是一种鲜美可口、能够止渴生津的水果。

李时珍在长期的医疗实践中积累了丰富的医药资料,他发现医书上的记载有不少是错误的,而且经过许多年,人们又陆续发现了不少古书上没有记载的药草,他就决心重新整理编写一本更加实用可靠的药书。

从太医院辞职以后,李时珍把大部分精力都花了在编写医书上,因为对药草的功效一个一个地进行验证,不好拿病人做试验,他就自己亲自尝试,有一次他误尝了一种毒草,还险些丧了性命。经过尝试验证后,李时珍便将其结论逐一地记下来,对搜集来的药方也一个个地进行了筛选整理,共花了近30年的时间,终于写成了著名的医药著作《本草纲目》。书里共记载了1892种药草,1万多个药方,可以说,他为我国乃至世界医药科学作出了巨大的贡献。

《本草纲目》是我国医药宝库中一颗璀璨的明珠,成书以后,流传到世界许多国家,被翻译成了日文、英文、德文、法文、俄文、拉丁文等多种文字,成为世界上研究医药学的经典著作。

"半生落魄"的徐渭

徐渭(1521—1593),初字文清,更字文长,号天池山人、田水月等,晚号青藤道士,是山阴(今浙江绍兴)人。

徐渭出生在一个没落的小官僚家庭之中,他的母亲为继室。徐渭出生百日,父亲便去世了,家境也因此日益败落。而徐渭从小聪颖,20岁就中了秀才,但是一直到41岁,中间的8次乡试都落第了,由此终生不得志于"功名",这在科举至上的封建社会中给了青年徐渭沉痛的一击。

后来,徐渭在浙闽总督胡宗宪麾下做了幕僚,经常穿着布衣出入胡府,流露出艺术家不拘常法、为人狷介的个性。由于抗倭有功,他受到了当地百姓的爱戴,于是民间流传着许多关于徐渭的传奇故事。后来,朝中的权臣严嵩失宠,胡宗宪被捕并在狱中自尽。那时传闻朝廷要肃清胡氏的余党,徐渭闻讯之后终日恐慌,几乎精神失常,想自杀却没死成,之后因为误杀后妻被判下狱,出狱时已有52岁。此后,徐渭就以卖画为生,性情更加放达。他彻夜狂饮,藐视权贵,并且以极其清贫的生活方式迎来了自己创作生涯的高峰。

徐渭在晚年创作了他水墨写意画的代表作《水墨葡萄图》(纸本墨笔画,现藏于北京故宫博物院),并且在画的上面题了诗作:"半生落魄已成翁,独立书斋啸晚风。笔底明珠无处卖,闲抛闲掷野藤中。"由此倾诉了他沧桑的身世与悲凄的心曲。

徐渭死后,由于身无分文,终被草席裹尸弃于荒野。

开放海禁,财源滚滚

"隆庆开关"和"隆庆和议"(或称"俺答封贡")是明朝隆庆年间发生的两件大事。这两件事相互联系,彼此关联,对明朝历史的发展意义深远,嘉靖以来动荡不安的社会环境,尤其是"南倭北虏"这样的边患终于结束了,开始迈进了隆庆、万历之际和平发展的新时代。

明朝刚刚建立的时候,推行的是严厉的海禁政策。这是与当时的社会环境以及还不够稳定的大局相关联的。因为当时的倭寇总是不断侵扰中国沿海地区;还有就是朱元璋虽然成功建立了大明王朝,但是对当时争夺天下的对手们并没有完全加以肃清,尤其是张士诚、方国珍等人的残余势力还在海上流亡,不时与沿海各地接触。

朱元璋为了断绝这些势力与内地的勾结,就下令严禁下海,同时,这样也能很好地防止倭寇的肆意侵扰。当时所有的对外贸易都由官方垄断,私人不得插手其中。但这种海禁政策也造成了另外一种局面,那就是沿海那些靠出海捕鱼为生的百姓一下子就没有了生活来源,于是他们铤而走险,暗地里开始从事各种走私活动。

"郑和下西洋"举世闻名,这种辉煌壮举的背后也显示出官方在对外贸易上的绝对垄断,从郑和的七下西洋可以看出,这种浩浩荡荡的对外贸易船队没有带来民间海外贸易的发达以及国库的充盈,反而因不计成本、薄来厚往,给国家和人民带来了巨大的财政负担。到了明宣宗时期,皇帝在郑和死后就马上停止了这种劳民伤财的下西洋活动。至此,自唐朝设置的市舶司也就失去了它管理对外贸易的作用,国家也不能从私人贸易中获利了。

从大明朝建立,一直到嘉靖末年,海禁政策实行了近200年,但并没有收到良好的效果,无论如何禁止,那些以海为生的百姓总得找到生活的出路,因此,沿海居民为了生计不得不坚持走冒险的道路,不停地进行走私活动,也就是说,实施海禁政策的这些年,走私活动从未停止。

由于走私活动往往是巨额交易,而政府财政又亟须增收,隆庆元年(1567年),福建巡抚都御史涂则民上疏给朝廷,希望放开一部分海禁,因为他认为海寇于嘉靖末年基本被肃清,国家亟须走向和平稳定,他提出将福建地区设为对外贸易的窗口,允许私人对外贸易,借此收受税金,从而增加政府的财政收入。

在这样的建议下,明朝就选取了福建月港(今龙海市东南海澄镇)来部分开放海禁,还设置了专门的管理机构对私人对外贸易进行管理和控制。因为倭寇问题一直困扰明朝上百年之久,因此,虽然开了部分海禁,但仍然禁止对日贸易。部分海禁一开,一时间各地的大小商贾便云集此地,港口每日都聚集着数百艘出海远航的贸易商船,到处呈现出一片繁荣稳定的可喜局面。由于沿海距离日本较近,虽然下令不准与日本进行贸易往来,但出海的商船仍然把日本作为了首选之地。当然,除了路途较近之外,更大的原因还是丰厚利润的驱使,到日本做生意的利润是到菲律宾的10倍,于是,中国的商品源源不断进入日本,与此同时,日本的商品也大量涌入中国。

月港此时就成了一个巨大的商品集散地以及中转站,并以此为中心,形成了一个巨大的世界贸易网络,从此处可以北达日本,南至菲律宾,西连西班牙,东到墨西哥。中国丰富的产品不断被运往世界各地,如丝绸、瓷器、漆器、生丝、茶叶等,都深受其他国家的喜爱。而这些丰富又畅销的产品也为中国换取了源源不断的白银。

海外贸易的发达刺激了南方的经济,甚至影响了整个中国的经济,江南手工业更是突飞猛进地发展,对外贸易额不断增加,手工业的规模也日渐扩大。当时小小的江西景德镇就雇用了大量的劳动者进行生产,以便向全世界供应精美的陶瓷。与此同时,中国也开始向外国出口大米等粮食作物,而美洲的玉米和番薯也进入了中国大地,丰富了中国农作物的品种。社会景象繁荣祥和,一下子就解决了从嘉靖末年以来一直入不敷出的财政问题。

隆庆年间,大明朝廷不仅在南方开放了部分海禁,在北方也同样如此,重新开放了榷关,这是一个针对北方游牧民族的关卡,这样一来,明朝与北部的蒙古等部就维持了良好的、长期的册封和贡市关系,从而促进了蒙古各部的经济和文化的发展,很好地稳定了边疆。

隆庆五年(1571年),明朝还册封俺答汗为顺义王,并允许他们保持自己在政治和经济上的独立,而且让他们部落的大小首领皆有官职。明朝在边境设立榷关,定期进行交易,因此,整个边疆地区也出现了少有的和平和热闹的景象。

蒙古特产的马匹、牛羊等也进入中原,充实了边防力量,减轻了部分劳动强度,一些在战争期间流亡蒙古的汉人也渐渐回到故乡,开始参与生产劳动。与此同时,中原的铁器、布匹等也进入蒙古,改善了当地的生产和生活。明朝还帮助俺答汗修建了归化城(在今呼和浩特)和绥远城(今属内蒙古自治区),这里也逐渐变成了土默特部的政治经济中心。这种彼此之间的友好互市关系一直延续到明朝末年。

隆庆一朝虽存在短暂,只有6年时间,然而"隆庆开关"与"隆庆和议"的策略却对明朝历史产生了深远影响,它让明朝摆脱了贫弱的局面,让整个社会变得和平安宁,政治环境宽松,边境安宁稳定,百姓安居乐业,得到了很好的休养生息的机会,国家也逐渐富强起来。这些方面的变化都为以后万历朝的改革与社会发展奠定了坚实的政治基础和经济基础。

隆庆和议,明蒙双赢

大同,这个位于明朝西北的军事重镇,在隆庆五年(1571年)五月的时候,一下子聚集了来自四面八方的人们,他们操着各地语言,满载着种类各异的商品,有皮毛、牲畜、布匹和针线等。整座城市没有了以往的战乱,没有了残酷的血腥和杀戮,反而被欢乐和祥和的气氛所代替。这种现象是怎么发生的呢?

元朝的残余势力在明朝统一北方后就仓皇退回了蒙古草原。那个时候蒙古人还有一定的军事实力,但和强大的明朝军队相比也是无法抗衡的。尤其是到了永乐时期,朱棣的"五征漠北"行动,基本让蒙古的军事威胁消失了。长城一带从此变得安定起来,百姓也过上了安居乐业的生活。

但是自正统年间以后,明朝国力渐渐衰弱,蒙古瓦剌等部就看准时机,不断南下侵扰,双方关系又变得紧张起来了。到了正统十四年(1449年),瓦剌贵族也先率军四路攻明,宦官王振挟持英宗率五十万人亲征,结果在土木堡(在今河北怀来县东)被俘,将士死伤过半,王振也死于乱军中,这就是历史上有名的"土木之变"事件。

战乱到此并未停止,反而愈演愈烈,到了嘉靖二十九年(1550年),又发生了"庚戌之变",蒙古大军直逼北京,整个大明江山岌岌可危。就这样,双方一直纷争不断,打打停停,持续了几十年,双方疲惫不堪,百姓更是不堪其苦。长年的战争让蒙古各部的日常生活用品极其稀缺,如布帛盐铁等,根本无法满足正常的生活需要,而此时的大明王朝也是危机不断,军费激增,财政赤字不断,到处是一片愁云惨雾。就在双方僵持不下时,把汉那吉投明事件的出现,让双方出现了缓和的契机。

把汉那吉是蒙古鞑靼部首领俺答第三子铁背台吉的儿子。15世纪后期鞑靼部兴起,但后来一度衰落,至16世纪中叶时又逐渐发展成为蒙古最强大的部落,并不断骚扰明朝边境,让嘉靖和隆庆时期的皇帝头痛不已。而把汉那吉勇敢善战,深得俺答的喜爱,祖孙二人感情深厚。但这份深厚的感情却因一件事遭遇到了危机。

隆庆三年(1569年),俺答强行夺取了邻部袄儿都司的未婚妻,结果惹恼了袄儿都司,他"冲冠一怒为红颜",就此发兵攻打俺答。为了避免战争,俺答就把把汉那吉的未婚妻送给了袄儿都司。把汉那吉独自一人承受着丧失爱人之苦,于是心中对俺答多年的敬爱之情一扫而清,愤怒之下,便带着部下出走大同,投奔了大明,这时候是隆庆四年(1570年)九月。

时任大同巡抚的方逢时觉得这是一个好机会,可以把把汉那吉的回归当作谈判的条件,引渡那些与大明朝作对的逃亡者。方逢时就把这件事告诉了自己的上司,宣大总督王崇古看到方逢时的奏疏后,马上明白这一事件的重要性,解决双边问题恐怕就要靠这巧妙的一搏了。于是王崇古立刻告知朝廷,还提出了要优待把汉那吉的建议。

讲和谈判对于一直坚持强硬政策的嘉靖时期的朝廷来说,是一项重大的政策调整。当时王崇古的奏章一下子在朝廷内部引发了议论,不过还是有部分人提出支持,这些人就是实力派李春芳、高拱、张居正等人。而隆庆帝反复思量后,也同意了张居正等人的意见。和议之事终于定了下来。

明廷忙着商量对策时,俺答也正积极想法找回把汉那吉,而不冷静的俺答竟然听信了叛逃者赵全的建议,准备攻打明朝。但赵全的奸计却被俺答的妻子伊克哈屯听见了,于是心疼孙子的她就对着俺答哭骂。俺答听了之后也是左右为难,正在此时,王崇古等人派来使者谈判,就这样,双方很快达成了一致意见。隆庆四年十二月三日,流亡到蒙古的叛逃者被俺答送回,而把汉那吉也重新回到了祖母的身边。

明蒙的关系有了一个很好的开始,接着,隆庆五年(1571年)二月,王崇古上奏疏《确议封贡事宜疏》。奏疏中,王崇古深刻分析了俺答和明朝的力量对比情况,还提出了通贡互市、授予俺答官职等8项建议,这些建议被后人称为"封贡八议"。

这份"八议"奏折一上,朝廷上又是一番热闹,大臣们议论纷纷,争吵不断,并形成了反对派和支持派两个派别。反对派以英国公张溶、户部尚书张守直为首,支持派则以定国公徐文璧、吏部侍郎张四维为首,双方争论不休,始终没有定论。

就在大家始终不能做出决策的时候,高拱和张居正却非常冷静,二人皆是内阁首辅,他们试图让皇帝明白一个事实,就是嘉靖朝一直拒开马市,结果导致了边患不断,百姓怨声载道,流离失所。

隆庆帝左右思量,终于批准了王崇古的建议。同年,俺答与明朝廷达成了具体的和议内容。和议内容具体有下面几点:

首先,封俺答为顺义王,俺答之弟昆都力哈、长子黄台吉为都督同知,其他人也都各有封赏。

其次,俺答每年向明朝进贡马匹一次,总数不超过500匹,使者不超过150人。可以进京的人不超过60人,其余人则留在长城附近。明廷也会支付相应的马匹价钱,并有额外赏赐。

最后,在大同、宣府、山西设立交易场所,每年进行一次互市贸易。

隆庆和议终于让边境安定下来,成了最成功的"化干戈为玉帛"的策略,明蒙也终于开始了友好的交往关系。这一策略的实行推动了边境地区的经济繁荣,此后双方友好往来的关系一直保持了70多年,双方的人们感情逐渐加深,民族统一的步伐也得到了推进。

张居正辅政

明世宗死了以后,他的儿子朱载坖即位,就是明穆宗。明穆宗在位的时候,大学士张居正因为才能出众,得到了穆宗的信任。1572年,穆宗去世,年幼的太子朱翊钧即位,就是明神宗(1563—1620)。穆宗遗命由张居正等三个大臣辅政。

张居正(1525—1582),字叔大,湖广江陵(今属湖北)人。张居正很早就走上了仕途,曾任翰林院编修、东阁大学士等职。他性格沉稳,很有胆略。穆宗在世时很赏识他。明神宗即位后不久,张居正就成了首辅。于是张居正遵照穆宗的嘱托,像老师教学生一样,辅导起年仅10岁的明神宗。他编了一本有图有文的历史故事书,叫作《帝鉴图说》,每天给神宗讲解。神宗看到这本书很高兴,兴致勃勃地听张居正讲解。有一次,张居正讲完汉文帝在细柳劳军的故事,说:"陛下应当注意武备。现在太平日子长了,武备越来越松弛,不能不及时注意呀!"明神宗连忙点头称是。

又有一次,张居正讲完宋仁宗不喜欢用珠玉装饰的故事后,明神宗说:"做君王的应该把贤臣当作宝贝,珠玉有什么用呢?"张居正见10岁的孩子能说出这样的话,很高兴地说:"贤明的君主重视粮食,轻视珠玉。因为百姓靠粮食生活,珠玉这类东西饿了不能充饥,冷了不能御寒哪。"

张居正对神宗要求十分严格,神宗也把张居正当作严师看待,既尊敬,又惧怕,再加上太后和宦官冯保的支持,朝政大事几乎全部由张居正做主。

张居正是一个能干的政治家,他掌握实权以后,就大刀阔斧地在军事、政治、经济等方面着实做了一番整顿。

那时候,沿海的倭寇虽然已经被解决,但北方的鞑靼还不时地进攻内地,成为明王朝的一大威胁。张居正便把抗倭名将戚继光调到北方,镇守蓟州。戚继光在从山海关到居庸关的长城上修筑了3000多座堡垒。戚家军号令严明,武器精良,多次击退鞑靼的进攻。最后鞑靼首领俺答表示愿意和好,要求通商。张居正便奏明朝廷,朝廷封俺答为顺义王。之后明朝一面和鞑靼通商往来,一面在边境练兵屯田,加强防备。在以后的几十年里,双方都没有发生战争,北方各族人民的生活也安定多了。

当时,黄河年久失修,河水常常泛滥,致使大批农田被淹,影响了农业和运输。张居正便任命专治水利的潘季驯督修黄河水利工程。潘季驯修筑堤防,堵塞决口,使黄河不再泛滥,水路运输通畅,农业生产也得以恢复和发展。

明朝中期,由于朝政腐败,大地主兼并土地,逃避税收,一些豪强地主越来越富裕,国库却越来越空虚。于是张居正下令丈量全国土地,经过清查,查出了被皇亲国戚、豪强地主隐瞒起来的土地。这样一来,一些豪强地主受到了抑制,国家的收入也增加了。

在丈量土地之后,张居正又把当时各种名目的赋税和劳役合并起来,折合成银两征收,称为"一条鞭法"。这种税收改革不仅防止了一些官吏营私舞弊,增加了国家的收入,同时也减轻了一点农民的负担。

张居正经过10年的努力,进行了大胆的改革,使十分腐败的明朝政治有了转机。国家的粮仓存粮充足，足够支用10年。但是这些改革触犯了一些豪门贵族的利益。他们表面上不得不服从，背地里却对张居正恨之入骨。

在张居正执政的第5年，他年老的父亲死在江陵老家，按照封建礼法，他必须守孝3年。但是张居正怕自己一离开，正在进行的改革会受到影响。在明神宗和一些大臣的挽留下，他只能让儿子去奔丧，自己留在京城继续任职。这样一来，就有不少人抓住张居正父死不奔丧的事，大做文章，纷纷向明神宗上书弹劾他。有人甚至在大街上以揭帖、告白等形式攻击张居正，闹得满城风雨。后来，明神宗不得不下令，再反对张居正留任者一律处死，风波才最终平息下来。

张居正的权力实在太集中了，明神宗渐渐长大，反而闲得没事干，于是就有一批亲近的太监在内宫用各种办法让他取乐。有一次，神宗喝醉了酒，无缘无故把两个小太监打得半死。这件事被太后知道了，就马上把明神宗找来，狠狠地责备了一顿，还让左右拿《汉书·霍光传》叫神宗读。书中讲述了在西汉霍光辅政的时候，昌邑王刘贺即位后，只知道玩乐而被太后和霍光废掉的事情。而现在张居正的地位就像当年的霍光一样，神宗想到这里，不禁吓得浑身哆嗦起来，跪在太后面前求饶。

后来，张居正做主把一些引诱神宗胡闹的太监全部赶走了，太后还让张居正代神宗起草了罪己诏（皇帝责备自己的诏书）。这件事虽然过去了，但是明神宗对张居正也已经从惧怕发展到怀恨了。

1582年，张居正病死，明神宗亲自执政。原来对张居正不满的大臣纷纷攻击张居正专横跋扈。后来明神宗竟把张居正的官爵全部撤掉，还派人查抄了张居正的家。张家子孙十几人，也被关在屋子里活活饿死了。张居正的大儿子则在被拷打后自杀。张居正的改革措施也因此遭到了破坏，于是刚刚有一点转机的明朝政治又开始走下坡路了。

奏折留中——皇帝与大臣的冷战

万历(1573—1620年)年间,皇帝曾很长一段时间不上朝,然而万历十八年(1590年)正月的一天,久不上朝的皇帝却一下子召见了内阁辅臣申时行、许国等4人,并十分气愤地向他们出示了一份奏折,这篇奏折是大理寺评事雒于仁所写的。

看见这奏疏,万历皇帝为什么如此气愤不已呢?原来奏疏中雒于仁直言不讳地批评皇帝不像个皇帝,整天不务正业,酒色财气俱全。这份奏疏也是在万历皇帝不听群臣建议的情况下不得已才上奏的,因为近两年,万历皇帝总是浑身乏力,头昏眼花,于是众位大臣就委婉劝谏,让皇上节欲,不要总是那么好色,但万历皇帝全当耳旁风,置之不理。这才有了这份言辞激烈的奏疏。万历皇帝看见这份奏疏当然会龙颜大怒,但也知道大臣们说的都是事实,只是不知如何处理这份奏折,于是召见了这四位阁臣商量。

申时行也知道这个奏疏说的都是事实,但为了让皇帝消气,他就不能明确支持这份奏疏。于是,他决定采取迂回对策,先让皇帝消了心头的怒气再说,于是就不厌其烦地好言哄劝,让皇帝不用理雒于仁的这些话,然后又让皇帝对雒于仁置之不理,因为要是真的处理了他,那不就证明奏疏上说的都是真的吗?申时行让皇帝把奏疏留中不发,任流言自生自灭。皇帝也没有好办法,便同意了。可是没有想到的是,这一行为竟然引发了后来万历朝的一个政治奇观。根据《明史》记载,自从这次的事件之后,神宗竟然将这种"留中不发"的办法频繁地使用起来了,"留中"的奏疏也越来越多。

留中,其实就是皇帝把奏折留在自己这里,置之不理,对于奏折上的问题不做任何批示。明朝以宪宗、武宗、神宗三朝的"留中不发"现象最为突出。万历朝之前,其他皇帝"留中不发"的情形是十分少见的,对政治影响也不大。但万历朝,尤其万历中期以后,神宗似乎"留中"上瘾,越来越多的奏疏被"留中",大臣们屡屡劝谏皇上赶紧批复,可是神宗仍然置之不理。

神宗这种做法，主要是因为他和大臣们之间无法缓解的政见分歧。例如，神宗不愿意册封皇长子为太子，但大臣们却坚守"嫡长"原则，毫不退让。于是皇帝一看见有大臣上书谈立太子的奏章就一律置之不理，对大臣的劝谏也无动于衷。再比如，国家遭遇灾祸，洪水旱灾、边关紧急等事情，大臣们要求拨款救急，神宗也是百般不愿，把大多数奏折都"留中不发"。诸如此类的事件比比皆是，可见神宗和大臣们之间关系的紧张、政见的不和。

神宗觉得自己这个皇帝当得很不如意，想办的事情大臣们不让办，不想办的事情又天天被大臣催促，没有别的办法和大臣们对抗，于是"留中"奏疏就成了神宗的一种好手段，由此对付起那帮大臣来便也得心应手了。但是这种手段也严重影响了国家政务的处理，许多政务都因此陷入混乱和停滞。本来朱元璋废除了宰相制度，朝廷里没有了定夺大事的管事大臣，而仁、宣以后的皇帝又不常见外臣，因此很多大事的处理主要都依靠皇上对外廷的奏章处理。所以很多奏折一旦被"留中"，国家行政中心正常的运转秩序就被破坏了。更重要的是，奏疏的"留中"让国家职能不能有效实现，很多事情也不能得到解决。比如说，在万历二十七年（1599年），陕西等4个地方发生旱灾，大臣请求皇帝开仓赈济灾民，但万历皇帝只批复了陕西巡抚的奏章，其他三地的奏章则"留中不发"，对其置之不理，这就让灾情更加严重，灾民无人救济，甚至激起了民愤。

神宗"留中"奏疏的毛病越来越严重，大臣们的情绪也越来越激烈，可是神宗仍然置之不理。因此，万历朝的时局越来越混乱，伴随而来的是整个大明王朝的没落。

波折不断的太子册封

万历十年（1582年）八月，紫禁城内神宗的第一个儿子喜降人间，当时的神宗20岁，对于这个孩子的降生十分高兴，但这个孩子的母亲却不得神宗的欢心，因为孩子的母亲只是一个毫无地位的宫女。初为人父的神宗给孩子取名叫"常洛"，并下令大赦天下,为了举世欢庆,神宗还向周边的藩属国颁布了辞藻华丽的《皇长子出生诏》。在当时,太子就是一国之本,因此称"国本",而根据嫡长子制度,皇长子就是将来的太子。在当时炎热的夏季,全国都沉浸在大明江山后继有人的喜悦中,可是谁也不会想到,朱常洛的太子之位却在将来的30年里,一直备受争议,成了万历朝君臣"国本之争"的焦点。

到了万历十四年(1586年),皇三子朱常洵也出生了,神宗便封朱常洵的生母郑氏为皇贵妃,并且对这个三皇子宠爱有加。这种反常现象让大臣们惶恐不安,十分担心神宗立朱常洵为太子。针对这种情况,首辅申时行就立即给神宗上疏表达了册立太子之愿,指出册立太子是众位大臣和全国百姓的愿望,是众望所归。神宗当时就敷衍说,孩子还太小,要等个两三年再行加封。可是神宗说的这个两三年,竟然一等就变成了10多年之久。

从万历十四年开始,请求册立太子的奏折就一波波地被送给神宗,大臣们都希望神宗能够早立国本。而朱常洛一天天长大了,大臣们的请求也随之变化,一开始只是要求皇长子要及早接受教育,后来变成了要求神宗为朱常洛举行加冠礼,最后,随着朱常洛年龄的不断增大,大臣们的要求就变成了及早为朱常洛操办婚礼,其间,朱常洛母亲王氏的地位等问题也一再被大臣们提起。总之,大臣们的目的只有一个,那就是希望大明江山的"国本"早定。

神宗对大臣们无休止的劝谏采取了拖延的战术,总是寻找五花八门的借口来敷衍大臣们苦口婆心的建议,册立太子的日期被一拖再拖。在此期间,神宗动怒多次,曾有好几位大臣因为早立国本一事被降职、罚俸,有几个言辞激烈的大臣甚至还挨了板子。王家屏是当时的内阁首辅,他认为神宗对官员的处罚过重,劝神宗收回成命,但神宗置若罔闻,于是王家屏一气之下辞官回了家。

在整个"国本之争"的过程中,神宗的心意没有一个大臣愿意支持,他成了真正的孤家寡人,只要有哪个大臣敢于流露一点支持神宗的想法,就会招来众位同僚的斥责和痛骂。首辅申时行在争"国本"的问题上态度并不积极,被同僚认为是个墙头草、两面派,最后辞职回家才平息了舆论。万历二十一年(1593年),神宗搞"三王并封",把皇长子、皇三子和皇五子同时封为藩王,这一主张得到了首辅王锡爵的赞成。可这种做法,大臣们认为是降低了皇长子的地位,于是纷纷反对,最后连王锡爵也不敢再支持神宗,最终"三王并封"的提议不了了之。

终于在万历二十九年（1601年），朱常洛被册封为太子，几个弟弟也被同时封王。太子得以最终册立，起关键作用的是皇祖母李太后的态度。因为李太后发现神宗嫌弃朱常洛为"都人"（指身份卑贱的宫女）之子，才不愿立其为太子，于是十分气愤，直接指出神宗也是都人之子，神宗因此深受震动，不久就册立了朱常洛为皇太子。

太子虽然册立，但地位仍然不稳，因为太子的三弟迟迟不肯离开京师，朱常洛十分恐慌，但也没有办法，甚至到了自己的长子出生的时候，他都不敢向皇上报喜。

后来又发生了梃击案，从中可以看出太子的艰难处境。梃击案发生于万历四十三年（1615年），当时有一名叫张差的男子，闯入了太子居住的慈庆宫，用木棍打伤了守门的太监，不过最后被太子内侍逮捕了。最后经审讯，人们才知道是郑贵妃手下的太监庞保、刘成指使他来行刺朱常洛的，于是舆论纷起，都指责郑贵妃要谋害太子。郑贵妃十分害怕，就向皇上哭诉，最后在神宗的调解之下才了结了这件事，朱常洛也不愿追究此事，所以就直接将张差凌迟处死了。

"国本之争"在万历朝折腾了二三十年，最终也没能让神宗如愿以偿，大臣们获得了胜利。但从整个国家发展来看，长达二三十年的"国本之争"，严重影响了君臣关系以及对国家其他政事的处理。可见，不管是神宗还是大臣，没有一个是真正的胜利者。

学贯中西的徐光启

徐光启（1562—1633），字子先，号玄扈，1562年出生于松江府上海县（今上海市闵行区）一个破落的商人家庭。父亲徐思诚早先以经商为业，后因倭患、盗贼劫掠，转而务农，靠栽种蔬菜、棉花过活；祖母尹氏、母亲钱氏，均善于纺纱、织布，"寒暑不辍"，徐光启的成长受她们影响很大。生长在这样的家庭环境中，徐光启自幼就热爱农业劳动，同时致力于"四书""五经"的学习。

1581年,19岁的徐光启于金山卫考中秀才。第二年春天,他被村学聘为教师,此后便开始了他23年的教学生涯。在教学之余,他精心钻研《齐民要术》《农桑辑要》《便民图纂》等农书,并且在家乡试种大头菜,获得了成功。1593年,徐光启被聘请到韶州当家庭教师。在这里,他认识了意大利传教士郭居静,第一次接触到了闻所未闻的西方文明,这引起了他对世界发展大势的关注。1600年,徐光启在南京见到著名传教士利玛窦,在交谈中更开阔了眼界,对世界科学发展有了新的认识。与郭居静、利玛窦的结识对徐光启的一生产生了重大的影响。他后来回忆说:"余生财赋之地,感慨人穷,且少小游学,经行万里,随事咨询,颇有本末。"史书也说他重视实践,常常"考古证今,广咨博讯,遇一人辄问,至一地辄问,问则随闻随笔,一事一物,必讲究精研,不穷其极不已"。徐光启就是这样,从实际调查和亲身体验中不断地丰富自己的科学知识。

1604年,徐光启在北京跟意大利传教士利玛窦学习西方的天文、数学、测量、水利等科学知识。徐光启认为这些知识对当时的中国很有用处,应当把它们引进中国。他同利玛窦商量,决定先翻译欧洲最著名的一部数学著作——欧几里得所著《几何原本》,由利玛窦口述,他来记录整理。几何学主要运用逻辑推理,对徐光启来说是一门全新的学问,要把它翻译过来,工作是极其艰巨的。为了翻译得尽量准确,徐光启付出了艰苦的劳动。我们现在使用的"几何"这个词,就是徐光启根据英语的音和义,斟酌了汉语的词汇,反复推敲出来的。花了一年多工夫,徐光启译完了《几何原本》的前6卷。后因利玛窦病逝,后9卷的翻译工作没有能够完成。

除了数学方面,徐光启还翻译了许多关于测量、水利等方面的著作。"地圆说"和"经纬度"的概念,也是徐光启的译著出版后才在我国普及的。徐光启对西方自然科学的介绍大大开阔了人们的眼界,为我国近代科学技术的发展开辟了新的道路,所以有人称徐光启是我国近代科学的启蒙大师。

我国的历法经过历代科学家的研究改进,到宋元时代已经相当完备,但还是不够精确。明朝主管历法的官员因循守旧,不肯继续修订。崇祯二年(1629年)五月初一发生了一次日食现象,钦天监依照当时的历法推算,预报的时刻跟实际并不相符,而徐光启运用西法推算,结果却跟实际非常接近。于是朝廷成立了西法历局,由徐光启主持修订历法。徐光启一方面研究我国古代的历法,一方面进一步学习西方科学,并且同意、德等欧洲著名的大学联系,吸取当时欧洲最新的科学知识。他又引进欧洲的时辰钟和伽利略发明的望远镜,对天象进行精密观测,绘制了一幅《全天球恒星图》。可以说,徐光启在天文方面的研究,已经接近当时世界的先进水平。

徐光启深深知道,发展农业生产非常需要一部好的历法,因此他夜以继日地工作,在病中还坚持修改草稿。经过3年的辛苦劳动,他终于编成了《崇祯历书》137卷。徐光启根据这部新历书预测日食,其误差已减至半刻钟以内,预测的精密程度已经和当时欧洲预测的精密程度不相上下。而我国沿用到现在的农历,就是在《崇祯历书》的基础上编成的。

徐光启对农业科学也进行了大量的深入研究,并且亲自耕作,进行科学实验。人们喜欢吃的甘薯(又叫红薯、白薯、地瓜、山芋等)是由国外传入的,当时还只是在福建沿海的少数地方种植。徐光启便把甘薯种引进到今天的上海,一次又一次地进行试种,终于获得成功。甘薯在上海得到了推广,后来许多地方都学会种甘薯了。而华北一带本来不大量种水稻,徐光启组织人力,在今天的天津附近开荒地,修水利,辟稻田,指导试种水稻,也获得了成功。从此,天津地区种植水稻的人越来越多了。直到今天,天津市郊区仍然是华北的一个重要的水稻种植基地。

徐光启对农业科学的贡献,集中体现在他晚年写成的一部农业科学著作——《农政全书》里。徐光启63岁才动手写这部书,经过两年的努力,完成了初稿。这部书共有60卷,70多万字,分为农本、田制、农事、水利、农器、树艺、蚕桑、蚕桑广类、种植、牧养、制造、荒政等12章。由于涉及内容广泛而丰富,有人称它为"农业百科全书"。

徐光启在编写《农政全书》的时候,既不厚古薄今,也不重外轻中;既重视民族遗产,又不排斥外来经验。可以说,《农政全书》是徐光启把中国历代农书的精华、广大劳动人民的生产经验、欧洲的先进科学知识以及自己长期研究的成果融合起来的一部农业科学巨著。几百年来,《农政全书》不但在国内一再印刷发行,而且还传到了国外,获得好评。直到今天,这部书对我国农业生产的发展仍有极大的参考价值。

游遍千山的徐霞客

明万历十五年(1587年),徐霞客出生在江阴(今属江苏)。他的祖上曾经做过官。在明代,知识分子要想做官,就要按照政府的规定读儒家经典,并参加科举考试,考试所写的文章也得遵循政府规定的八股形式,超出规定的范围就不会被录取,也就是会"落第"。因此,大多数知识分子都走上了死读经书,只写八股文的道路。知识分子的思想被紧紧地束缚住,学术风气死气沉沉。

徐霞客也曾参加过八股考试,但失败了。此后,他便决定不再走考试做官的道路,而决心从事自己感兴趣的地理考察事业。这一抉择在当时是很了不起的,它意味着与当时流行的社会风习的分道扬镳,这是要有勇气和胆识的,而且还要承受一些守旧之人的讥笑和指责。徐霞客却坚定地这样做了,他的家庭,特别是他的母亲也大力支持他的选择,她说:"男儿就应该走南闯北,怎么能像篱笆中的鸡、车辕下的马一样被困着呢?"

徐霞客从小就对四书五经不感兴趣,他只喜欢读地理、历史和游历探险方面的书,向往着"问奇于名山大川"的生活。于是,徐霞客在参加科举考试失败后,便埋头专心攻读和研究前人的地理学著作。但是,他并不是把前人的著述当作一成不变的经典盲目地相信,而是在吸取前人知识的同时,进行独立思考。在攻读中,他发现前人著述的内容很多是历代沿袭的,转抄自较早的地理学著作,很少有人进行实地的考察。因而,有的地理学著作即使记述错了,也被后人照抄照搬,以讹传讹。他对前人著作中的不少问题提出了大胆的怀疑。

例如关于长江源头的问题,被认为是经典地理著作的《尚书·禹贡》,说长江的源头是"岷山导江",后来不少人都沿袭这一说法。徐霞客却提出了"为什么长江比黄河长,而长江之源那么短,黄河之源却那么长"的疑问,认为《尚书·禹贡》上的说法是解释不通的。为了弄清祖国河山的真实面貌,徐霞客决定亲身进行实地考察。

21岁那年,徐霞客开始了游历考察生涯。30多年间,他先后四次进行了长距离的跋涉,足迹遍及现在的江苏、浙江、山东、河北、山西、陕西、河南、安徽、江西、福建、广东、湖南、湖北、广西、贵州、云南和北京、天津、上海等19个省、市、自治区。

在三四百年前,交通是很不发达的,徐霞客游历了如此广阔的地区,完全靠的是自己的两条腿。单凭这一点,就足以令人赞叹不已了,更何况他所考察的主要是陡峭的山峰和急流险滩。不难想象,他要经历多少艰难险阻,甚至随时有丧生的危险。从这里也可以看到,徐霞客献身大自然的决心是何等大,意志是何等坚强。而徐霞客的考察探险活动,持续进行到1640年。当时,他正在云南,不幸身患重病,被人送回了江阴老家,第二年就去世了。可以说,徐霞客把自己的毕生精力都献给了地理考察事业。

徐霞客在游历考察过程中,曾经三次遭遇强盗,四次绝粮。1636年,徐霞客第四次出游。这次出游,他计划考察湖南、湖北、广西、贵州、云南等地。但刚出游不久,就在湘江遇到了强盗,他的一个同伴受伤,而他的行李、旅费被洗劫一空,他自己也险些丧命。当时,有人劝他不如回去,并要资助他回乡的路费,但他坚定地说:"我带着一把铁锹来,什么地方不可以埋我的尸骨哇!"于是徐霞客继续顽强地向前走去。没有粮食了,他就用身上带的绸巾去换几竹筒米;没有旅费了,他就用身上穿的夹衣、袜子、裤子去换几个钱……重重的困难都被他踩在了脚下,他也终于完成了自己的理想。

更为可贵的是,徐霞客在野外考察生活中,每天不管多么劳累,都要把当天的经历和观察记录下来。有时白天跋涉百余里,晚上寄居在荒村野寺之中,或露宿在残垣老树之下,他也要点起油灯,燃起篝火,坚持写游历日记。他先后写了200多万字的游记,为后人留下了珍贵的地理考察记录。可惜的是,他的日记大部分已经散失,现存的《徐霞客游记》也仅是其中的一小部分。但这仅存的几十万字的《徐霞客游记》,仍然向我们展现了他范围广阔的考察纪实,特别是边远地区的地理风貌。

徐霞客不仅对地理学有重大贡献,而且在文学领域也留下了宝贵的遗产。他写的游记,既是地理学上珍贵的文献,又是笔法精湛的游记文学。他的游记,与他描绘的大自然一样质朴而绮丽,有人曾称赞它是"世间真文字,大文字,奇文字"。

读他的游记,人们得到的是一种真与美的享受。大自然雨、雾、晴、晦的千变万化,山、水、树、岩的千姿百态,都在徐霞客的笔端再现,人们仿佛也随着徐霞客的足迹,跋涉于奇峰峻岩、急流险滩,置身于祖国的秀丽山河之中,为之陶醉,为之骄傲,心中油然升起对祖国的无限深情。

东林书院

江苏无锡东林书院是北宋学者杨时(1053—1135)创建的,因为他十分喜爱庐山的东林景色,故以此命名书院。而明代的东林党即得名于此书院。

"风声雨声读书声,声声入耳;家事国事天下事,事事关心"这副名联,即为东林党领袖顾宪成所撰。明万历年间,吏部文选司郎中顾宪成因争"国本"和荐"阁员"而触怒神宗皇帝,被革职后回到家乡无锡。而后在常州知府欧阳东凤等人的资助下,他修复了被废弃的东林书院,并偕同高攀龙、钱一本、史孟麟等人讲学其中。他们借此发表政见,揭露腐败,甚至针砭朝政,影响极广。

万历三十二年(1604年),他们制定了《东林会约》,发起东林大会,被反对派称为"东林党"。东林党是明末以江南士大夫为主体的政治集团,他们主张革新政治,挽救明王朝的统治。他们反对矿监、税使对商民的掠夺,反对贵族大地主垄断朝政,主张广开言路,并要求参与时政,因而遭到了贵族大地主的嫉恨。明熹宗时,宦官魏忠贤专政,东林党人杨涟便因弹劾魏忠贤二十四大罪被捕,并与左光斗、黄尊素、周顺昌等人同遭杀害。魏忠贤还使人编《三朝要典》,以打击东林党,更唆使其党羽制作了《东林点将录》等文件,想把东林党人一网打尽。明天启七年(1627年),朱由检(1611—1644,即明思宗)即位后,逮捕魏忠贤阉党,起用了被禁锢(禁止做官)的东林党人。但此时已然物是人非,东林党人纵有救世良策,也无力回天了。而现在的东林书院房舍,是1947年时吴敬恒、唐文治等30人发起重修的。

红丸案

明光宗朱常洛（1582—1620）有一个外号叫"一月皇帝"，他是明朝历史上在位时间最短的皇帝。时间最短不说，恐怕也是心情最为郁闷的一个皇帝了。因为他虽为皇长子，却不受父皇的喜爱。

他的生母身份低微，是一名普通宫女，当时俗称"都人"。万历皇帝偶然临幸宫女王氏，结果就有了朱常洛。而万历皇帝对王氏没有丝毫喜爱之情，因此连带着也不喜欢朱常洛。万历皇帝只喜欢三皇子的母亲郑贵妃。但是迫于李太后和大臣们的压力，最后才册立了朱常洛为太子，而此时的朱常洛已经20岁了。虽然身为太子，但朱常洛仍然生活得小心翼翼，常常感觉危机四伏。甚至在他即位之前，还发生了更立太子的妖书案和谋害太子的巫蛊案、梃击案。就这样，朱常洛如履薄冰、战战兢兢地熬到了39岁，父皇驾崩后，他才终于登上皇位。

朱常洛登基后，郑贵妃再也没有了往日的骄横和傲慢，而是刻意讨好。但她没有对朱常洛安什么好心，她抓住新皇帝喜好美色这一点，巴结地前去献上美女，据说她一次就献了8人。而光宗身体一直不好，万历皇帝死后还留下了一个烂摊子需要收拾，所以光宗总是忙于政务，但繁忙之余他又不好好休息，总是流连于女色，所以没几天就病倒了。

皇帝病倒后，御医崔文升进"通利剂"——大黄给光宗治病，结果光宗服后，一昼夜里竟连泻三四十次。光宗被折腾成这样，也就不能上朝了，光宗只能卧床休息。等到辅臣方从哲等人前来问安时，光宗已经几天不能睡好，头昏眼花，不能行动了。

崔文升原是郑贵妃的亲信太监，因此光宗病情加重，众人都说是郑贵妃故意指使崔文升谋害皇上的。于是给事中杨涟上疏弹劾崔文升下泻药，连带着用激烈的言辞说皇上迷恋女色，因而才身染重病。光宗后来召见了杨涟及诸人，大家都以为皇上会责罚杨涟，但光宗却劝大家以国事为重，不要听信流言。后来光宗病情更加严重,于是又召集辅臣方从哲等大臣于东暖阁,并令皇长子、皇五子等也侍立左右。光宗见到大臣们之后,说:"见到你们,朕很高兴。"

由此,光宗在弥留之际,把诸位大臣召集到乾清宫,对册立太子和修建陵墓的事情做了安排。而此时的光宗对自己的病情还抱着一线希望,希望能得到救治。当时辅臣方从哲对鸿胪寺丞李可灼进献的仙丹红丸不敢轻信,而光宗却急不可待地传唤了李可灼。李可灼向光宗详细说明了治疗方法,光宗心中升起希望,大喜过望,赶紧安排他进药。诸位大臣都十分担心,辅臣刘一燝说他的家乡曾有人服用此药,但好坏参半,于是大臣们只好让皇上服用红丸,碰碰运气。

光宗后来又催促进药,服用后,光宗觉得精神大好,大臣们也觉得有了希望,于是各自回去。可是到了黄昏时候,李可灼说皇上想要再进一丸药,御医说不可,最后在光宗的一再催促下,李可灼又进献一丸,当时光宗没有出现异状。然而第二天黎明,宫中宣诏,说光宗已经在凌晨时离奇死亡。那一天是八月三十日。

红丸的主要成分是红铅,配以秋石、人乳、辰砂炮制而成的。先前崔文升给光宗用了性寒的大黄,后来李可灼又进红铅,本来就体质虚弱的光宗怎么可能经受得住这样的治疗,所以才一命呜呼了。不过,即使没有红丸,光宗性命也恐将不保,只不过红丸加速了光宗的死亡罢了。光宗就这么糊里糊涂地死了,要算起真正的"凶手",其实应该是崔文升进献的大黄,因为光宗本就身体虚弱,又怎么经得起泻药大黄的折腾呢?而这其中恐怕郑贵妃也难逃干系。不过,事情真相到底如何,已经没有人知道了,就只能凭后人各自猜测了。

本来万历皇帝不理朝政多年,光宗即位后十分勤勉,发饷辽东,撤税使,补缺官,一系列措施的实行,一扫万历年间的弊政,重振国威十分有望,可惜光宗才登基一个月就撒手人寰,只留下孤儿幼子,被宦官阉人所愚弄,最终酿成了大权旁落,阉人祸国的历史结局。

魏忠贤权势熏天

明神宗朱翊钧,年号万历,是嘉靖皇帝的孙子,1572年至1620年在位。他10岁即位,初年由张居正执政,成年亲政后又不理朝政30余年。朱翊钧爱财如命,是个有名的大财迷,他在位期间,大兴土木。而明光宗朱常洛是明神宗的长子,他在万历年间得到东林党人帮助,好不容易才当上太子,后来又等待了20年才登上帝位。可惜他仅在位一个月,就一命呜呼了。而后,他15岁的儿子朱由校即位,次年改年号为天启。

这时在辽东战场,明军屡败于后金军队,白莲教又在山东揭竿而起,而朱由校尤好声色犬马,又宠信乳母客氏和太监魏忠贤,纵容其大肆打击和屠杀东林党人,并错误干预了辽东军事战略。

朱由校从小就贪玩,后来又受到太监魏忠贤的教唆,整天斗鸡走狗,还特别喜欢做木匠活、盖房子,对国事却懒得管,全让魏忠贤一帮宦官操纵,他自己则盖了房子又拆,拆了又盖。皇帝这样,国家的事怎么好得了?

魏忠贤(1568—1627)是北直隶肃宁(今属河北)人。小时候是一个无赖。万历年间因为赌博输光了钱而改名为李进忠,入宫当了宦官。他与皇长孙的乳娘客氏为旧相识。光宗死后,皇长孙朱由校即位为熹宗,封客氏为奉圣夫人,而李进忠也被提升为司礼监秉笔太监,复魏姓,赐名忠贤,魏忠贤从此便和客氏狼狈为奸。

1623年,魏忠贤兼掌东厂,明朝政治也更加腐朽黑暗。东林党人杨涟首先发难,上疏弹劾其二十四大罪状,魏忠贤因此痛恨东林党人,仗势先后罢斥大学士叶向高、吏部尚书赵南星等数十人,并在朝廷和地方遍置死党。1625年,魏忠贤又逮捕杨涟、左光斗、魏大中、周朝瑞、袁化中、顾大章等六人,将其牵入名将熊廷弼案中,并处死。第二年,又捕杀东林党人高攀龙、周顺昌等人。

在残酷镇压的同时,魏忠贤又指使他的党羽顾秉谦等人修撰《三朝要典》一书,极力诋毁东林党人及正直朝臣。同时下令拆毁全国书院,禁止讲学,压制言论,朝中大权都落到了魏忠贤手中。他在皇宫内有王体乾等30余人为左右拥护；朝外有文臣崔呈秀等"五虎""五彪"，还有"十狗""十孩儿""四十孙"等大小爪牙。地方的党羽爪牙为取悦魏忠贤，还争相为之立生祠，最后所立生祠竟然遍布全国。他又诬杀边将，在边境重地安插亲信，伪冒边功。而朝廷百官的奏章须经他允许才可上报。他每次外出，都随众数万，所到之处，都有士大夫跪拜，献媚者甚至高呼魏忠贤为"九千岁"。

1627年，明熹宗病死，其弟信王朱由检即位，他就是明思宗，也就是崇祯皇帝。崇祯平素也知道魏忠贤之罪恶，即位后，嘉兴贡生钱嘉徵上书弹劾魏忠贤十大罪状，明思宗便下诏贬魏忠贤去凤阳守皇帝的祖陵，然后又下令将其逮捕治罪。后来魏忠贤行至阜城，畏罪自杀。明思宗便下诏将其磔尸（把肢体分裂的一种酷刑），悬首河间（今属河北），同时又处死了客氏，结束了明代政治史上宦官专权最黑暗的一页。

朝委夕弃的辅相

明朝建立之初，朱元璋为了加强中央集权而取消了宰相制度，因此，明朝没有宰相。这里所谓相者，是指内阁阁臣。明中期以后，随着"监阁共理"体制的形成，这些不是宰相的阁臣权力便越来越大，渐渐凌驾于六部之上，向着"宰相化"的方向发展，人们习惯上称之为宰辅或辅相。

明朝辅相数量最为壮观的时期要数崇祯帝在位期间（1627—1644年），他在位17年，然而他所用辅相有名可考者竟有50人之多。这些辅相在位时间长短不一，任职时间最长的也不超过7年，3年以上的只有5人，而其中在位不足1年的就有18人。任职时间最长的即温体仁，其次是周延儒，在位时间为5年零10个月。后来这两个人都被列入了《明史·奸臣传》。辅相对于皇帝来说就相当于左膀右臂，在辅佐朝政、处理机要事务等方面发挥着无与伦比的重要性，然而崇祯皇帝竟然如同换衣服一样频繁更换他们，实在不是安国定邦的好做法。

造成朝委夕弃现象的原因是崇祯帝极重的猜疑心。他总是疑心重重地猜测大臣们会结党营私，随便敷衍自己。后来，他就心血来潮地想出了一个好办法，即用"枚卜法"来挑选阁臣，结果选用了内阁首辅来宗道和次辅杨景辰。什么是"枚卜法"呢？其实就是通过抓阄的方式来确定辅相的人选。崇祯帝的这一做法简直是把国家选拔人才的制度当作儿戏。来宗道此人惯会讨皇帝的欢心，他总是顺从帝意，喝茶扯淡，从不探讨国家大事，因此被人们封了个"清客宰相"的称号，然而仅1个月他就被新的辅相所代替。

后来韩爌成为首辅。韩爌为人稳重，能推荐任用贤才，在位期间全心辅佐皇帝，勤于事物，认真处理军国大事，使得当时的朝政变得相对稳定。由于他处事持正，因而甚受天下好评。但是由于崇祯帝的猜疑，又加上后金使用反间计，结果崇祯帝中了圈套，更换了抗金最得力的袁崇焕，并且认为袁崇焕通敌叛国，韩爌也因是袁崇焕的"座主"而受到牵连，于是他引咎辞职，最终在辅相之位上仅仅待了1年多时间。

辅相阁臣频繁变换的另一个原因是这些大臣之间的倾轧。崇祯朝，温体仁虽然在辅相之位任职时间最长，但是他在政治上毫无建树，平时只知道与同僚作对，其他的阁臣要么生病离职，要么死亡，还有许多人因遭受他的攻击而被免职，可见温体仁是多么阴险狡诈，史书就曾用"机深刺骨"来形容他的为人。除此之外，温体仁还十分能窥探帝意，根据崇祯帝的猜忌而屡屡拿结党营私来说事；而崇祯帝又因温体仁总是被言官弹劾，便更加坚信他是孤立的、没有结党的人员，从而对他信任有加。

在周延儒为内阁首辅的时候，温体仁就对其十分不满，总是绞尽脑汁地想要替代他。他先是挑唆亲信对周延儒进行弹劾，然后表面上又摆出一副同情和理解的面孔，在私下里则给周延儒设置陷阱，甚至还在崇祯皇帝面前对其大肆诋毁，说周延儒对皇帝有大不敬之心。温体仁手段用尽，最终逼得周延儒以养病为借口辞官回家了。就这样，温体仁登上了辅相之位，而为了稳固自己的地位，他总是对那些德高望重、能力颇强的阁臣心怀怨恨，时时准备驱逐他们。文震孟就曾与他发生过激烈冲突。

文徵明的曾孙文震孟，是天启二年（1622年）的状元，敢于直言进谏，在给皇帝讲学的时候，有一次崇祯皇帝因为跷二郎腿，就被文震孟以"为人上者，奈何不敬"之语进行讽喻,崇祯帝也只好悄悄端正了自己的身姿。到了崇祯八年(1635年)六月,文震孟进入了权力中心,成为阁臣,参决机务。

于是温体仁就把文震孟当作了自己的潜在敌人,准备设计陷害他,让他远离内阁。温体仁采用了先软后硬的手段引文震孟入瓮,起初,他事事找文震孟商量,以此获得文震孟的好感,接着又对文震孟的种种做法予以否决,如果文震孟不改变其观点建议,温体仁就直接删去不用。这样就一下子激怒了文震孟,有一次,他还把奏章狠狠地摔在了温体仁面前。

温体仁没有直接对付文震孟,而是贬谪给事中许誉卿,文震孟便想要让他到南京太常寺去。许誉卿这个人曾因当年弹劾魏忠贤而声名远播。温体仁这一做法,立即让文震孟做出了援救反应。这样就落入了温体仁的圈套,温体仁遂以文震孟结党营私为由向崇祯皇帝弹劾了他。结果可想而知,文震孟最后被革职,只好回家闲住。

崇祯帝一直觉得温体仁虽然没什么能力,但贵在忠诚可靠。直到崇祯十年(1637年),崇祯帝才发觉这个整天弹劾别人结党营私的人才是真的结党营私者,就在这时,温体仁假意上书辞职,想要以此来试探皇帝的心意,结果换来崇祯帝的"放他去"三字。得知结果的温体仁郁郁寡欢,最终因病身亡。

除了上述两个原因导致了崇祯辅相的不断更换,其实也还有其他一些原因,如徐光启死在任上;杨嗣昌以阁臣督师,征讨张献忠、李自成等农民军,结果失败,而且造成福王、襄王被杀,所以杨嗣昌也只能以死谢罪。还有方岳贡、范景文等人,则是刚入阁不久,大明王朝就覆灭了。

崇祯内阁人员的不断变更,严重影响了国家决策机构的工作效率。阁臣的变换让成员之间没有充足的时间进行磨合,不能发挥出国家智囊团这一重要的作用;而且这也让内阁成员与皇帝之间缺乏了解,无法建立深厚的信任关系。因此,这一朝没有出现大有作为的阁臣也是理所当然的。

掀开大明末世的历史纱幔,审视辅相阁臣的更替变换,就可以感受到大明王朝即将覆灭时君臣慌乱的内心,而迎接他们的也只能是新王朝的朝阳。

李自成起义

明朝末年的几位皇帝昏庸无道,政治极端腐败,赋役苛重,阶级矛盾不断被激化。当时聚居在东北地区的少数民族不断趁乱骚扰边境,明政府为加强边防军备,就不断向农民征收捐税,称为"辽饷"。到了崇祯年间,为镇压农民起义,政府又加派了"剿饷"和"练饷"。三项加起来,比往年正常的税收都多。农民不但要交纳正常的租税,还要同时交纳"三饷",已经到了无法生存的地步。再加上明末天启、崇祯年间,北方大旱,蝗灾泛滥。受灾严重的地区如陕西延安府,已是连续几年庄稼颗粒无收。而澄城知县张斗耀仍带领恶吏催迫租税,农民别无生路,只好铤而走险,揭竿而起。他们攻府城、杀官僚、抢粮仓,起义的浪潮风起云涌。其中以闯王高迎祥领导的一支起义军力量最强。高迎祥起义不久,李自成就加入了高迎祥的队伍。

李自成(1606—1645)从小练就了一身好武艺,体力过人,又善于骑射。当时民间流传着许多关于李自成小时候的传说。他原名鸿基,13岁的时候,有一天约了几个小伙伴到村头关帝庙前去玩。他见庙前有一座70多斤重的大铁炉,就对众人说:"咱们来比比谁的力气大!"说罢,双手一用力,一下子就把这座大铁炉举了起来,还举着它绕着关帝庙走了一圈,然后才稳稳当当地放回原地。其他小伙伴也不示弱,争着要举举看。结果没有一个能举得动的。庙里的人看见了,惊叹道:"你的父亲有你这么有本事的孩子,真是积了德呀!"小鸿基自信地说:"大丈夫当横行天下,如果只是守着父亲的基业,还算是男儿吗?前几年,我梦见一位大将军,他喊我李自成。现在,我就改名叫自成,号鸿基!"

随着起义军队伍的不断壮大,明朝统治者也加紧派兵镇压。洪承畴出任三边总督后,派曹文诏追剿陕西义军。高迎祥、李自成便率部转战陕西和山西境内,形势十分严峻。1634年7月,李自成等人败退陕西,误入兴安县的车厢峡。该峡长40里,山势陡峭,明军又用石头封住了山口,并不断从山顶向山下扔石块、放箭。加上大雨连绵数十天不停,弓矢湿烂脱落,马匹缺料死亡,起义军的处境十分危险。

这时,李自成想出一条妙计:叫众人诈降!明军首领陈奇瑜本来还有点怀疑,但手下人早被李自成买通,一致说服他接受了义军的投降。于是陈奇瑜派人押送农民回家务农,每一百个农民派一个安抚官进行押送。行到半路,农民军便起而反抗,杀了安抚官,攻下了附近州县。李自成的计策挽救了起义军,从此他声名大振,大家都知道了起义军中有个李自成。

1635年,大部分义军转战会聚于河南省境内。明廷又派洪承畴东出潼关入豫,与山东巡抚朱大典合力围剿中原义军。为了制订统一的作战计划,打破明军的围剿战略,起义军在正月举行了著名的荥阳大会。参加会议的13家72营义军公推闯王高迎祥为首领。而在这次会议上,李自成还提出了"分兵定向、四路攻战"的战略方针,表现出卓越的勇气和非凡的军事才能,得到了与会义军首领的称赞。第二年,闯王高迎祥不幸被洪承畴所率部队俘获,惨遭杀害。李自成便继承了闯王的称号,继续与明军作战。而后他以凤阳为主攻方向,从明军东部防线突破,攻下了凤阳,烧毁了明朝皇帝的祖坟,给明军以重创,达到了突破围剿的目的。

1637年,明朝兵部尚书杨嗣昌策划了一个"四正六隅,十面张网"的战略,企图彻底剿灭农民军。所谓"四正"是指陕西、河南、湖广、江北这四个主要战区;"六隅"是指延绥、山西、山东、江南、江西、四川六地,为辅助战场;这十个地方由十个巡抚指挥,则是所谓"十面张网"。为了筹集军饷,明廷此时开始向人民征收"剿饷"。在明军猛烈的围攻下,许多起义队伍被消灭,有的则投降了明朝。作为起义军主力之一的张献忠部也为了保存实力,在湖北谷城接受了明政府的"招抚"。这时,李自成部也遭到了洪承畴和陕西巡抚孙传庭的联合进攻。经过一场浴血奋战,仅李自成和刘宗敏等18人突出重围,在陕西商洛山中隐伏了起来。自此,农民起义暂时转入低潮。

李自成并没有灰心丧气,他一面总结起义以来的成败经验教训,一面聚集散失的旧部,整顿人马。经过两年的休整,农民军重又活跃起来。1640年,李自成率部转入河南。当时河南正遭受着罕见的蝗灾、旱灾,民不聊生,饿殍遍野。起义军的到来使饥民如鱼得水,他们纷纷投在了闯王旗下。举人出身的李岩(原名李信)和牛金星等就是在这时参加了义军。李岩是杞县举人,对当时河南的情况比较熟悉。针对土地高度集中和赋税苛重的状况，他为起义军制订了"均田免粮"的纲领，并把它编成童谣，在老百姓中广泛流传，"迎闯王，不纳粮"传遍了远近州府。同时在李岩的主持下，农民军制定了严格的纪律，禁止打扰居民、践踏庄稼。不久，李自成的部队便被训练成了一支军纪严明、富于战斗力的劲旅。

1641年，李自成攻进了洛阳，俘虏了崇祯皇帝的叔父——福王朱常洵。这位横行一时的皇亲国戚最终死在了农民起义军的刀下。经过这次战役，李自成的队伍由小到大，发展成了一支有100多万人的义军。于是，他乘胜攻进开封，杀死了3个明朝总督，消灭了几十万明军，摧毁了明朝在河南的军事力量。此后，起义军进入湖北，攻下了襄阳，然后又北上攻下西安。1644年正月，李自成在西安正式宣布建立"大顺"国，年号"永昌"，同时改西安为西京，并建立了一系列政权制度，具有了初步的开国规模。

二月，起义军乘胜渡过黄河，然后兵分两路向北京进发。

崇祯景山自缢

1627年，明熹宗朱由校驾崩，葬于德陵。因他没有儿子，便由他的弟弟信王朱由检继位，即大明王朝的最后一位皇帝——崇祯。

朱由检是个不走运的皇帝，他一登基就得面临东北的后金和西南的起义军的双重夹击。如果他能听取大臣的意见，任用那些有真才实学的忠臣良将，也许还能挽救危局。然而他不听取别人的意见，自作聪明，结果铸成了大错，使得像袁崇焕、洪承畴那样的军事家，死的死，降的降，致使局面越来越糟。

当大顺军威胁京师时，有人劝他迁都南京，有人劝他速召山海关总兵吴三桂回师勤王，他都迟疑不决。直到崇祯十七年（1644年）三月十七日，李自成率领大顺军兵临城下时，他才在皇宫内急得像热锅上的蚂蚁一样。十八日下午，李自成坐镇彰义门，对北京城发起了全面进攻。

朱由检和太监王承恩二人登上万岁山，见城内到处是闪耀的火光，知道北京城已失守,于是朱由检脱下外服,在白缎衣里上写下了他的最后一份诏书:"朕凉德藐躬,上干天咎,然皆诸臣误朕。朕死无面目见祖宗,自去冠冕,以发覆面,任贼分裂,无伤百姓一人。"

朱由检把衣服挂到树上,又将冠摘下,解散了头发,披在脸上,这才在山脚下的一棵树上自缢而死。王承恩对着皇帝的尸体拜了三拜后,吊死在了另一棵树上。

崇祯皇帝直到临死,仍然不思自责,只将国破家亡的罪责,全都推到众多文臣武将身上,自己则摆出一副代人受过的样子。其实,他自己的罪责最大。

至此,明朝的最后一位皇帝死了,北京城也被李自成攻破了,延续了276年的大明王朝彻底覆灭了。